本书由国家自然科学基金项目“面向创新过程的产学研协同创新测度研究”（项目编号：71563032）资助出版

产学研创新网络与企业创新绩效

高霞 著

经济管理出版社
ECONOMY & MANAGEMENT PUBLISHING HOUSE

图书在版编目（CIP）数据

产学研创新网络与企业创新绩效/高霞著. —北京：经济管理出版社，2019.9

ISBN 978-7-5096-6909-9

Ⅰ. ①产… Ⅱ. ①高… Ⅲ. ①产学研一体化—关系—通信企业—企业创新—研究—中国 ②产学研一体化—关系—通信企业—企业绩效—研究—中国 Ⅳ. ①G640 ②F426.63

中国版本图书馆 CIP 数据核字（2019）第 195683 号

组稿编辑：杨　雪
责任编辑：杨　雪　韩　峰
责任印制：黄章平
责任校对：陈晓霞

出版发行：经济管理出版社
（北京市海淀区北蜂窝 8 号中雅大厦 A 座 11 层　100038）
网　　址：www. E-mp. com. cn
电　　话：（010）51915602
印　　刷：三河市延风印装有限公司
经　　销：新华书店
开　　本：720mm×1000mm /16
印　　张：13
字　　数：241 千字
版　　次：2020 年 1 月第 1 版　　2020 年 1 月第 1 次印刷
书　　号：ISBN 978-7-5096-6909-9
定　　价：56.00 元

前　言

在“大科学”的时代背景下，科技活动日益成为一种高度合作的事业。随着技术创新步伐的不断加快，技术生命周期的不断缩短，技术创新难度逐渐加大，研发成本迅速增加，任何一家企业都不可能拥有在所有领域内保持技术领先并给市场带来重大创新所必需的全部技能。不同形式的组织间合作创新成为企业战略核心的重要组成部分。组织间的创新网络成为各个组织共享和交换资源、共同开发新创意和新技能的核心方式。

一、中国特色的开放式创新——产学研合作创新

在开放式创新范式下，组织边界不再封闭，组织内外部的创新资源可以优势互补；研发活动也不再限于组织内部，企业通过开展跨组织的合作可以减少技术创新在技术上和市场上的不确定性，以提升其创新绩效（Chesbrough，2003）。从知识形态来看，企业、大学、研究机构三者的知识具有异质性和互补性。因此，企业会根据自己的利益诉求与大学、研究机构自发地共享和交换资源、共同开发新创意和新技能，即产学研合作进行研发创新活动。

所谓产学研合作创新是指企业、大学、科研单位在利益驱动下，运用各自资源相互协作所进行的优势互补的经济和社会活动（许侃、聂鸣，2013）。它是一种重要的创新模式，是促进科技成果转化的有效途径，也是企业获得研发资源、保持竞争优势的重要手段。“产学研合作”“产学研联合”（“官产学研联合”“官产学研金联合”）和“产学研用结合”是目前国内三个密切关联的提法。“产学研合作”产生于20世纪50年代的美国硅谷，并形成了“硅谷模式”。后来，美国、日本、韩国、中国台湾等国家和地区纷纷效仿“硅谷模式”并取得了成功。中国产学研合作始于20世纪80年代的“科技攻关”，以1995年和2006年两次全国科学技术大会为界，中国产学研合作经历了从“产学研联合”到“产学研结合”，再到“产学研用结合”三个阶段。产学研合作创新是开放式创新的一种重要模式，是企业获取技术创新所需关键资源的重要途径。

二、产学研合作创新 2.0 版——产学研协同创新

随着科技全球化日益深入，传统的产学研合作创新过程中常常遇到诸如创新成果不被市场接受、融资渠道不畅、合作交易成本过高等问题，而这些问题无法通过产学研合作创新加以解决，需要政府、科技中介机构、金融机构等相关主体的协同支持，才可得以解决。于是，传统的“产学研合作创新”演化为“产学研协同创新”。产学研协同创新一般是指企业、大学、科研院所三个基本主体投入各自的优势资源和能力，在政府、科技服务中介机构、金融机构等相关主体的协同支持下，共同进行技术开发的创新活动（李霞等，2008）。在产学研协同创新中，各行为主体既保持相对独立，又以功能互补、利益互惠、成果共享为原则协同作用，通过复杂的非线性相互作用，产生单要素无法实现的整体协同效应。产学研协同创新是解决我国科技与经济“两张皮”问题的有效手段。

党的十八届三中全会提出要建立产学研协同创新机制，并将产学研协同创新第一次写进中央工作文件，进一步为产学研合作指明了方向。产学研协同创新是一个新提法，是国家创新模式——三螺旋理论的新发展，也是中国特色产学研合作理论的新发展。当前，我国正处于建设创新型国家的战略时期，开展产学研协同创新，对于深化国家创新体系和区域创新体系建设、增强企业创新能力和科技支撑经济社会发展的能力具有重要意义。

三、产学研深度融合——产学研创新网络

当前，产学研合作已由传统的线性模式转变为网络协同模式。从创新网络的视角看，产学研协同创新意味着各创新主体间交流互动更加频繁，联系更加紧密。它们不但进行知识的交流、共享、转移、创造与增值，而且会自发形成一个跨组织的、非正式的社会网络。作为创新主体的企业能够利用网络的沟通功能与碰撞效应激发大量的创新，进而促进科技成果的转化和科技创新能力的提升。

实际上，创新活动不仅内嵌于由创新主体构成的社会网络中，还内嵌于由知识元素构成的知识网络中。企业知识理论认为，企业是具有异质性的知识体，其竞争优势源于对知识的创造、转移及增值。企业原有的知识基础是新知识产生的源泉。企业知识基础指的是企业内的各类知识元素（包括信息、科技、关键技术和技巧）或者是企业内个体所拥有知识的集合（Wang 等，2014）。企业创新活动就是企业不断融合内外部异质性知识，对现有知识元素进行重新排列组合，进而优化其知识基础结构的管理过程。知识元素在重组过程中彼此关联形成知识网络，而知识网络又进一步成为知识流动和搜索的渠道。不同知识网络结构的特征

决定了企业知识元素重组迭代并创造出新知识的机会和潜在可能，最终影响企业的创新绩效（徐露允等，2017）。在社会网络中，企业将通过拥有的社会资本，搜索、获取、转移和应用其他组织的相关信息和知识；在知识网络中，企业将通过对知识元素的搜索、学习、重组，突破已有知识基础的制约，实现知识的创造与增值。因此，合作网络突出社会关系搜索的重要性，知识网络则侧重于知识元素搜索的重要性（Guan 和 Liu，2015），二者对提升企业的创新绩效发挥着不同的重要作用。

由于创新活动的复杂性，人们必须超越简单的线性关系，从系统的角度，着眼于系统内部各组成部分的相互关系，才能把握创新活动的内在机制（蔡跃洲，2012）。从微观层面，即产学研协同创新网络的角度，来揭示产学研各创新主体间的相互作用关系，更有助于打开产学研协同互动的“黑箱”。因此，本书以信息通信技术（Information and Communication Technologies，ICT）产业为主要研究对象，从创新网络的视角，深层次把握产学研协同创新过程中形成的合作网络和知识网络的结构特征，以及网络结构对企业创新绩效产生影响的作用机理，从而为充分利用优良网络结构所形成的功能倍增器作用来促进产学研深度融合，加快解决我国科技与经济“两张皮”问题提出有针对性的培育政策。

受国家自然科学基金项目“面向创新过程的产学研协同创新测度研究”（项目编号：71563032）资助，本书由内蒙古大学高霞教授及其研究生根据部分科研成果整理而成，其中第一章由高霞、包玲玲主笔；第二章由高霞、高群婷主笔；第三章由高霞、孟祥志主笔；第四章、第五章、第六章由高霞主笔；第七章、第八章、第十章由高霞、其格其主笔；第九章由高霞、高群婷主笔；第十一章、第十二章由高霞、曹洁琼、徐金美主笔；第十三章由高霞、银璐主笔。高霞对全书框架、章节安排进行了统一设计，包玲玲对全书进行了统一修订和完善。由于笔者知识水平有限，书中有错误和纰漏在所难免，恳请广大读者指正。

高霞

2019 年 5 月

目 录

第一章　研究现状综述

第一节　基于文献计量学的协同创新研究

文献计量法产生于20世纪初，1917年，文献学家F. J. 科尔和N. B. 伊尔斯对1543~1860年发表的解剖学文献进行定量化统计分析，被认为是文献计量研究的起点。1923年，文献学家E. W. 休姆第一次使用“文献统计学”这一名称，后来这一名称被A. 普里查德用“文献计量学”代替（陈维军，2001）。20世纪70年代后期，国内学者才真正关注并在图书情报学中应用文献计量（邱均平等，2003）。现如今，文献计量已被应用于科学评价等多个领域，通过定量分析文献的相关信息，如关键词、作者、期刊分布、被引信息等，可以揭示该领域的研究现状并预示未来研究的重点（严贝妮、胡雪环，2013）。因此，本书应用文献计量的方法，以CNKI—CSSCI数据库收录的协同创新研究领域的文献为研究对象，对时间分布、类别分布、期刊分布、高产学者、主要研究机构等七个方面进行全面分析，分析框架如图1-1所示。

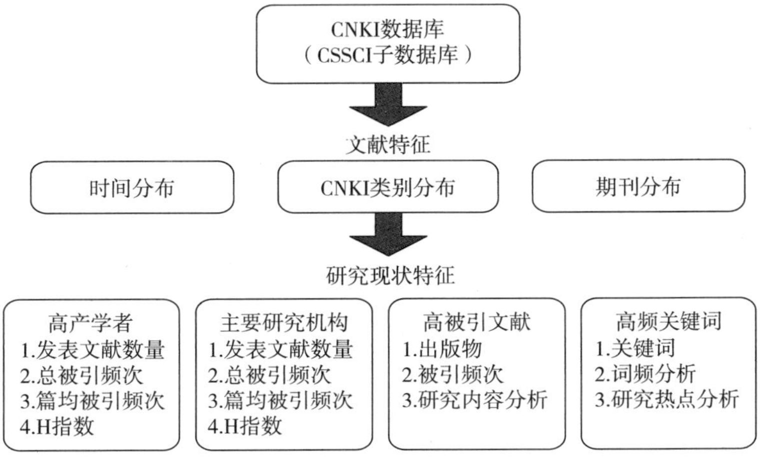

图1-1　本书研究分析框架

一、数据来源

本书选取的数据来源于中国知网（CNKI），CNKI 是国内文献收录最全且最具权威的数据库。考虑到数据的有效性和稳定性，具体的检索策略如下：在中国知网的主页上选择期刊标签并进入高级检索页面，在来源类别中只选择 CSSCI，在检索条件中选择“篇名”，输入检索词“协同创新”，年份截止到 2015 年，然后进行检索得到相关结果。检索时间为 2016 年 3 月 15 日下午，共检索到 988 篇国内协同创新相关文献，经逐篇核查，均符合检索要求。

二、结果与讨论

（一）时间分布

文献的数量可以看出学者对某一领域的关注程度，由此，我们根据搜集的文献数据，做出协同创新研究领域的文献趋势图（见图 1-2）。从图中可以看出，早期国内对该领域的研究几乎处于零增长状态，近几年呈快速增长的态势。张钢、陈劲和许庆瑞是国内最早做协同创新研究的学者，1997 年他们在《科学学研究》期刊上，发表了《技术、组织与文化的协同创新模式研究》。他们认为企业技术创新应与组织、文化协同创新才能达到企业技术创新发展的效果，且实证分析了三者协同创新模式。但是直到 2010 年，每年该领域的研究文献仍不到 20 篇，累计不到 50 篇，这说明该领域一直没有受到学者们的广泛关注。2011 年，胡锦涛在清华大学百年校庆的讲话中鼓励进行协同创新，积极建立产学研协同创新战略联盟，将协同创新提升到国家战略层面。同年，科技部发布国家“十二五”科学和技术发展规划，明确指出“围绕解决区域发展重大、共性问题，推动跨区域协同创新”。随后，2012 年，教育部和财政部联合制订了“高等学校创新能力提升计划”，简称“2011 计划”。同年，中共中央、国务院印发的《关于深化科技体制改革加快国家创新体系建设的意见》中 4 次提到“协同创新”，强调企业、高校和各创新主体都要探索协同创新模式，增强自身创新能力与优势。这表明协同创新受到了国家的高度重视，在这种政策的引导下，协同创新成为国内热门研究领域，有关文献从 2012 年的 94 篇上升到 2015 年的 298 篇，增长了 2 倍多。学者们从不同的研究视角，运用不同的研究方法，对企业、高校等协同创新的理论、模式、困境等进行研究并提出相关政策建议，为建设创新型国家做出了积极贡献。

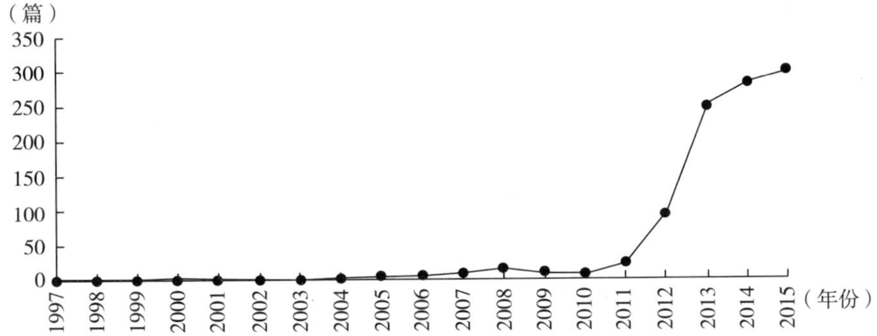

图 1-2　1997~2015 年协同创新文献发表数量趋势

（二）CNKI 类别分布

按照上述检索方法，检索出的协同创新研究领域的文献分布在 CNKI 的 40 个类别上。其中，文献分布最多的 10 个类别最有代表性，如表 1-1 所示。以高等教育为主要研究视角研究协同创新的文献高达 316 篇，占所有文献数量的近 1/3，表明学者在协同创新领域对高等教育的关注程度最高。关注度排名第二的是企业经济类，共有 245 篇文献，包括中小型企业协同创新、产业集群协同创新、供应链协同创新等研究。排名第三的是科学研究管理类，国内协同创新研究文献有 117 篇属于科学研究管理类。我们发现协同创新领域的文献集中分布在三大类上，分别为：教育类（高等教育、教育伦理与教育管理、职业教育）、科技管理类（科学研究管理、图书情报与数字图书馆）和经济类（企业经济、宏观经济管理与可持续发展、经济体制改革、工业经济、信息经济与邮政经济）。这表明受“2011 计划”等政策实施的影响，教育类协同创新、科技管理类协同创新和经济类协同创新是国内研究的热点。

表 1-1　协同创新文献在 CNKI 上类别分布（排名前 10 位）

CNKI 类别	文献数量（篇）	文献占比（%）	CNKI 类别	文献数量（篇）	文献占比（%）
高等教育	316	32.02	工业经济	49	4.96
企业经济	245	24.82	图书情报与数字图书馆	31	3.14
科学研究管理	117	11.85	信息经济与邮政经济	21	2.13
宏观经济管理与可持续发展	96	9.73	教育伦理与教育管理	15	1.52
经济体制改革	84	8.51	职业教育	13	1.32

（三）期刊分布

通过分析刊登协同创新领域文献的前十类期刊，可以发现《科技进步与对策》是刊登协同创新领域文献最多的期刊，它共刊登了130篇文献，占总文献的13.17%，如表1-2所示。《科技进步与对策》自1984年创刊以来，对深化体制改革、技术进步、宣传科教兴国战略、建设创新型国家有着重要的影响，是国内知名期刊之一，2015年复合影响因子为1.507。通过对该期刊的检索文献进行统计分析，发现关于构建协同创新模式的文献居多。值得一提的是，在前十类期刊中，排名第六位的《科学学研究》是国内科学学、科技政策与管理、理论研究方面最有影响力的期刊，2015年复合影响因子为2.981。经过统计分析，它刊登了协同创新领域文献22篇，对协同创新理论研究和协同创新机制研究、过程研究的实证文献较多。另外，我们发现，表1-2中的前十类期刊可以划分为两大类：以科技进步与科技发展理论、政策、管理和方法等为主要研究对象的科技管理类，包括《科技进步与对策》《科技管理研究》《科学管理研究》《中国科技论坛》《科学学研究》《科学学与科学技术管理》；以高等教育理论与管理、高校教师和学生教育与管理等为主要研究对象的高等教育类，包括《中国高等教育》《高校教育管理》《中国高教研究》《高教探索》。这表明国内协同创新领域研究已然成为科技管理研究和高等教育研究的热点。

表1-2　刊登协同创新文献的期刊分布（排名前10位）

来源出版物名称	2015年复合影响因子	文献数量（篇）	文献占比（%）	来源出版物名称	2015年复合影响因子	文献数量（篇）	文献占比（%）
《科技进步与对策》	1.507	130	13.17	《科学学研究》	2.981	22	2.23
《科技管理研究》	0.777	82	8.31	《高校教育管理》	1.410	22	2.23
《中国高等教育》	1.050	57	5.78	《中国高教研究》	1.593	20	2.03
《科学管理研究》	1.228	31	3.14	《科学学与科学技术管理》	2.073	19	1.93
《中国科技论坛》	1.496	26	2.63	《高教探索》	1.073	19	1.93

（四）高产学者分析

通过对国内协同创新研究领域发表文献最多的前10位学者进行分析，可以知晓该领域有较高影响力的学者和主要研究方向。如表1-3所示，从发表协同创新研究领域文献的数量上看，排名第一的是上海大学的解学梅，共发表12篇文献。她的研究视角主要集中在两个方面：中小企业协同创新和都市圈协同创新。并列排名第二的是浙江大学的陈劲（现在清华大学任教）和四川大学的顾新，分别发表了 9 篇文献。陈劲主要对协同创新理论和机制、高校知识协同创新进行了研究；顾新主要对产学研协同创新和知识流动协同创新进行了研究。从发表协同创新研究领域文献的质量上看，排第一位的学者是陈劲，他发表的文献篇均被引频次高达 102 次，H 指数为 7。排第二位的是解学梅，她发表的文献篇均被引频次为 28 次，与陈劲篇均被引频次存在较大的差距，H 指数为 6。综合上述分析发现，从发表文献的数量上和质量上来看，陈劲和解学梅都是协同创新研究领域有较高影响力的学者，而陈劲当属该领域最有话语权的学者。另外，从表 1–3 可以看出，大多数高产学者来自“211 工程”院校，在一定程度上表明“211 工程”院校较为重视协同创新领域的研究。

表 1–3　国内发表协同创新文献最多的学者（排名前 10 位）

作者	研究机构（高校）	文献数量（篇）	总被引频次	篇均被引频次	H 指数
解学梅	上海大学	12	336	28	6
陈劲	浙江大学	9	917	102	7
顾新	四川大学	9	154	17	5
邵云飞	电子科技大学	8	20	3	3
李林	湖南大学	8	13	2	2
王国红	大连理工大学	5	85	17	3
杨育	重庆大学	5	63	13	4
武学超	河南理工大学	5	40	8	2
白俊红	南京师范大学	5	3	1	1
张仁开	上海市科学学研究所	4	63	16	3
林莉	大连交通大学	4	40	10	2

（五）研究机构分析

比较分析发表协同创新研究领域文献的研究机构，可以发现最活跃和最有影响力的研究机构。从表 1–4 可以看出，浙江大学是协同创新研究领域发表文献最多的研究机构，共发表 36 篇，而且其总被引频次、篇均被引频次、H 指数等指标均位列第一。这表明浙江大学不仅是该领域发表研究成果最多的研究机构，还是最有影响力的研究机构。发文量超过 20 篇的研究机构还有武汉大学和四川大学，分别发表了 23 篇和 21 篇，位居第二位和第三位，但它们在总被引频次和篇均被引频次两个指标上与浙江大学存在很大差距。从发表文献的质量上看，南京大学的篇均被引频次为 23.75 次，上海大学的篇均被引频次为 22.65 次，虽然这两所高校发表文献的数量不多，但是文献的质量较高，学者们的认可度较高。由于对研究机构的分析与对学者的分析有较高的关联度，笔者进而对所属研究机构的学者进行分析。笔者研究发现，南京大学的研究人员较为分散，并无核心研究学者，而上海大学的解学梅是该领域的主要研究人员，浙江大学的陈劲对浙江大学协同创新研究领域的贡献较大。如表 1-4 所示，10 所研究机构均属于“211 工程”院校，大多数属于“985 工程”院校，表明“985 工程”院校在协同创新研究领域的研究能力较强。

表 1-4　发表协同创新文献最多的 10 所研究机构

研究机构（高校）	文献数量（篇）	文献占比（%）	总被引频次	篇均被引频次	H 指数
浙江大学	36	3.65	1061	29.47	11
武汉大学	23	2.33	154	6.70	7
四川大学	21	2.13	306	14.57	11
重庆大学	19	1.93	234	12.32	9
武汉理工大学	17	1.72	160	9.41	6
上海大学	17	1.72	385	22.65	8
华中科技大学	17	1.72	93	5.47	5
北京大学	17	1.72	63	3.71	4
南京大学	16	1.62	380	23.75	8
上海交通大学	14	1.42	277	19.79	5
大连理工大学	14	1.42	108	7.71	5
华南理工大学	14	1.42	58	4.14	4

（六）高被引文献分析

对协同创新研究领域的高被引文献进行分析，可以了解该领域研究热点、具有较高学术价值的文献和研究前沿（颉茂华、焦守滨、果婕欣，2014）。被引频次最高的是陈劲和阳银娟于 2012 年发表在《科学学研究》上的《协同创新的理论基础与内涵》，被引 559 次。他们在整合和互动两个宏观维度上建立了协同创新的理论框架，并创造性地提出知识增值是协同创新的核心这一观点，为后续研究奠定了坚实的理论基础。何郁冰（2012）在同年同刊上发表的《产学研协同创新的理论模式》，被引频次为480次。他认为产学研协同创新的核心是“战略—知识—组织”三者的协同创新，并对此进行了详细的分析和阐述。张力2011年在《教育研究》上发表的《产学研协同创新的战略意义和政策走向》被引263次，他着重对国家政府机构层面的战略布局与意义进行了研究。这三篇文献对协同创新研究领域的贡献较为突出，影响力较大。从研究的视角上看，表1-5中被引频次最高的前10篇文献，可以分为三个角度：一是对协同创新理论的研究，提出协同创新和产学研协同创新的核心概念并构建理论框架；二是对企业协同创新的研究，提出企业协同创新的模式；三是对高校协同创新的研究，提出高校协同创新的要素、运行机制内涵和存在的问题以及对策。

表1-5　协同创新领域被引频次最高的10篇文献

论文题目	作者	出版物	年份	被引频次
《协同创新的理论基础与内涵》	陈劲；阳银娟	《科学学研究》	2012	559
《产学研协同创新的理论模式》	何郁冰	《科学学研究》	2012	480
《产学研协同创新的战略意义和政策走向》	张力	《教育研究》	2011	263
《中小企业协同创新网络与创新绩效的实证研究》	解学梅	《管理科学学报》	2010	207
《高校协同创新的困境、路径及政策建议》	李忠云；邓秀新	《中国高等教育》	2011	199
《协同创新运行机制探析——基于高校创新主体的视角》	李祖超；梁春晓	《中国高教研究》	2012	173
《技术、组织与文化的协同创新模式研究》	张钢；陈劲；许庆瑞	《科学学研究》	1997	173
《论技术协同创新模式及建构》	彭纪生；吴林海	《研究与发展管理》	2000	128
《基于“四主体动态模型”的中小企业协同创新体系研究》	陈晓红；解海涛	《科学学与科学技术管理》	2006	113
《“产学研”协同创新的内涵、要求与政策构想》	饶燕婷	《高教探索》	2012	98

（七）高频关键词分析

关键词是一篇文献研究的核心，包含研究视角、研究对象、研究方法等。对高频关键词进行分析，可以了解协同创新领域研究的热点和关键点。如表1-6所示，我们对协同创新领域出现频次最多的10个关键词进行了相关分析。检索到的988篇文献中出现频次排名第一的关键词是“协同创新”，该关键词共出现了

606 次，表明学者们在该领域是以协同创新为核心要素展开相关研究的。排名第二的关键词是“产学研”，出现了 43 次，与此相关的有“产学研协同创新”和“产学研合作”，表明企业、大学和研究所之间的协同创新合作模式是协同创新领域研究的热点。排名第三的关键词是“高校”，共出现 40 次，对相关文献进行归类发现，学者对高校内部协同创新和高校协同创新之间的差别进行了着重研究。此外，这 10 个高频关键词可大体划分为四个研究热点：一是对产学研合作的协同创新研究；二是与“企业”相关的协同创新，如产业集群协同创新机制的分析、企业协同创新与创新绩效的研究、技术协同创新的模式等；三是对高校协同创新模式的研究；四是协同创新与知识产权关系的研究。

表 1-6　协同创新研究领域出现频次最多的 10 个关键词

关键词	词频（次）	关键词	词频（次）
协同创新	606	产学研合作	24
产学研	43	创新绩效	17
高校	40	技术创新	16
产业集群	32	战略性新兴产业	15
产学研协同创新	28	知识产权	15

第二节　产学研协同创新研究脉络评述

我国产学研协同创新研究以“三螺旋理论”为基础，随着中国特色产学研合作创新研究逐渐演进，蓬勃发展。

一、中国特色产学研合作创新研究

产学研合作创新是指企业、大学、科研单位在利益驱动下，运用各自资源相互协作所进行的优势互补的经济和社会活动（许侃、聂鸣，2013）。产学研合作是一种重要的创新模式，是促进科技成果转化的有效途径，也是企业获得研发资源、保持竞争优势的重要手段。“产学研合作”“产学研联合”（“官产学研联合”“官产学研金联合”）和“产学研用结合”是目前国内三个密切关联的提法。“产学研合作”产生于 20 世纪 50 年代的美国硅谷，并形成了“硅谷模式”。后来，美国、日本、韩国、中国台湾等国家和地区纷纷效仿“硅谷模式”并取得成功。中国产学研合作始于 20 世纪 80 年代的“科技攻关”，以 1995 年和 2006

年两次全国科学技术大会为界，中国产学研合作工作经历了从“产学研联合”到“产学研结合”，再到“产学研用结合”三个阶段。

有关产学研合作创新的研究日渐成熟和丰富。众多学者揭示了产学研合作的组织模式、动机与障碍、动力机制、演化与培育机理、影响因素等问题（丁堃，2000；冯锋、王亮，2008；范金艺等，2010；Giuliani E、Arza V，2009；Fontana R，2006）；较多学者探究产学研合作创新中技术转移特征、知识产权障碍、知识扩散、知识转移机制等问题（Arvanitis 等，2008；Welsh R 等，2008；Kenney M 等，2009；王毅、吴贵生，2001；王娟茹、潘杰义，2003；惠青、邹艳，2010）；还有学者对产学研合作创新的风险、利益分配和交易成本问题进行研究（张米尔、武春友，2001；稽忆红等，1998）；不少学者研究产学研合作中高校、企业、政府之间的相互关系及对经济增长的影响（Motohashi K，2005；Wang GB 和 Guan JC，2010；Mueller P，2006；Leydesdorff 等，2007；Xia G、Xi G 和 Guan JC，2014；江剑、官建成，2010）；也有学者研究如何评价产学研合作效率（Abramo G 等，2010；Van der Valk T 等，2011；田林丰、李豫新，2010；车维汉、张琳，2010）。

二、“三螺旋”创新模式的中国化——产学研协同创新研究

随着科技全球化日益深入，传统产学研合作创新过程中常常遇到诸如创新成果不被市场接受、融资渠道不畅、利益协调和不确定性及高风险导致的合作交易成本过高（李霞等，2008）等问题，而这些问题无法通过产学研合作创新加以解决，需要政府、科技中介机构、金融机构等相关主体的协同支持，才可得以解决。于是，传统的“产学研合作创新”演化为“产学研协同创新”。产学研协同创新一般是指企业、大学、科研院所三个基本主体投入各自的优势资源和能力，在政府、科技服务中介机构、金融机构等相关主体的协同支持下，共同进行技术开发的创新活动（严雄，2007）。产学研协同创新中，各行为主体既保持相对独立，又以功能互补、利益互惠、成果共享为原则协同作用，通过复杂的非线性相互作用，产生单要素无法实现的整体协同效应。

目前，以产学研合作创新研究为基础，我国有关产学研协同创新的研究正在兴起，研究内容主要包括：①关于协同创新概念与理论的探讨（车维汉、张琳，2010；严雄，2007），例如，陈劲等认为协同创新是企业、政府、知识生产机构（大学、独立科研院所）、中介机构、用户等为了实现重大科技创新而展开的大跨度整合的创新组织模式。②大量关于产学研协同创新管理机理、运行机制与模式的探讨（卜琳华等，2012；杜兰英、陈鑫，2012；贾生华等，2005），例如，

卜琳华等在借鉴美国 I/UCRC 成功经验的基础上，提出以高等院校为主导的系统创新管理模式；杜兰英等从政产学研用协同创新内涵出发，提出一种与政府部门、企业集团、高等学校、科研机构、目标用户、中介机构等行为主体相互依存、共同发展的全方位协同创新模式——“六位一体模式”，并分析了其运行机理；贾生华等针对民营企业提出了制度创新、技术创新、管理创新——三维协同创新思想，并论证了民营企业的创新发展模式。③产学研协同创新的风险分摊、利益分配、影响因素等问题的研究（车维汉、张琳，2010），例如，白俊红等（2008）基于协同学理论，分析了企业内部创新协同机制，对其影响要素进行分析，指出战略、技术、组织、文化和制度五个因素对协同创新绩效的影响。

第三节　合作创新网络相关研究

随着知识商业化在经济增长中的作用越来越重要，跨组织的合作也变得越来越平常。组织间的合作网络成为各个组织共享和交换资源、共同开发新创意和新技能的一种核心方式（詹·法格博格等，2008）。在技术发展迅速、知识来源分布广泛的领域，任何一家企业都不可能拥有在所有领域内保持领先并给市场带来重大创新所必需的全部技能（Powell 等，1996；Hagedoorn，2002）。在此背景下，合作创新已成为企业的一种重要创新模式，合作创新网络也成为企业获得研发资源，保持竞争优势的重要手段（Powell 等，1996）。

广义的合作创新网络是指企业为获得创新资源、提升创新能力，通过契约关系或在反复交易的基础上以互联网信息技术为手段与外部组织机构建立的彼此信任、长期合作、互利互动的各种制度安排（柴国荣等，2010）。文献中的合作创新网络绝大多数指的是狭义的合作网络，包括科研合作网络、企业内（间）的 R&D（研发）合作网络、产学研合作网络等，它们是合作创新网络的重要组成部分。本节综述对象是指狭义的合作创新网络。合作创新网络的研究工作主要集中在合作创新网络形成、演化、影响因素的研究，合作创新网络中知识创造、知识共享、知识转移研究，合作创新网络结构与创新关系研究等方面。

一、合作创新网络形成、演化、影响因素的研究

按照合作创新网络的类型，可将国内外学者对合作创新网络形成与演化方面的研究大致分为两个层面：科学层面和技术层面。

科学层面的研究主要基于科学论文的合著信息，研究和比较科学家合作网络形成的动力学特征和动态演化机制。例如，Newman 等（2001）基于科学论文的

合著信息，对比了几个典型领域科学家合作网络的整体结构特征，如平均度、聚集系数、平均路径等，研究结果表明，这些网络都显示出了平均路径长度小，但聚集系数大的特性。此外，他提出了计算科学家合作网络的最短路径方法以及该网络演化的动力学机制。Barabási 等（2002）选择了数学和神经科学领域的科学家网络作为研究对象，研究了 1991～1998 年合作者网络的动态演化机制。为了进一步揭示科学家合作网络的相关特性，学者们开始了对该网络含权特征的研究。Barrat（2004）认为，传统意义上对科学家合作网络的研究停留在拓扑层面上的统计特征纲量，而并不能充分体现该网络结构的特性。为了突出网络的拓扑特征和含权特征，他在边权和点权概念的基础上，引入了含权聚集系数以及含权平均最近邻点度的概念，使合作网络的研究进一步深入。Guimerà（2005）等针对社会心理学、经济学、生态学等领域的科学合作网络，研究了学术团队的自组织机制决定合作网络结构和创新表现的作用。Wagner 和 Leydesdorff（2005）基于 SCI 数据库中科学论文合著信息，对 1990 年和 2000 年全球科学的国际合作进行了比较研究。近年来，国内也有针对科学家合作网络的相关研究。北京师范大学的李梦辉等（2005、2007）以经济学家的合作网络为对象进行了相关研究。此外，学者们还基于复杂网络的理论和方法对广义合作网络——科学引文网络以及非专利引文网络等进行了相关研究，并得到了有价值的结论。例如，大连理工大学的尹丽春（2006）对科学引文网络以及北京航空航天大学的高霞和官建成（2009）对由我国专利生成的非专利引文网络的结构研究。

技术层面的研究主要集中在 R&D 合作网络、创新者合作网络的形成和演化机理（Hanaki 等，2010；Soh P. 和 Roberts E. B，2003；Cantner U. 和 Graf H.，2006）、网络演化与集群涌现关系（Jiang，2009；Anne，2013；Ejermo，2006）以及影响网络形成的因素（Hussler C. 和 Rondé P，2007；Hoekman J.、Frenken K. 和 Van Oort F，2009），包括地理接近性、认知群体、R&D 资源等。例如，德国学者 Cantner 和 Graf（2006）用 1995～2001 年居住在德国东部城市 Jena 的专利数据，建立了创新者的网络，并利用社会网络的分析方法研究了这个网络的演化情况。瑞典学者 Ejermo 和 Karlsson（2006）利用瑞典 EPO 申请中专利数据的发明者信息，建立了区域间发明者网络，进而研究了影响区域合作地缘关系的几个因素。令人遗憾的是，国内学者在合作网络方面的研究主要集中在科学合作上，对我国技术层面的研发合作网络研究非常少。现有的为数不多的研究中，多数都是对企业研发网络构建的理论分析（肖渡、沈群红，2000）或数值模拟（李明、钱燕云，2005），实证研究不多。例如，大连理工大学的栾春娟等（2008）基于德温特数据库中我国专利信息构建了发明者合作网络，从微观层次绘制了高产发明者的知识图谱并研究了网络结构的演化对技术发明生产率的影响。

二、合作创新网络中知识创造、知识共享、知识转移研究

世界经济合作组织（OECD）在一项研究报告中指出，在发达国家中，以知识为基础的行业的产值已占国内生产总值的50%以上，而知识对经济增长的贡献率，已由20世纪初的5%~20%提高到21世纪初的80%（栾春娟等，2008）。越来越多的企业认识到知识是企业成长和保持竞争优势的关键资源。为此，企业与大学、科研院所、供应商、客户甚至竞争对手结成合作伙伴关系，建立知识网络以获取更多创新所需的外部知识。从某种意义上讲，合作创新网络也是知识的载体，创新的本质在于合作网络中的知识的创造、获取、共享和转移。

在组织间（内）合作网络中的知识创造、获取、共享研究方面，国内外学者做了大量富有成效的工作。例如，国外学者 Murray 等（2005）揭示了企业间知识获取行为对企业绩效有正向影响、Spencer（2003）研究了全球企业网络中知识共享与创新系统和创新绩效之间的关系、Balconi 等（2004）对企业与大学间知识溢出的研究。我国学者林岩（2010）对汽车生产供应链上下游企业间的合作知识创造的研究、李晶钰等（2009）对不同竞合情景下企业知识获取和绩效关系的研究、柴国荣等（2010）对创新网络中的企业知识共享机理及其对策的研究。此外，大量学者对组织间（内）合作网络中的知识转移也给予了高度关注，主要包括对不同类型的知识之间如何转化、组织内（间）知识扩散的内外部动机、影响组织知识扩散的各类要素、组织知识扩散的各类障碍等方面的研究以及复杂网络视角下的知识扩散仿真建模研究。例如，Hamel（1991）从战略意图角度、Lyles 和 Salk 从组织能力角度（1996）、Tiemessen（1997）从伙伴选择角度对组织间知识转移中的障碍因素进行了分析，张首魁等（2009）关于关系结构、关系质量对合作创新企业间知识转移的影响研究，Wang 和 Guan（2010）对我国纳米技术领域中大学与企业间知识转移的研究以及 Hong（2008）、高霞和官建成（2011）分别基于 SIPO 和 USPTO 数据库中有关我国专利合作申请和合作发明信息，对我国区域间知识转移状况的定量研究。孙耀吾等（2011）、Cowan 等（2004）和李金华等（2006）从知识扩散的结构动力学和行为动力学的宏观、微观这两个层面，构建了知识扩散的复杂网络模型，系统探讨了知识扩散动力学演化问题。

三、合作创新网络结构与创新关系研究

社会网络领域的学者们从网络构造的视角来解释网络结构对组织创新绩效的

影响。不同的网络结构对网络中知识转移（流动）产生不同的效果，进而对组织创新绩效产生影响。研究表明网络规模、联结密度、联结强度、中心性、结构洞，以及企业在网络所处的位置等都会对企业的行为和绩效产生显著的影响。国外学者 Gilsingdeng 等（2005）研究了强弱联结对创新绩效的影响，Schilling 和 Phelps（2007）发现联盟合作网络的高集聚性和高可达性对公司未来的创新表现产生正影响，Fleming（2007）揭示了小世界性对区域创新绩效的影响，Lissonia（2010）研究了节点在合作发明网络中所处位置对创新绩效的影响。意大利学者 Balconi 等（2004）从意大利的专利数据出发，基于社会网络分析方法研究了发明者网络的形成，并进一步分析了来自学术界的发明者在创新中的作用；美国学者 Soh 和 Roberts（2003）利用 1985~1996 年美国通信行业数据和企业联盟数据生成企业合作网络，研究了复杂技术和创新者的网络演化是如何影响进一步的创新活动的。我国学者在这方面也做了一些工作，但实证研究很少。例如，方刚等（2010）研究发现网络结构通过加强企业网络中的知识转移进而促进企业绩效，陈子凤等（2009）对 9 个创新型国家和地区的研发网络进行了研究，结果表明较短的平均路径长度和较强的小世界性会导致更多的创新产出，栾春娟等（2008）对发明者合作网络中心性对科研绩效的影响进行了研究。

上述网络与创新关系的经验研究大多集中在组织间建立起来的正式的、契约性的联系上，事实上组织间时时刻刻发生着各种各样的非正式互动，如教育培训项目、会议、行业协会活动等。这些非正式的联系可能是那些正式的、契约性联盟形成的基础。然而，很少有研究将非正式联系与创新过程联系起来。关于企业间非正式网络的重要研究之一是 Hippel（1987）对美国小钢铁制造厂商间专有信息共享的研究。Kreiner 和 Schultz（1993）通过对丹麦生物技术领域的高校研究人员和行业研究主管的深入访谈，分析了非正式关联的重要性。此外，很多关于非正式关系的研究强调信任的重要性（Tsai W. 和 Ghoshal S，1998；Ruef M，2002）。

第四节　产学研合作网络的相关研究

近年来，随着信息技术的发展，各国产学研合作数据库逐步完善。计算机存储能力以及相关分析软件的发展，使学者们越来越多地利用产学研合作数据从网络视角研究产学研合作问题。关于产学研合作网络的研究议题大致可分为以下三个方向。

一、产学研合作创新网络的组织模式及运作机制研究

朱桂龙、彭有福（2003）从合作层次上将产学研合作创新网络组织模式分为技术协作模式、契约型合作模式、一体化模式，三种模式各有不同的功能和适应性且存在一种相互转换的关系；产学研合作创新网络组织的良好运行必须依靠激励机制、管理监督机制和更新机制三点构建一个良好的机制。吴潍、陈莉平（2007）在分析网络节点的基础上探讨了广义产学研合作网络的形成和运行机制。王利敏和袁庆宏（2014）对双元性学习平衡机制进行了研究，认为在产学研合作中，企业应专注于开发性学习，大学和研究所应专注于探索性学习，进而通过合作网络达到创新能力不断提升的长远目标。林筠和张敏（2017）利用西北有色金属研究院一手和二手数据对二元式创新的运行机制进行了研究，并发现产学研合作网络可以提高企业的二元式创新效率。陈建斌（2012）从高校角度探讨了产学研合作网络的形成和运行机制，强调了社会资本形成、高校桥梁作用、强弱联系互补关系的重要性。冯锋等（2009）从节点的异质性、网络增长性、稳健性和脆弱性以及自组织性四个角度对产学研合作网络的无标度特征进行了研究，并提出其培育机制。傅利平等（2013）阐释了知识溢出与产学研合作创新网络的磨合协调期、规范发展期、螺旋上升期三阶段的耦合机制。张雷勇等（2012）提出产学研共生网络这一概念，对其共生界面、能量、环境及类型进行阐述，并从共生方法和网络方法两方面提出培育机制。

二、产学研合作创新网络演化研究

Newman（2003）对复杂网络的结构和功能进行了系统概述和总结，包括小世界效应、度分布、集聚度、网络增长模型等。袁剑锋等（2017）选取复杂网络结构统计量对我国产学研合作网络的关系结构特征进行演化分析，发现我国产学研合作网络关系分布并不均衡，且创新主体之间的合作质量较低。高霞和陈凯华（2016）利用 SIPO 授权专利数据，对我国 ICT 产业产学研合作模式及网络结构的动态演化进行研究，发现 ICT 产业创新主体由大学转变为企业，产学研合作的紧密程度逐渐加强，知识转移效率较高。Barrat 等（2004）提出了一种加权网络的增长模型，认为网络动态演化的驱动力为边和节点的权重属性。

德国学者 Cantner 和 Graf（2006）利用 1995~2001 年德国东部城市 Jena 的专利数据，建立了创新者的网络，并利用社会网络的分析方法研究了该网络的结构演化情况。我国学者提出了几类网络演化模型：彭锐（2008）在对清华大学某对外科研合作典型案例跟踪研究的基础上，提出了产学研合作创新网络演进的单部

门单链合作、跨部门单链合作、复合部门多链合作三阶段演化模型。刘国巍（2015）构建产学研合作创新网络时空演化模型，基于广西电子信息产业 2001~2013 年产学研联合发明专利数据进行实证研究，发现网络演化先后经历了混沌形式、无序扩张和有序发展三个阶段。

部分学者从网络结构视角研究合作网络的演化，例如，刘凤朝等（2011）以中国"985"高校为研究对象，构建 1985~2009 年的产学研专利合作网络，研究高校及高校所属区域的合作广度和深度的演化路径。冯峰（2009）从无标度网络增长性与择优连接性这两个基本特征出发，解释了产学研合作网络的形成和演化过程。张瑜等（2013）分析江苏省轨道交通产业产学研合作创新网络，结果表明该网络演化模型的节点度分布呈现幂律形式，具有明显的无标度网络特性。叶春霞等（2015）利用我国企业间合作专利数据，研究企业专利合作网络的整体结构和主要合作群体的发展演变。

部分学者利用模拟仿真的方法对网络演化进行了研究，例如，Tanimoto（2013）构建了具有学习机制的合作—演化模型，分析了合作创新网络空间演化机理，并通过多主体仿真建模发现，具有学习机制的产学研合作创新网络最终会演化成为具有无标度特征的有序网络。曹霞（2014）结合博弈策略与网络拓扑结构，利用计算机模拟仿真研究了产学研合作创新网络的动态演化规律。曹霞（2015）构建产学研合作创新网络协同演化的理论模型，通过计算机仿真研究发现其演化路径具有突变特性、偏好特性和对称破缺性。张瑜、菅利荣等（2015）以无标度网络的特性为出发点，构造加权网络演化算法，对产学研合作网络的权重和演化进行了研究。

三、产学研合作创新网络结构特征研究

Rost（2011）认为网络拥有强联系和一定熟练的结构洞是最佳的，可以有效地进行知识、信息等重要资源的交流和整合。袁剑锋和许治（2017）从宏观视角对我国产学研合作网络的结构特性进行测度及演化分析，选取的指标包括网络密度和聚类系数、网络结构熵和网络中心性等。张煊和孙跃（2014）运用 DEA-Tobit 两步法对我国产学研合作网络创新效率进行研究，发现我国东西部产学研合作网络的创新效率差异明显并呈周期性变化。有学者基于社会网络分析方法在理论层面分析了产学研合作网络结构特征，例如，冯锋和王亮（2008）基于小世界网络模型分析了产学研合作网络结构特征，并提出了优化网络结构的培育策略。部分学者利用合作专利数据或专利引用数据构建合作网络，分析其网络结构特征。王朋等（2010）利用清华大学的纳米专利数据，分析了校企合作网络的平

均路径长度、网络密度、度与度分布等结构特征。雷涛、陈向东（2011）利用1985年以来我国校企合作申请专利的数据，在区域层面、技术层面、高校层面研究合作网络结构特征。马艳艳等（2012）以清华大学为例，构建清华大学专利被企业引用网络，测度其网络特征路径长度、聚合系数、中心度等结构特征，发现该网络具有小世界特征和无标度特征。除了专利数据，也有学者针对某一地区或某一产业，通过问卷调查的方式获取产学研合作关系数据，进而研究产学研合作网络结构。苟德轩、沙勇忠（2013）构建兰州市主要产业领域70个代表性机构组成的产学研合作创新网络，分析了其网络密度和中心度等结构特征。陈伟等（2014）通过访谈和问卷调查的形式获取海洋能产业产学研合作关系数据，分析网络结构特征以及风险问题。

第五节　网络结构对创新绩效影响的相关研究

国内外学者对于网络结构对创新绩效的影响研究，主要从以下四个方面展开。

一、集聚程度对创新绩效的影响研究

社会网络理论认为，网络的集聚程度越高，平均路径长度越短，知识或信息传递能力越强。因此，部分学者着重研究集聚系数对企业创新绩效的影响。Dirk Fornahl（2011）通过对德国生物科技企业进行实证分析发现，集聚程度较高的网络有利于企业获得互补性或相关性的知识，从而有效促进企业的创新绩效。Gupeng Zhang（2014）利用1995~2010年中国ICT产业10家大规模企业的合作专利网络，研究发现集聚系数的提高能够显著促进合作企业的创新绩效，特别是在包含高产发明者的合作网络。Fleming（2007）在研究中加入路径长度，发现当路径长度不变时，随着集聚程度的增加，网络的信息挖掘和利用效率提高。Schilling和Phelps（2007）利用1990~2000年美国11个高技术制造业的联盟数据，构造了由1106家企业构成的产业层面联盟网络，实证检验了集聚系数和可达性及其交互项对企业创新绩效的影响，结果表明同时具有较高集聚系数和可达性的网络能够增加企业的创新产出。综上，研究者不再孤立地分析网络的集聚程度和全局分离程度对创新绩效关系的影响，而是研究其交互作用对企业创新绩效的影响。

二、小世界性对创新绩效的影响研究

现实世界中许多网络都具有小世界特征，且小世界网络结构能够有效降低网

络内传递信息的成本，从而有利于网络中的知识扩散、共享与转移（冯峰、王亮，2008）。Cowan 和 Jonard（2004）通过构造网络模型对知识扩散与网络结构之间的关系进行仿真研究，结果显示：当网络结构具有小世界特征时网络内节点的平均知识水平最高。Uzzi 和 Spiro（2005）构建 1945~1989 年参与百老汇音乐剧的艺术家合作网络，研究小世界特征对其创新产出的影响。Lee Fleming 等（2007）通过构建区域层面的专利合作网络，实证研究了网络的小世界性对区域创新绩效的影响。陈子凤等（2009）通过构建九个创新型国家和地区的专利合作网络，实证检验网络的小世界性对国家创新绩效的影响，结果表明较高的小世界性可以激发更多的创新产出。Zifeng Chen 和 Jiancheng Guan（2010）通过构建 1975~2006 年 16 个主要创新国家的专利合作网络，研究小世界性对国家层面创新绩效的影响。赵炎等（2013）利用美国 SDC Platinum 数据库，构建中国通信设备产业战略联盟网络，研究网络的小世界性对企业创新绩效的影响。Jiancheng Guan 等（2013）利用德温特专利索引数据库（Derwent Innovation Index，DII）构建纳米生物技术药品行业的产学专利合作网络，在企业层面实证研究了小世界特征对企业知识创造和专利价值的影响。综上，国内研究逐步从宏观的关注国家层面的创新绩效视角，向微观的企业视角转变；然而现有关于小世界特征对企业创新绩效影响的实证研究多基于国外的联盟或专利数据进行研究，基于国内数据的研究较少。

三、开放度与创新绩效的相关研究

“开放度”是开放式创新理论中的核心概念，用于测度企业开展外部合作的程度。由于研究情境的不同，学者们对开放度与创新关系的研究结论也不尽相同。探究“开放度”与创新绩效二者之间的关系也成为学术界关注的热点问题。“开放度”这一概念在 2000 年最先由 Ahuja 提出。之后，Lauren、Salter Lauren 和 Salter（2006）的研究工作最具突破意义。他们对英国 2707 家制造业企业的实证研究发现，企业的开放度与创新绩效呈倒 U 形关系，验证了“最佳开放点”的存在；国内学者陈钰芬和陈劲（2008）以中国企业为样本，研究发现对于科技驱动型产业的企业，开放度和创新绩效呈倒 U 形关系，而对经验驱动型产业的企业，开放度和创新绩效呈正相关关系；马艳艳等（2014）以中国工业企业数据库和国家知识产权局相关数据为基础，研究发现企业研发合作广度与创新绩效呈倒 U 形关系，而研发合作深度与创新绩效呈 U 形关系；韵江等（2012）等将网络能力纳入开放度与创新绩效的关系研究中，分析网络能力与开放度的交互作用对创新绩效的影响；马文甲和高良谋（2016）则探讨了动态能力作用下的开放度与创新绩效的关系，研究发现开放广度与创新绩效正相关，而开放深度与创新绩效呈倒U形关系，动态能力对二者的关系具有调节作用。

Corey C.（2010）利用国际通信设备产业77家大型上市公司1987~1997年的专利数据，实证分析发现企业合作深度和广度的结合能够促进企业创新。Catherine Beaudry（2011）通过构建加拿大纳米产业的合作发明专利网络，实证研究发现合作深度的提高对企业专利质量有负效应，而提高合作广度，进行国际合作能够显著提高专利质量。Anthony Goerzen（2007）基于转移成本和网络视角，利用跨国公司数据进行实证研究发现，在技术高度不确定时期，提高合作深度对企业绩效具有显著的负效应；合作深度较低时有助于企业获得非重复信息，把握新兴技术和市场趋势。Jian Wang（2016）利用来自五个学科的1042位美国科学家的面板数据，实证分析了合作网络中节点的合作深度和广度对节点知识创造的影响。马艳艳（2014）基于2005~2007年我国电子通信设备制造业相关数据，实证检验了企业跨组织研发合作广度和深度与创新绩效的关系。Jin Chen（2011）通过对浙江省创新企业进行问卷调查，研究了企业开放创新的广度、深度和方向对企业创新绩效的影响；发现提高开放广度和深度对不同创新模式企业的创新绩效均有促进作用。综上所述，国内外学者对合作广度和深度对企业创新绩效的影响进行了广泛研究，但尚未得到一致的结论。以往研究中，学者们在测度企业开放度时，将合作伙伴视为同质来统一计算开放度，合作伙伴的异质性往往被忽视。实际上，不同类型合作伙伴（大学、科研机构）的开放度对企业创新绩效的影响是不同的。对企业跨组织开放度的异质性与创新绩效关系的考察恰是本书的关注点之一。

四、其他网络结构指标与创新关系研究

惠青（2010）以陕西省产学研合作企业为样本，通过问卷调查，实证检验了产学研合作创新网络结构、知识整合、技术创新之间的关系。该研究基于量表测度网络结构和关系指标，获得的数据存在一定局限性。陈伟（2012）基于联合申请发明专利数据，研究东北三省装备制造业合作创新网络发现，中心性和结构洞对网络成员创新产出有促进作用，而中间中心性并没有有效促进创新产出；网络密度会影响网络成员的中介作用。马艳艳等（2011）通过构建1991~2008年中国大学—企业专利申请合作网络，分析了网络规模、密度、中心度和中心势等网络结构指标对企业创新产出的影响。该研究在整体层面研究网络的结构特征对创新绩效的影响，忽略了节点层面的网络关系对企业创新绩效的影响。张艺等（2016）基于中国科学院1978~2014年参与发表的SCI论文数据，构建了中国科

学院基础研究的产学研合作网络，并实证分析了网络结构特征对中科院研究绩效的影响。Jiancheng Guan 等（2013）构建纳米生物技术药品行业的产学专利合作网络，研究集聚系数、可达性、小世界特征对企业知识创造和专利价值的影响。

基于国内数据，从微观企业层面探讨产学研合作网络结构对企业创新绩效的影响还处于起步阶段。对产学研合作网络的小世界性、集聚程度、可达性、合作广度和深度等重要结构特征与创新绩效关系的研究还有待进一步深入。

国内外关于产学研合作模式与创新绩效关系的研究相对较少，Christoph Grimpe 和 Katrin Hussinger（2008）将产学研合作模式按照能否以法律合同为载体分为正式合作模式和非正式合作模式，通过对 200 多家德国制造业企业进行问卷调查并对相关数据进行实证分析发现，正式合作与非正式合作二者互补更有利于提高创新绩效。周蓉（2010）通过问卷调查广东省 90 家有过产学研合作经历的企业，对相关有效数据进行实证研究发现，共建实体模式对创新绩效并无显著影响，相对于联合开放模式技术转让对创新绩效的影响更为显著。蓝英等（2013）通过问卷调查和走访获得了 120 家环保企业数据，运用相关分析和因子分析研究了产学研合作模式与创新绩效之间的关系，研究结果表明，企业与科研院所联合攻关的合作模式对创新绩效有显著的正向影响。魏守华等（2013）利用 2001～2010 年高技术行业创新性数据，研究了项目合作和人员交流合作两种方式对行业创新绩效的影响，结果表明，相对于 STI 即科学技术型产业而言，企业和大学之间进行合作有利于产业创新绩效的提高，而相对于 DUI 即互动型产业来说，企业和研究所进行合作更有利于提高产业创新绩效。

第六节 三螺旋理论及测度相关研究

一、三螺旋理论的相关研究

受生物学中 DNA 的启示，Henry Etzkowitz 和 Loet Leydesdorff（1995）将三螺旋引入到创新领域来研究大学—产业—政府之间的动态合作关系，阐述了大学、产业、政府三者在知识经济背景下的角色，指出在新的创新模式下大学应该改变以往的角色，并提出大学的第三种使命，即大学除了教学、科研之外，还应为促进经济发展做出贡献，应从研究型大学向创业型大学转变。此外，有些学者结合其他研究方法分析和研究了三螺旋模型。Khan 等（2011）用科学计量学、网络计量学和信息计量学三种研究方法，讨论了亚洲环境下三螺旋关系和创新的发展趋势。Yi Zhang 等（2014）以中国太阳能电池产业为例，探索如何用文献计量法和文本挖掘法分析三螺旋模型，利用竞争技术情报的概念和方法研究新兴科学技术（NEST）的管理与政策。韩国学者 Chung（2014）运用社会网络分析和语义网络分析，分析了亚洲研究三螺旋模型相关文献的特征，包括最突出的三螺旋研究学者、期刊、问题以及未来对亚洲三螺旋模型研究的趋势和建议。

中国学者对三螺旋的研究起步较晚，最初只是对三螺旋理论的翻译和理解。方卫华（2003）简要论述了创新三螺旋的概念起源、主要事件和主题内容。周春彦（2005）翻译了 Henry Etzkowitz 的著作——《三螺旋》，并对此书做了评介，提出如何实现自主创新，以及什么是实现自主创新的关键和前提，并指出技术进步和组织创新对创新流动的重要性。之后，国内学者逐渐将三螺旋理论运用于创新实践中，开始探索中国式三螺旋。王成军（2005）提出我国在这个领域研究的偏颇和不足。涂俊和吴贵生（2006）探索了三螺旋理论对我国创新实践的启示，强调要基于我国国情及“产官学”的实际发展情况来研究和发展中国式三螺旋。齐善鸿等（2007）利用三螺旋理论分析了我国 1949~2007 年的创新战略演进，并指出未来中国创新战略的发展方向。蔡翔等（2010）探讨了三螺旋理论的主要贡献，并分析了该理论对中国的政府和大学在创新系统中所扮演角色的启示。邹波等（2010）从区域创新三螺旋的组织结构和运行机制两个角度出发，探讨了二者的协同演化，指出三螺旋各运行机制如何通过合力作用来影响三螺旋组织结构，同时，三螺旋组织结构反过来又影响三螺旋的运行机制。周春彦等（2011）讨论了我国引进和吸收三螺旋理论后的现状和存在的问题，提出要尽快找到适合自己的三螺旋模式及其特征和发展方向，提出基于区域创新系统概念，以三螺旋理论作为基础理论，综合借鉴国际上普遍采用的测度方法，探索区域创新测度的理论基础和测度方法。赵东霞等（2016）从三螺旋理论的视角，比较研究了国外大学科技园“官产学”协同创新的三种模式：大学主导型、产业（企业）推动型、政府引导型，并借鉴国外的成功经验，提出相关建议以促进我国科技园建设中“官产学”协同创新发展。有些学者基于三螺旋模型，结合其他研究方法对创新领域进行了研究，如廖娟等（2015）基于三螺旋模型，运用两阶段超效率 DEA 方法，以我国 31 个省区市的大学、企业、政府三方面的创新投入和产出数据为研究对象，评价和研究我国区域协同创新效率，结果显示我国不同地区呈现的三螺旋协同创新效率现状不同。

二、基于三螺旋算法的合作关系测度相关研究

三螺旋算法（THA）是 Leydesdorff（2003）提出用来测度大学—产业—政府之间三螺旋动态关系的一种定量研究方法，该算法以信息论为基础，通过分析创

新系统中三方参与者之间不确定度的互信息，来研究整个创新系统网络合作关系的紧密程度。这一算法的提出开辟了三螺旋定量化研究的新方法，被不同国家的许多学者应用于定量研究。Park 和 Leydesdorff（2005）通过在特定领域内用三螺旋模型测量知识生产与相应技术发展之间的联系，认为三螺旋算法可以直接用来测量知识与技术发展之间的联系。Han Woo Park 等（2005）选取科学计量、技术计量和网络计量三个方面的三螺旋指标来比较分析基于网络的韩国和荷兰的创新系统。Loet Leydesdorff 等（2014）介绍了三螺旋指标信息熵和互信息在二维、三维甚至多维系统中的计算，以及相关计算软件的使用情况，使研究三螺旋变得更加清晰简便，还讨论了能否用三螺旋指标——互信息、信息熵等测量协同效应，并通过几个国家 SCI 数据三螺旋关系的比较，得出在知识经济的背景下，全球化的国际合作使本土的三螺旋关系弱化。Loet Leydesdorff 和 Yuan Sun（2009）从国际和国内的角度研究了日本 U-I-G 三螺旋关系，将国际合作作为第四个维度，加入三重螺旋模型中，分别研究了两个、三个和四个维度的互信息指标，结果表明日本创新系统的 U-I-G 三螺旋关系有所弱化，一部分原因是国际合作越来越多。Fred Y. Ye 等（2013）也研究了全球化对各个国家三螺旋互动关系的影响，发现全球化对一个国家自身的三螺旋动态关系有侵蚀作用，使本国三螺旋动态关系的紧密度减弱，并通过对比美国和中国的三螺旋动态关系，发现全球化对发达国家技术创新的影响比对发展中国家更明显。

中国学者大多从国家、省市层面分析产学研的三螺旋动态合作关系。蔡翔、刘晓正（2012、2013）运用三螺旋算法，以江苏、天津、贵州和广西等地区为研究对象，测度 SCI 科技论文发表情况、国家科研基金项目等数据，分析了大学、产业和政府之间的三螺旋动态关系。许侃和聂鸣（2013）运用三螺旋算法，以 SCI 论文数据的互信息为测度指标，研究中国和韩国的三螺旋动态关系及特点，结果显示两国都是以大学—政府的合作模式为主导，而韩国的大学、产业和政府三者之间的合作关系比中国更为紧密。庄涛、吴洪（2013）以专利数据为依据对我国官产学研三螺旋的紧密程度进行了测度，研究发现企业和大学间合作紧密程度最高，政府参与度不高，强调了政府在产学研合作中的作用，还研究了大学、企业、政府等各方参与国际科技合作的细化分析与测度，建立了大学、企业、政府和国际合作的四维合作模型，用互信息来测度四维合作主体间的紧密程度与发展态势。叶鹰等（2014）研究了三螺旋模型的量化分析方法，运用互信息来测度了大学、产业和政府之间交互作用的不确定性，反映了大学、产业和政府机构之间协同和合作的程度，其负值指向区域化，而正值指向全球化。陈强、刘笑（2015）以 SCI、SSCI 以及 A&HCI 论文数据为研究对象，运用三螺旋算法分别对上海和东京在大学—产业—政府协同创新中的关联紧密度进行了测度。

综观上述研究，目前对产学研合作网络的研究多集中在组织模式、运作机制以及演化方面，而对产学研合作网络结构对创新绩效影响的研究仍然较少；另外，“打开黑箱”的产学研协同互动关系整体关注不够。个别研究虽从宏观角度，如合作模式、经费来源等方面加以测度，但产学研合作已由传统的线性模式转变为网络协同模式，从微观层面，即产学研协同创新网络的角度揭示产学研各创新主体间的相互作用关系，更有助于打开产学研协同互动的“黑箱”。

第二章　ICT 产业概况与专利数据

第一节　ICT 产业概况

信息通信技术（Information and Communication Technologies，ICT）是信息技术和通信技术融合的产物。从电子计算机问世算起，现代信息通信技术已经有半个多世纪的历史。特别是近十多年来，信息通信技术以惊人的速度发展，革命性地改变了人类的经济发展形态和生活方式，正逐渐成为促进国家经济增长的主要驱动力，并被称为继农业、工业、服务业之后的“第四产业”。它的发展水平已经成为衡量一个国家经济发展水平的重要标志。

如今，无论是发达国家还是发展中国家，ICT 产业都在发展战略中占有重要的地位。许多国家不惜花费巨资，组织大量人力与物力对其进行战略部署与研究，如美国的 NITRD 计划、欧盟的 FP7 计划、日本的 U-JAPAN 计划、韩国的 IT839 战略等。就我国而言，早在 1986 年，信息通信技术就被列入国家高技术研究发展计划，即“863”计划。2009 年，我国 ICT 产业被正式纳入国家战略性新兴产业，并成为推动经济复苏的重要力量。近年来，我国 ICT 产业每年以超过 30%的速度快速增长，并成为国民经济的基础产业、先导产业和支柱产业（张研等，2011）。目前，我国还是世界上最大的 ICT 产品进出口国。与其他行业相比，ICT 领域技术创新活动也日益活跃，在中国国家知识产权局（SIPO）的专利申请量始终保持领先地位。

从全球范围来看，信息通信技术产业是研发投入最集中、应用最广泛且辐射带动作用最强的创新领域。《国家高技术研究发展计划（“863 计划”）》和《国家中长期科学和技术发展规划纲要》也都将信息通信技术作为重点研究领域并提出了更高的发展要求。ICT 产业的前沿技术创新活跃，深刻推动经济社会各领域生产方式和发展模式变革，已成为引领未来的战略性产业。中国 ICT 产业体系完整，配套齐全，涵盖从元器件、整机设备、软件、测试到组装等的各个环节。我国 ICT 产业具有产业规模大、融合能力强、技术开发与更新速度快、产学研合作密切、知识信息交流频繁等特点，知识存量大、利用式创新和探索式创新较多。

此外，ICT 产业具有产品更新速度快、产品生命周期短，技术开发速度快、专利申请量大、产学研合作密切等特点，故选取 ICT 产业为本书的主要研究对象。

第二节 专利衡量企业创新绩效的合理性

专利是技术创新的产物，是技术创新活动的晴雨表，常被用作研究技术创新的代理指标。此外，专利数据还具有易获得的特点，提供了有关技术发展和创新活动的非常有价值的信息，如专利代码、申请日、公开日、发明者姓名、申请人名称、申请人地址、技术分类代码等。利用这些信息可以进行 R&D 合作、技术关联、知识流动、技术预测等研究分析。

近几年文献中，学者们针对不同研究对象选取了多种企业创新绩效的衡量指标，如新产品数量、新工艺数量、专利数量等。各类指标均为企业创新绩效的代理变量，各有优点和不足。虽然专利不一定是创新，创新也不一定申请专利，但是很多学者（Wang C 等，2014；Guan J 和 Liu N，2015；马艳艳等，2011）认为专利作为组织重要的创新产出，是目前实证研究中能够有效衡量创新绩效的最好指标，并利用专利数据进行了大量研究。Chen 和 Guan（2010）在国家层面上研究了研发合作网络的小世界性对创新绩效的影响，采用被国家授权的发明专利数量来衡量该国创新绩效。Castaldi 等（2015）利用美国州层级专利数据衡量区域创新绩效，并对技术相关多样性与创新绩效之间的关系进行实证研究。刘建华等（2015）认为企业作为技术开发网络的主体，专利是其代表性产出。Paunov 和 Rollo（2016）利用 117 个发展中国家和发达国家的企业调查数据和专利数据，实证检验了行业通过互联网对企业生产力和创新绩效的知识溢出效应，其中利用专利数来衡量企业创新绩效。向希尧等（2010）利用中国电力系统相关技术领域的专利数据构建合作网络并进行实证研究。裴云龙等（2016）采用有机精细化学领域企业研发人员的专利申请量测度企业技术创新绩效并进行实证研究。Lahiri 和 Narayanan（2013）以半导体产业为研究对象，认为在该产业中企业申请专利的数量与创新绩效直接相关，专利数量是衡量企业创新绩效的有效指标。Guan 和 Liu 等（2015）以纳米能源技术领域额为研究对象，以专利家族加权的专利数来衡量组织的创新绩效。本书研究对象为中国 ICT 企业，ICT 产业与半导体产业等具有相似特征，如产品更新换代快、技术开发与更新速度快、专利申请数量多、产学研合作密切等特点，因此，本书也选取专利数量来衡量 ICT 企业创新绩效。

第三节 专利数据源

按照 OECD 专利统计公报（OECD，2010）对 ICT 各子领域国际专利分类号 IPC（International Patent Citation）的界定范围，可将 ICT 领域划分为四个子领域，即电信，计算机、办公机器，消费电子以及其他 ICT 技术。根据表 2-1 中 ICT 领域的 IPC 代码，借助国家知识产权局开发的“专利信息分析”软件，检索下载 1999~2015 年该领域的中国申请并授权的所有专利，共计 1125675 条 ICT 专利信息。

表 2-1 ICT 领域 IPC 分类代码

ICT 领域	IPC 代码
电信（Telecommunications）	G01S；G08C；G09C；H01P；H01Q；H01S；H1S5；H03B；H03C；H03D；H03H；H03M；H04B；H04J；H04K；H04L；H04M；H04Q
消费电子（Consumer Electronics）	G11B；H03F；H03G；H03J；H04H；H04N；H04R；H04S
计算机、办公机器（Computer，Office Machinery）	B07C；B41J；B41K；G02F；G03G；G05F；G06；G07；G09G；G10L；G11C；H03K；H03L
其他 ICT（Other ICT）	G01B；G01C；G01D；G01F；G01G；G01H；G01J；G01K；G01L；G01M；G01N；G01P；G01R；G01V；G01W；G02B6；G05B；G08G；G09B；H01B11；H01J；H01L

虽然美国专利商标局（USPTO）专利具有较高的市场潜在价值，是国际上衡量创新能力的常用指标。但 1976~2010 年，USPTO 授权的中国专利只有 8000 多件，其中 ICT 专利 1000 多件（中国科学院 IT 战略研究组，2009）。而 1985~2010 年中国国家知识产权局（SIPO）授权的中国专利高达 330 多万件①，其中 ICT 专利 45 万余件，故选择 SIPO 授权的中国 ICT 产业专利数据作为本书的主要数据源。专利数据具有时序长、样本量大等特点，这样就可以保证所得到的企业层面产学研合作数据具有较长时序、大样本特征。

① http：//www. sipo. gov. cn/tjxx/。

第三章 中国 ICT 产业专利活动及产学研合作创新比较

作为技术创新活动最重要的成果表现形式，专利因其具有的巨大经济和商业价值，成为世界各国和企业在综合实力竞争中的主要手段和工具，也成为国家、企业制定发展战略的重要依据。本章围绕中国本土的专利活动展开，试图利用专利计量学的方法与指标分析比较中国 ICT 产业技术创新表现和产学研合作创新的变化情况。

第一节 各子领域专利授权状况分析

随着我国经济快速发展，技术创新活动日益活跃，中国 ICT 专利数量呈现显著增长态势。1985~2010 年，中国国家知识产权局授权的 ICT 专利数量已达到约 450 万件，其中发明型专利数量超过 260 万件。从图 3-1 可以看出 1985~2000 年中国 ICT 产业的专利数量增长缓慢。然而，进入 21 世纪后，中国 ICT 专利数量每年以超过 30%的速度增加。

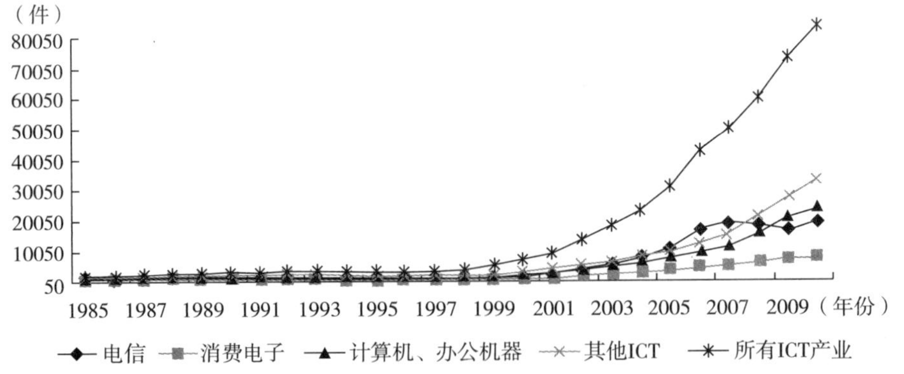

图 3-1 1985~2010 年中国 ICT 产业各子领域专利年趋势分布

从图 3-1 和图 3-2 可以发现，专利数量增长最快的是其他 ICT 领域，约占中国 ICT 专利总数的 36%；其次是计算机和办公机器专利，约占 26%。从图 3-1 中可以发现，2007 年底前电信领域专利数量一直呈增长趋势，在 2008～2009 年有所下降，2010 年恢复增长趋势，这可能和 2008 年发生的国际金融危机有关。

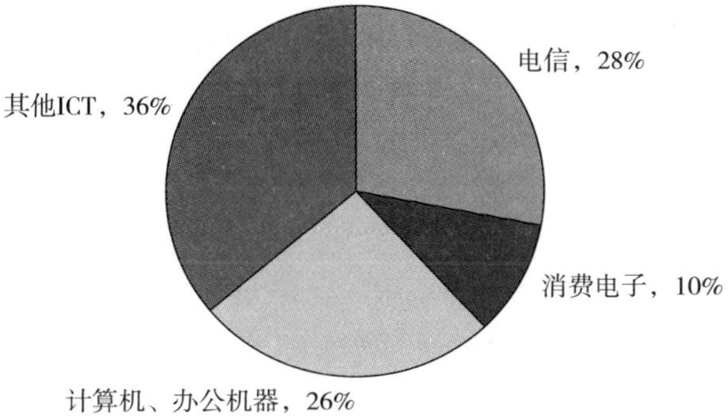

图 3-2　各领域专利数占专利总数的百分比

为了更清楚地分析中国 ICT 产业专利活动变化，将所研究时间区间（1985～2010 年）大致分为三个阶段，即 1985～1994 年、1995～2005 年和 2006～2010 年。表 3-1 是不同阶段各领域的 ICT 专利总产出。

表 3-1　各阶段各领域中国 ICT 专利的产出

阶段＼领域	电信	消费电子	计算机、办公机器	其他 ICT	合计（件）
1985～1994 年	3136（12.6%）（2.5%）	2160（8.7%）（4.9%）	5184（20.8%）（4.4%）	14470（58%）（8.8%）	24950
1995～2005 年	33129（28%）（26.5%）	11459（9.7%）（26%）	30722（25.9%）（26.3%）	43199（36.5%）（26.2%）	118509
2006～2010 年	88629（28.9%）（71%）	30462（9.9%）（69.1%）	80968（26.4%）（69.3%）	107067（34.9%）（65%）	307126
总计（件）	124894	44081	116874	164736	450585

注：第一个括号中的数字表示某阶段内，某领域的专利数占此阶段专利总数的比例。第二个括号中的数字表示某领域中，某阶段的专利数占该领域中总专利数的比例。

由表 3-1 可知，第一阶段，各领域的专利数量均较少，只能以千数计。第二阶段，各领域的专利数迅速增加上万。第三阶段，2006~2010年，短短五年间，各领域的专利数量就超过了前两个阶段各领域专利数量之和，占各领域专利总数的2/3以上。比较各领域第一个括号中的百分数，我们可知，其他ICT的产出占各阶段总专利的最大份额。此外，我们还发现，1985~2010年中国ICT专利结构也发生了一些变化。其他ICT领域专利（58%）占第一阶段专利总数的一半以上，而在最近的两个阶段，这一比例却下降到35%左右。与此同时，电信领域的专利份额急剧增长，从第一阶段的12.6%增加到最近两个阶段的30%左右。

如图3-3所示，发明专利数量占专利总数的比例，从所有ICT产业看，为58%；分领域看，电信领域为76%，计算机与办公机器领域为64%，消费电子领域为53%，其他ICT领域专利为42%。与其他领域相比，电信和计算机与办公机器专利技术含量更高，这些领域的发明类专利占总数的比例更大。而其他ICT领域技术含量较低，实用新型专利占的比例较高。

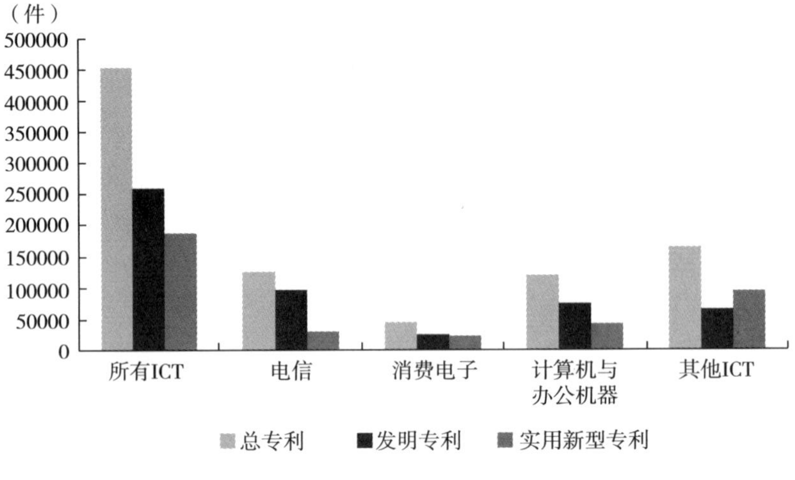

图3-3　各领域不同类型ICT专利

发明专利数量经常被用来衡量技术创新的水平。从图3-4中我们可以看出各个阶段发明专利数量的变化。显然，三个阶段各领域的发明专利数量均呈现增加趋势。发明专利从第一阶段仅占总量的35%增加到第二阶段的52%，再增加到第三阶段的63%。这表明随着科技体制改革的推进，中国ICT产业的技术创新能力有了大幅度提升。

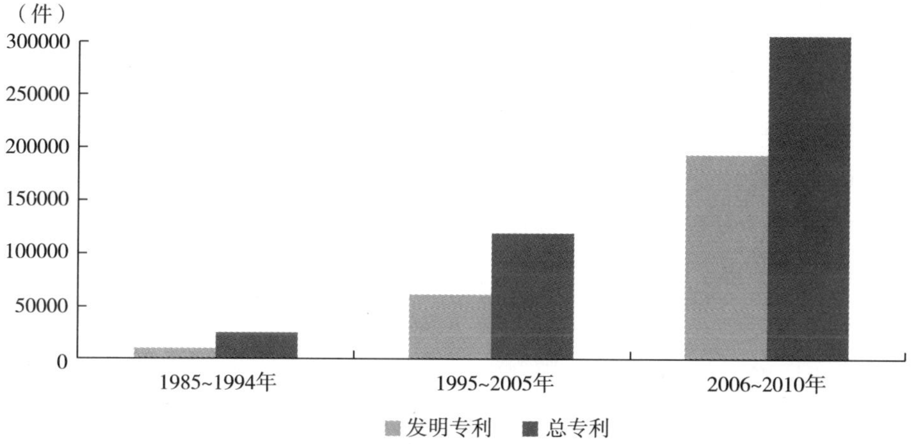

图3-4　各阶段不同类型ICT专利

第二节　各省份专利授权情况分析

表3-2是中国各省份（不包括中国的香港、澳门、台湾）1985~2010年的专利授权数量。可以看到，广东、北京、上海这三个省市ICT专利授权数量表现突出，排在前三位。值得一提的是，这三个省市专利数量占中国ICT专利总数的50%以上。这与它们汇集了大量优秀的大学、研究院所以及与信息通信技术相关的公司和产业集群不无关系。然而，在过去的25年里，内蒙古、海南、宁夏、青海和西藏等欠发达省份的专利数量远远低于发达地区。此外，分领域来看，各省份在各子领域的专利分布也不均衡，广东省在电信（A），消费电子（B），计算机、办公机器（C）三个领域中位居首位，其次是北京和上海。

表3-2　1985~2010年各省份分领域授权专利数量　　单位：件

省份	总计	A	B	C	D	省份	总计	A	B	C	D
广东	119850	53592	18078	31292	16888	安徽	5857	949	444	1037	3427
北京	76890	23344	8139	24326	21081	重庆	5129	822	344	1030	2933
上海	47483	10846	6465	12896	17276	吉林	4940	586	408	773	3173
江苏	38645	6943	4093	8936	18673	江西	2705	348	269	852	1236

续表

省份	总计	A	B	C	D	省份	总计	A	B	C	D
浙江	29458	6143	3219	6314	13782	山西	2609	298	283	513	1515
山东	22409	2854	3482	5099	10974	广西	2061	279	293	495	994
四川	13757	3269	2213	3333	4942	云南	2052	175	185	486	1206
辽宁	13386	1570	1793	2619	7404	甘肃	1477	120	88	235	1034
湖北	12295	2521	1123	2453	6198	贵州	1312	145	257	309	601
陕西	11979	2349	999	2747	5884	新疆	1096	100	151	242	603
天津	10431	1382	1636	2080	5333	内蒙古	986	107	122	237	520
福建	9126	2163	1294	2539	3130	海南	375	60	56	162	97
湖南	7844	972	821	2028	4023	宁夏	371	30	43	72	226
河南	7646	904	524	1335	4883	青海	155	20	22	21	92
黑龙江	5962	975	377	1181	3429	西藏	9	2	0	7	0
河北	5909	1026	479	1225	3179						

注：A=电信；B=消费电子；C=计算机、办公机器；D=其他 ICT。

表 3-3 列出了各省份分阶段分领域授权专利情况。第一阶段（1985~1994 年），ICT 各子领域的授权专利数量都很少，第二、第三阶段各子领域的专利数量呈现出增长趋势。特别是第三阶段，专利数量的增加速度最快。北京、广东、上海和江苏等经济发达省份各子领域的专利数量在第二和第三阶段迅速增加。而海南、宁夏、青海、新疆和西藏等欠发达省份各领域的专利数量在三个时期都增长缓慢，且专利总数较少。此外，北京、广东、江苏和上海在这三个时期都保持了各个领域的领先地位。值得注意的是，辽宁省专利数量在第一阶段的 A、C、D 领域都位列前五。但在后两个阶段的排名有所下降。

表 3-3　各省份分阶段分领域授权专利情况　　单位：件

省份	1985~1994 年				1995~2005 年				2006~2010 年			
	A	B	C	D	A	B	C	D	A	B	C	D
安徽	38	30	83	273	268	90	253	817	643	324	701	2337
北京	554	346	1010	2161	6698	1646	6303	5569	16092	6147	17013	13351
福建	73	41	88	218	504	239	532	896	1586	1014	1919	2016

续表

省份	1985~1994年				1995~2005年				2006~2010年			
	A	B	C	D	A	B	C	D	A	B	C	D
甘肃	12	7	37	160	50	23	115	308	58	58	83	566
广东	216	172	315	425	13744	2972	8190	4157	39632	14934	22787	12306
广西	30	36	67	183	97	73	219	275	152	184	209	536
贵州	12	27	27	84	66	90	156	168	67	140	126	349
海南	0	2	9	11	22	16	102	28	38	38	51	58
河北	156	69	191	519	365	114	416	1022	505	296	618	1638
河南	95	45	132	448	263	122	459	1308	546	357	744	3127
黑龙江	69	41	142	438	229	92	378	1042	677	244	661	1949
湖北	97	76	159	582	776	245	668	1884	1648	802	1626	3732
湖南	105	122	271	754	336	173	706	1115	531	526	1051	2154
吉林	64	35	105	499	234	100	348	1146	288	273	320	1528
江苏	321	195	393	1106	1495	685	1933	3659	5127	3213	6610	13908
江西	35	23	97	209	114	69	354	323	199	177	401	704
辽宁	194	100	330	1277	461	538	947	2398	915	1155	1342	3729
内蒙古	17	11	28	105	41	38	103	162	49	73	106	253
宁夏	7	12	14	64	12	8	29	62	11	23	29	100
青海	3	7	7	28	4	2	8	16	13	13	6	48
山东	137	105	289	851	813	685	1162	2742	1904	2692	3648	7381
山西	39	31	90	246	63	70	172	377	196	182	251	892
陕西	138	95	195	609	528	186	709	1552	1683	718	1843	3723
上海	216	144	288	926	3318	1813	3138	4811	7312	4508	9470	11539
四川	164	91	197	553	663	459	771	1298	2442	1663	2365	3091
天津	96	76	141	463	445	249	583	1565	841	1311	1356	3305
西藏	0	0	0	0	0	0	1	0	2	0	6	0
新疆	21	22	31	88	47	36	93	211	32	93	118	304
云南	29	38	65	194	65	34	189	392	81	113	232	620
浙江	167	128	290	794	1218	528	1404	3205	4758	2563	4620	9783
重庆	31	33	93	202	190	64	281	691	601	247	656	2040

注：A=电信；B=消费电子；C=计算机、办公机器；D=其他ICT。

第三节　产学研合作创新态势分析

为了探究中国 ICT 产业在 1985~2010 年创新主体的变化情况，表 3-4 给出了三个阶段中专利授权数量排名前 10 位的申请人及其类别。这里按照申请单位性质将其分为大学、研究所和企业三类，分别用 U、R、I 表示。

表 3-4　各阶段专利数量排名前 10 的申请人及其类别

排名	1985~1994 年			1995~2005 年			2006~2010 年		
	申请人	数量（件）	类别	申请人	数量（件）	类别	申请人	数量（件）	类别
1	清华大学	229	U	华为公司	8511	I	中兴公司	16609	I
2	浙江大学	160	U	鸿富锦	2452	I	华为公司	14726	I
3	东南大学	113	U	中兴公司	2400	I	鸿富锦	5039	I
4	西安交通大学	98	U	LG（中国）公司	1417	I	浙江大学	2714	U
5	天津大学	73	U	联想公司	1390	I	北航	1999	U
6	上海光机所	71	R	清华大学	1152	U	康佳公司	1984	I
7	南京工程学院	53	U	上海 LG 公司	1110	I	清华大学	1968	U
8	华中理工大学	51	U	浙江大学	879	U	杭州华 3 公司	1798	I
9	北京理工大学	47	U	上海交通大学	872	U	腾讯公司	1732	I
10	第五十四研究所	45	R	上海光机所	716	R	东南大学	1513	U

注：表中部分单位名称为简称，全称如下："上海光机所"是指中国科学院上海光学精密机械研究所；"第五十四研究所"是指石家庄第 54 机械与电子工程研究所；"华为公司"是指华为技术有限公司；"鸿富锦"是指鸿富锦（深圳）精密工业股份有限公司；"LG（中国）有限公司"是指 LG 电子（中国）研发中心有限公司；"上海 LG 公司"是指上海 LG 广播电子有限公司；"腾讯公司"是指腾讯（深圳）科技有限公司。

从表 3-4 可见，在第一阶段中，清华大学拥有的专利数量最多，共 229 项，其次是浙江大学（160 项）和东南大学（113 项）。这一阶段中，排在前 10 位的申请人中有 8 位来自大学。这表明，该阶段中大学是我国 ICT 领域创新活动的主要力量。在第二、第三阶段中，由于科技体制改革的深入，专利申请人排名发生了显著变化，企业成为我国技术创新的主体。华为公司、中兴通讯公司以及联想公司等国内知名企业，在中国ICT产业技术创新中发挥着主导作用。LG公司（韩国）等外国公司在中国大陆成立了多家子公司，这也对中国ICT企业的创新能力的提升起到一定的促进作用。此外，清华大学，浙江大学和北京航空航天大学等大学仍然是我国ICT专利的主要申请者。

前文中，我们关注了不同时期我国ICT领域创新主体的演变。下面则根据专利联合申请来考察大学、研究院所及企业在不同阶段、不同子领域合作模式的变化情况。专利联合申请是专利活动中常见现象，指一个专利由多个申请人合作研发、共同申请专利。它是表征合作创新的常用指标。本文按照申请人的个数将专利分为非合作专利（申请人只有一个）和合作专利（多个申请人）。图3-5是合作专利及非合作专利的分布情况。从图3-5可见，中国ICT产业的非合作专利占专利总数的90%，而合作专利只占10%。在非合作专利中，企业（I）占一半，大学（U）占13%，研究所（R）占7%（见图3-5右侧）。以大学、企业或研究机构作为单一申请人的专利占非合作专利的70%，其他申请人占20%，包括个人、军事和行政组织。这也表明：企业是中国ICT产业创新活动的主体，发挥着不可替代的关键作用。大学和研究所在中国ICT专利申请中也有着重要地位。

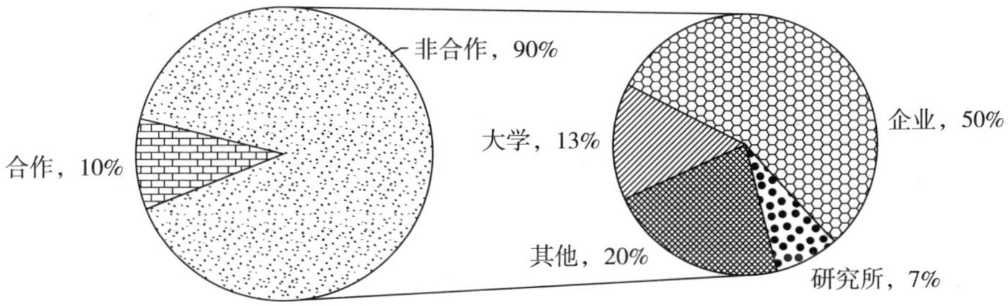

图3-5　合作专利与非合作专利分布

下面来重点分析图3-6中的合作专利，特别是产学研合作专利。如图3-6所示，占专利总数10%的合作专利中，产学研合作专利占比为6%，非产学研合作专利占比为4%。就产学研合作专利而言，74%的专利是由企业与企业共同申请，即企业和企业共同合作研发完成。校—企和企—研合作专利，占比分别为14%和7%。而校—校、校—研、研—研和产学研三方合作专利的份额相对较少。

表3-5列出了1985~2010年，ICT各子领域产学研及其合作专利的产出情况。对于非合作专利而言，无论在任何领域，企业（I）都拥有最大的专利产出，其次是大学（U）和研究所（R）。就产学研合作专利而言，在四个子领域中，企业—企业合作专利最多，这说明企—企合作模式是我国ICT产业主导的合作创

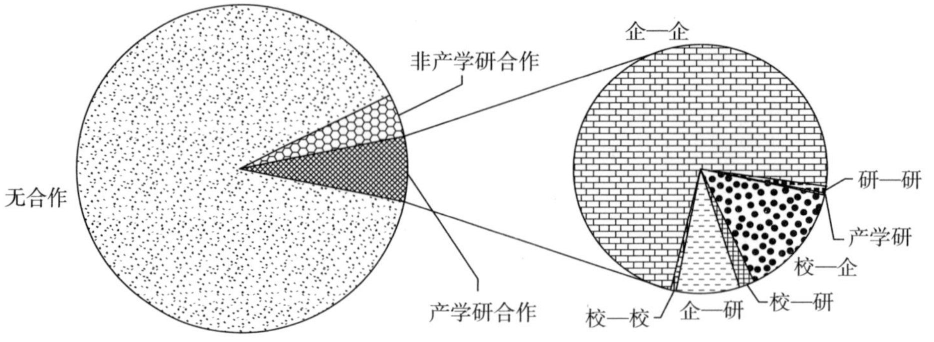

图 3-6 产学研合作专利分布

新模式。其次是大学（U）—企业（I）合作。最后是企业—研究所合作创新模式。在其他 ICT 子领域中，大学—企业合作的专利数量与企业—研究所合作专利数量相当。这说明大学与企业间的合作创新在我国 ICT 产业的创新活动中也发挥着重要作用。

表 3-5 分领域的产学研合作创新情况

领域	U	I	R	UI	UR	IR	UU	II	RR	UIR
A	13171	82603	7733	1142	165	192	51	3860	70	3
B	3133	25350	1589	413	20	88	32	2759	4	4
C	13652	54247	4942	1074	66	344	40	9814	31	1
D	28010	60049	17166	1585	344	1588	82	5213	130	66

注：A=电信；B=消费电子；C=计算机、办公机器；D=其他 ICT。

表 3-6 列出了各阶段大学、企业及研究所专利合作情况。对于非合作专利而言，无论处于哪个阶段，企业（I）的专利授权数量最多。在第一和第二阶段，可以看到，大学与研究机构的专利数量相当，但在第三阶段，大学（U）的专利授权数量明显超过研究机构的专利数量。就产学研合作专利而言，在第一阶段，企业—研究所合作授权专利数量最多，其次是企业—企业和大学—企业的合作专利。然而，在第二和第三阶段，企业—企业合作授权专利呈现迅猛增长态势，2006~2010 年的企—企合作专利是前 20 年总和的三倍多，这说明企—企合作模式已成为我国 ICT 产业合作创新的主导模式。其次是大学—企业合作。最后是企业—研究所合作创新模式。

表 3-6　各阶段产学研分领域的产学研合作创新情况

阶段＼领域	U	I	R	UI	UR	IR	UU	II	RR	UIR
1985~1994 年	2711	3508	2732	100	51	166	4	80	39	2
1995~2005 年	11441	47383	10126	917	155	507	65	5424	75	14
2006~2010 年	43814	171358	18572	3197	389	1539	136	16142	121	58

综上可见，在中国 ICT 专利活动中，大学、企业和研究机构作为独立申请人的专利数量均呈现显著增加趋势，特别是企业的专利数量增长最为迅猛。然而，整体来看，产学研间的合作创新仍然相对较弱，加强它们之间的合作创新是提升中国 ICT 产业创新能力的重要途径。

第四节　结论与政策建议

本章以中国 ICT 产业 1985~2010 年 SIPO 授权专利为样本，采用传统文献计量学方法，从宏观层面上分阶段、分子领域，分析比较其专利活动变化情况；并根据专利联合申请来考察大学、研究院所及企业在不同阶段、不同子领域合作模式的变化情况，得出的主要结论有：

（1）从整体来看，2001~2010 年中国 ICT 产业专利数量每年以超过 30%的速度快速增长。无论对于哪个子领域来说，第三阶段（2006~2010 年）专利数量的增幅最大，且该阶段各子领域授权专利数量是两个阶段专利总和的三倍之多。此外，发明专利数量在持续增长。这些现象表明随着中国科技体制改革的深化，我国 ICT 产业的创新能力得到了显著提升。

（2）从区域来看，中国 ICT 产业专利数量分布不均匀，且呈现明显的集聚态势。三个经济发达省份广东、北京、上海的专利总数占中国 ICT 产业专利总量的 50%以上。然而，经济欠发达省份如内蒙古、海南、宁夏等，ICT 专利数量均较少且增长缓慢。

（3）从专利申请人的类别来看，在第一阶段（1985~1994 年），排在前 10 位的申请人中有 8 位来自大学。这表明该阶段中大学是中国 ICT 领域创新活动的主力军。在第二、第三阶段中，由于科技体制改革的深入，专利申请人排名发生了显著变化，企业成为我国技术创新的主体。

（4）从联合专利申请来看，合作专利仅占专利总数的 10%，其中产学研合作专利占比为 6%。就产学研合作专利而言，74%的专利是由企业与企业共同申请，即由企业和企业共同合作研发完成。企—企合作模式已成为中国ICT产业合作创新的主导模式。大学与企业间的合作创新在中国ICT产业的创新活动中也发挥着重要作用。

这些年，随着中国政府和企业对于技术研发和专利保护重视程度日益增强，中国ICT产业的整体创新能力得到极大提高。然而，各地区和各创新主体的创新产出分布不均匀，其技术创新水平有待进一步提升。区域政策可以促进合作网络中的不同创新主体参与到创新活动中，因此它成为提升ICT创新系统竞争力的重要手段（Rojo和Gómez，2006）。近年来，中国企业逐渐成为技术创新的主体，华为公司、中兴公司相继在中国ICT产业中崭露头角。然而，进一步分析SIPO授权的包括外国专利申请人在内的所有ICT专利发现，专利数量排在前20位的企业中有17家是外国公司（Zhang等，2011）。这一结果表明，中国大多数ICT企业仍需要通过增加研发投入，建立研究中心，开展重大科技项目攻关，深化产学研合作，促进资金、技术和人才流动来进一步增强企业创新能力。

第四章　产学研合作创新国际比较

本章基于 SIPO 专利数据，选取 ICT 领域技术发达的日本、美国、中国台湾、韩国作为比较对象，对中国在该领域的专利格局和产学研合作情况进行对比研究，旨在分析中国 ICT 产业技术创新活动的现状和不足，揭示跨国公司的对华专利战略，从而为制定和实施适合中国 ICT 产业发展的专利战略提供依据。

第一节　各国（地区）ICT 产业专利发展态势比较研究

根据表 2-1 中 ICT 领域的 IPC 代码，并借助国家知识产权局开发的“专利信息分析”软件，检索下载 1985~2010 年在中国申请并授权的 ICT 所有专利①，共得到 450585 条 ICT 专利信息。对该专利数据进一步分析发现（见图 4-1），专利占比最多的是中国，为 54.7%，接下来的是日本、美国、中国台湾、韩国，占比分别是 15.2%、9.2%、7.4%、4.4%，这五个国家（地区）的专利之和占比为 90.9%，因此，选择它们为比较研究的对象。

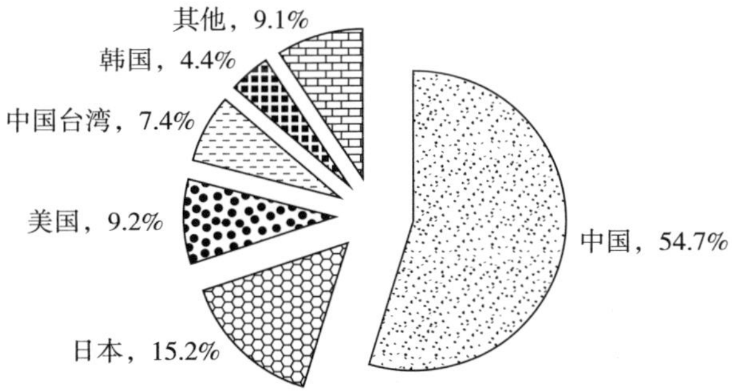

图 4-1　各国（地区）ICT 专利总量分布

从图 4-1 可以看到，2000 年以前中国 ICT 产业的专利数量增长缓慢，之后

① 之所以将所有 ICT 专利下载，而非只下载被比较国家的专利数据，是因为本书是研究中国 ICT 产业技术创新与合作的系列成果之一。

呈现出持续增长的趋势，年均增长率在30%左右。2010年中国ICT领域专利数量约为8.3万件，为2000年（0.7万件）的十几倍，这表明近几年中国ICT领域技术创新活动非常活跃。同样，2000年之前，日本、美国、韩国来中国以及中国台湾来大陆申请专利数量较少且增长缓慢，之后呈现出较大幅度的增加，其中最明显的是日本。但自2006年起，均呈现出不同程度的下滑趋势，专利数量明显减少。究其原因，主要是国外一些企业开始调整研发战略，将一些核心技术放在本国研发，而将一些外围技术转移到发展中国家研发。与之形成鲜明对比的是，2006年后中国ICT专利呈现出强劲的发展势头，主要是因为外企在国内建立研发中心和国内企业对技术研发和专利的重视。此外，从中国ICT专利国外来华申请看，日本在ICT领域优势地位明显，专利总量自2000年增加较快，一直持续高居榜首，显示出其在该领域中的技术优势；其次是美国、中国台湾、韩国（见图4-2）。

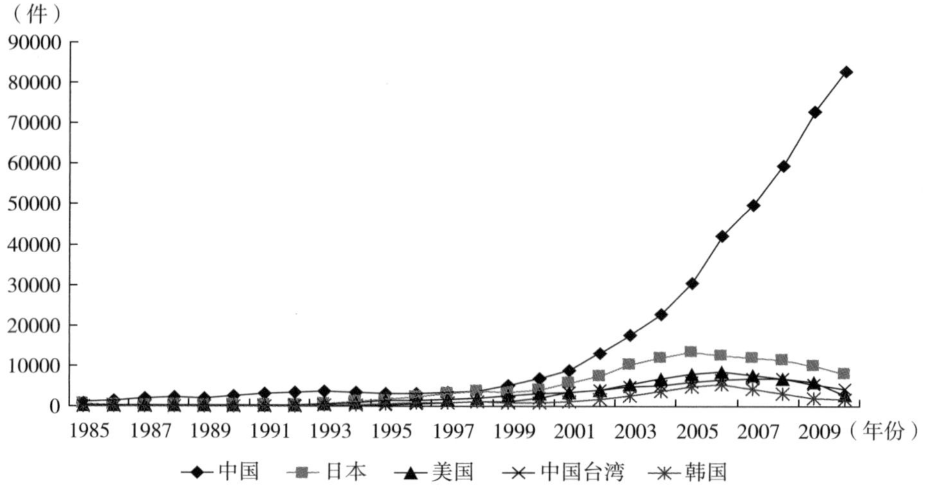

图4-2　1985~2010年各国（地区）ICT专利的年趋势分布

表4-1是各国（地区）ICT专利在四个技术领域中的分布情况。表中每个国家（地区）占两行数字，第一行表示该国家（地区）在该技术领域中的专利总数，第二行的第一个括号中的数字表示该国（地区）在该技术领域中的专利占所有国家（地区）在该技术领域专利总数的比例，第二个括号中的数字表示该国（地区）在该技术领域中的专利占该国（地区）ICT专利总数的比例。例如：中国的计算机、办公机器专利数量占所有国家（地区）在该技术领域专利总数的44.3%，占中国总ICT专利数量的25.9%。

表 4-1 各国（地区）ICT 专利技术领域占比分布 单位：件

<table>
<tr><th rowspan="2">国家（地区）</th><th colspan="4">领域</th><th rowspan="2">各国（地区）总 ICT 量</th></tr>
<tr><th>计算机、办公机器</th><th>电信</th><th>消费电子</th><th>其他 ICT</th></tr>
<tr><td>中国</td><td>116874
（44.3%）（25.9%）</td><td>124894
（56.9%）（27.7%）</td><td>44081
（39.2%）（9.8%）</td><td>164736
（72.3%）（36.6%）</td><td>450585</td></tr>
<tr><td>日本</td><td>48052
（18.2%）（38.5%）</td><td>24746
（11.3%）（19.8%）</td><td>30223
（26.9%）（24.2%）</td><td>21749
（9.6%）（17.4%）</td><td>124770</td></tr>
<tr><td>美国</td><td>30699
（11.6%）（40.7%）</td><td>24373
（11.1%）（32.3%）</td><td>7608
（6.8%）（10.1%）</td><td>12820
（5.6%）（17%）</td><td>75500</td></tr>
<tr><td>中国台湾</td><td>34226
（13%）（56%）</td><td>9132
（4.2%）（14.9%）</td><td>9338
（8.3%）（15.3%）</td><td>8436
（3.7%）（13.8%）</td><td>61132</td></tr>
<tr><td>韩国</td><td>13765
（5.2%）（38%）</td><td>9333
（4.3%）（25.7%）</td><td>8962
（8%）（24.7%）</td><td>4190
（1.8%）（11.6%）</td><td>36250</td></tr>
<tr><td>所有国家（地区）</td><td>263609</td><td>219589</td><td>112406</td><td>227732</td><td>823336</td></tr>
</table>

注：第一个括号中的数字表示某阶段内，某领域的专利数占此阶段专利总数的比例。第 2 个括号中的数字表示某领域中，某阶段的专利数占该领域中总专利数的比例。

中国 ICT 专利技术领域分布状况显示（见表 4-1），其他 ICT 技术、电信以及计算机、办公机器领域是专利数量最多的三大领域，其中其他 ICT 技术领域专利数量最多，占中国总 ICT 专利数量的 36.6%，其次是电信（27.7%）和计算机、办公机器（25.9%），消费电子领域专利数量最少，仅占 9.8%。日本、美国、中国台湾、韩国专利数量最多的技术领域均为计算机、办公机器领域，分别占其总 ICT 专利数量的 38%之多，其中，中国台湾高达 56%。四个国家（地区）专利数量相对较少的技术领域均为其他 ICT 技术领域，占比均在 20%以下。其他 ICT 技术领域多属于外围 ICT 技术专利，技术含量相对较低，而中国 ICT 专利在该技术领域中的比例偏高；计算机、办公机器领域中的专利多涉及核心技术、关键技术，技术含量较高，但中国 ICT 专利在该技术领域中的比例偏低，说明与日本、美国、中国台湾、韩国相比，中国 ICT 领域的技术创新能力还需进一步提高。此外，日本在消费电子技术领域专利占比较高，优势地位明显（见表 4-2）。

表 4-2 各国（地区）ICT 专利各技术领域发明专利占比分布 单位：%

领域 / 国家（地区）	计算机、办公机器	电信	消费电子	其他 ICT
中国	63.9	76	53	42.4

续表

领域 国家（地区）	计算机、办公机器	电信	消费电子	其他 ICT
日本	98.4	99.4	98.2	97.3
美国	98.6	97.9	97.9	97.2
中国台湾	71.0	70.4	66.8	59.3
韩国	99.6	99.1	99.0	99.3

从我国国家知识产权局检索到的 ICT 专利数据只包括实用新型专利和发明专利两种专利类型，其中发明专利技术含量较高，更能反映技术创新水平。从图 4-3 可见，日本、美国、韩国发明专利的比例很高，均在 99%左右，中国和中国台湾的发明专利比例较低，分别是 58%和 67%。从技术领域看（见表 4-2），日、美、韩在各技术领域中发明专利的占比都很高，均在 97%以上，而我国发明专利比例较高的两个领域分别是计算机、办公机器和电信，分别为 76%和 63.9%。发明专利占比偏低，反映出我国核心技术的薄弱，说明我国在 ICT 领域的技术创新能力与日、美、韩还有一定差距；另外，由于该领域竞争激烈、中国市场潜力巨大，日、美、韩会选择技术周期较长的发明专利以提升竞争力，并通过专利战略和布局，抢占市场、遏制竞争对手。

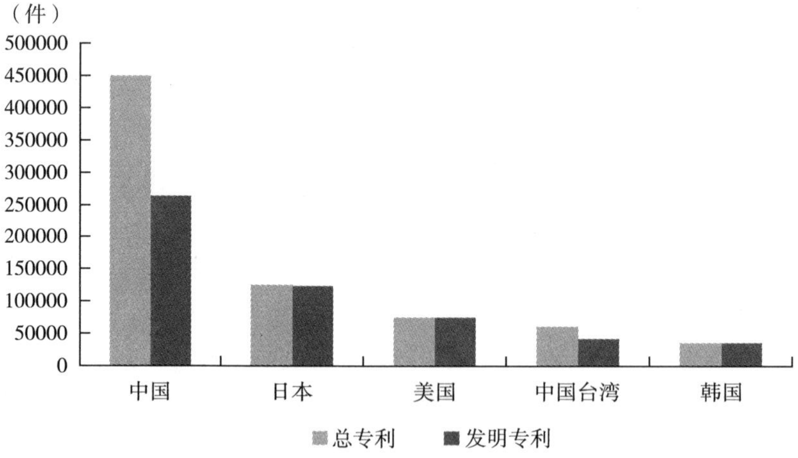

图 4-3　各国（地区）ICT 专利发明专利占比分布

我国 ICT 专利 TOP20 申请人及国别（地区）分布显示（见表 4-3），专利数量排名前三的公司分别是华为、三星、中兴，拥有专利均在 2 万件左右。其中华为、中兴作为全球领先的电信通信设备供应商，是我国 ICT 领域专利申请的主要力量，也是我国在该领域技术创新的主力军。另外，日本的松下、索尼、佳能，美国的 IBM、高通等公司也榜上有名。

表 4-3 ICT 专利数量排名前 20 位的申请人及国别（地区）

专利数（件）	申请（专利权）人	国家（地区）
24560	华为技术有限公司	中国
21125	三星电子株式会社	韩国
19190	中兴通讯股份有限公司	中国
15736	松下电器产业株式会社	日本
15260	索尼株式会社	日本
9077	皇家飞利浦电子股份有限公司	荷兰
7864	鸿富锦精密工业（深圳）有限公司 鸿海精密工业股份有限公司	中国
7746	国际商业机器公司	美国
7647	佳能株式会社	日本
7378	LG 电子株式会社	韩国
6034	东芝株式会社	日本
5346	精工爱普生株式会社	日本
5293	高通股份有限公司	美国
5049	日本电气株式会社	日本
4719	夏普株式会社	日本
4590	英业达股份有限公司	中国台湾
4083	微软公司	美国
4008	富士通株式会社	日本
3959	艾利森电话股份有限公司	美国
3811	英特尔公司	美国

从 20 家公司的国家（地区）分布看（见表 4-4），日本占 8 席，共有专利 63799 件，占所有国家（地区）总 ICT 专利数的 7.75%；中国占 3 席，共有专利 51614 件，占比为 6.27%，其中华为和中兴两家公司的专利之和为 45000 多件，两

家公司在该领域的竞争力可见一斑。20 家企业中韩国虽然只占 2 席（三星和 LG），但其拥有的专利占比却高达 3.46%，说明这两家公司也具有较强的竞争实力。

表 4-4 ICT 专利 TOP20 申请人的国家（地区）分布

国家（地区）	企业数量（个）	专利数（件）	占比（%）
日本	8	63799	7.75
中国	3	51614	6.27
韩国	2	28503	3.46
美国	5	24892	3.02
中国台湾	1	4590	0.56

进一步对 ICT 各技术领域中 TOP20 家企业分析可见，日本在计算机、办公机器领域优势地位明显，20 家企业中占 9 席，占该技术领域专利的 9.50%；中国在电信领域优势地位明显，占 5 席，占比为 18.40%；消费电子领域日本的优势地位显著，占 8 席，占比为 16.17%；中国在其他 ICT 技术领域中占 12 席，专利数量占比为 4.97%，美、台、韩在该领域占比不足 1%（见表 4-5）。

表 4-5 各国（地区）ICT 专利各技术领域排名前 20 位的企业数量分布

国家（地区）	计算机、办公机器			电信			消费电子			其他 ICT		
	企业数量（个）	专利数量（件）	占比（%）	企业数量（个）	专利数量（件）	占比（%）	企业数量（个）	专利数量（件）	占比（%）	企业数量（个）	专利数量（件）	占比（%）
中国	4	9508	3.61	5	40408	18.40	6	6262	5.57	12	11328	4.97
日本	9	25039	9.50	5	11182	5.09	8	18171	16.17	3	3523	1.55
美国	3	10441	3.96	5	12359	5.63	1	652	0.58	2	1072	0.47
中国台湾	2	6074	2.30	0	0	0.00	1	704	0.63	0	0	0.00
韩国	1	6696	2.54	2	6962	3.17	2	6891	6.13	1	1620	0.71

第二节 基于专利的 ICT 产业产学合作比较研究

根据专利联合申请，表 4-6 给出了各国（地区）ICT 产业产学合作情况，可以看到各国（地区）ICT 专利中，非合作专利占绝大多数，中国的合作专利相对最多，占比为10%，美国最少，只有1.66%。另外，在各国（地区）非合作专利中，日、美、韩三国的企业是技术创新活动的主力军，专利占比均在90%以上；而大学的专利占比很低，均不足1%；就中国而言，企业专利的比例最高，约为50%，大学专利的比例相对较高，约为13%。由于各国（地区）科技体制的差异，企业、大学、研究所在创新活动中的角色不同，企业是日、美、韩技术创新的主体，而在我国企业正逐渐成为技术创新的主体，大学和研究所也是创新活动的重要参与者。我国ICT专利中，研究所也占有相当的份额，占比约为7%。

表4-6　各国（地区）ICT产业产学合作情况分布　　单位：%

国家（地区）	非合作	合作	U	I	UU	UI	II
中国	90.00	10.00	12.86	49.32	0.05	0.94	4.80
日本	95.12	4.88	0.11	94.36	0.00	0.19	3.93
美国	98.34	1.66	0.76	95.73	0.04	0.14	0.81
中国台湾	96.82	3.18	0.14	82.07	0.00	0.10	0.95
韩国	96.86	3.14	0.25	92.82	0.01	0.75	1.15

从表4-6显示的产学合作情况看，企业与企业间的合作是各国（地区）主要的合作模式，其次是大学与企业间的合作，大学与大学间的合作最弱。中国三种合作的占比相对最高，其中企业与企业间的合作占比约为5%，大学与企业间合作（产学合作）占比约为1%。产学合作创新是企业的一种重要创新模式，是企业获得研发资源、保持竞争优势的重要手段。但目前中国ICT领域产学合作创新不够频繁，产学合作空间仍很大。

第三节　结论与政策建议

近几年，中国ICT产业每年以超过30%的速度快速增长，是目前我国科技创新最活跃、专利积累较多的领域。本章基于国家知识产权局专利数据库，选择日本、美国、中国台湾、韩国为比较对象，以广泛用来衡量技术创新能力的代理指标——专利为切入点，对我国ICT领域的专利格局和“产学”合作情况进行对比研究，得到如下主要结论：

（1）2000年以前中国ICT产业的专利数量增长缓慢，之后呈现出强劲的增长势头；日本、美国、韩国来华申请专利数量以及中国台湾来大陆申请专利数量自2006年起，均呈现出不同程度的下滑趋势，专利数量明显减少。究其原因，主要是激烈的市场竞争，促使国内企业对技术研发和专利的重视，以及国外企业调整研发战略，将一些核心技术放在本国研发。

（2）中国在技术含量相对较低的其他ICT技术领域中的专利占比偏高，而在技术含量较高的计算机、办公机器领域中的占比偏低；四个技术领域中发明专利的占比也较低，表明与日本和美国相比，中国在ICT领域技术创新能力还有一定差距，在关键技术、核心技术方面的自主创新能力需进一步提高。

（3）中国在电信领域优势地位明显，成长起来了像华为、中兴这样具有国际竞争力的电信通信设备供应商，成为中国ICT制造业的开拓者和该领域技术创新的主力军。

（4）企业是日、美、韩三国ICT领域技术创新的主体，专利占比均在90%以上；而中国企业正逐渐成为该领域技术创新的主体，其专利占比约为50%，大学和研究所也是创新活动的重要参与者。由专利联合申请刻画的合作情况看，企业与企业间的合作是各国技术创新的主要合作模式，企业与大学间的合作较弱，产学合作不够频繁。

中国作为全球重要的ICT市场，具有广阔的市场空间和强劲的市场拉动。跨国公司一方面不断加强对中国市场的重视程度，进行产业转移，抢占中国市场；另一方面实施专利战略，设置技术壁垒，抑制和阻碍国内企业的发展。专利已成为国家之间、企业之间竞争的一种战略性武器，也成为制约中国ICT产业发展的瓶颈。为此，基于以上的研究结论，提出以下促使中国ICT产业摆脱桎梏，实现跨越式发展的专利战略选择：

第一，充分利用已有专利积累和技术优势，选择某项技术为突破口，采取联合开发战略，发挥技术上的互补和研发效率，力争在领先者之前完成该项技术的研发，并以此构建外围专利网，逐渐覆盖该技术领域，从而缩小技术差距。

第二，中国ICT产业中，大多数企业专利意识薄弱，有效的知识产权管理经验不足，造成缺乏核心技术和技术标准的劣势。而国内行业领先企业研发基础雄厚、专利意识较强，并富有创新精神，应充分发挥其带头作用，引领整个行业的发展。

第三，中国ICT产业应继续推进更加广泛和深入的产学研合作。一方面，企业应广泛开展技术创新合作，与高等院校、科研院所建立紧密沟通渠道，有效联合、分担风险、共享成果。另一方面，应进一步完善大学产学研合作支持体系，促进更多有科研实力和技术优势的大学参与产学研合作，并积极利用国际资源，开展国际合作。

第五章 产学研合作模式及其合作网络结构演化

20世纪80年代以来，各级政府出台了一系列促进科技成果转化的政策，但是我国高校和科研机构科技成果的转化成功率却不足10%。主要原因在于产学研合作中成果转化模式的功效未充分释放。从这一层面上讲，产学研合作模式选择问题的深入、定量实证研究对于发现中国产学研合作中存在的问题，制定能充分调动各创新主体的积极性和创造性、实现深度合作和协同创新的科技政策具有重要理论与实践意义。

第一节 产学研合作模式研究背景

产学研合作是国家体系中重要的创新模式，是产学研协同创新的基础。产学研合作创新是指企业、大学、科研单位在利益驱动下，运用各自资源相互协作所进行的优势互补的经济和社会活动（陈伟等，2012）。改革开放以来，以1995年和2006年两次全国科学技术大会为界，我国产学研合作工作经历了从“产学研联合”到“产学研结合”，再到“产学研用结合”三个阶段。当前，中国正处于建设创新型国家的战略时期，加快建设以企业为主体、市场为导向、产学研相结合的技术创新体系是提高国家自主创新能力的重要途径。

国内外学者们从不同角度对产学研合作进行研究，其中对产学研合作模式分类、基本特点及选择研究为最多。中国学者从不同视角对产学研合作模式进行分类（原长弘，2005；王文岩等，2008；苏敬勤，1999），如：将产学研合作的模式按契约关系分为技术转让型、委托开发型、联合开发型和共建实体型；按照政府作用分为市场自发模式、政府引导模式、政府主导模式；按照成本交易理论分为内部化模式、外部化模式和半内部化模式等。国外学者围绕这一主题进行了大量实证研究（Cohen等，2002；Monjon等，2003；Schartinger等，2001），结果表明：产学研合作模式既有正式合作、也有非正式合作，既有长期合作，也有短期合作，既有专利许可和技术转让、创办新的企业，还有联合开发或委托开发等，不同国家主导合作模式类型不尽相同。与国外学者的研究相比，中国产学研合作模式研究以定性分析居多，定量实证研究较少。代表性实证研究有：仲伟俊等（2009）基于江苏229家创新型企业的问卷调查，对中国产学研合作技术创新模式进行了实证研究。李梅芳等（2012）则分别从企业与高校两个视角基于湖北省的问卷调查对产学研合作模式进行实证对比分析。以上两个实证研究得出了一个相同的结论，即联合开发或合作研发模式在中国产学研合作中处于主导地位，而成果转化与创新创业模式处于次要位置。由于产学研合作中成果转化模式的功效未充分释放，这便造成自20世纪80年代以来，各级政府出台了一系列促进科技成果转化的政策，但是中国高校和科研机构科技成果的转化成功率却不足10%。因此，从这一层面上讲，产学研合作模式选择问题的深入、定量实证研究对于发现中国产学研合作中存在的问题，制定能充分调动各创新主体的积极性和创造性、实现深度合作和协同创新的科技政策具有重要理论与实践意义。

本章拟以中国ICT领域产学研联合申请的SIPO授权专利为样本，拟对中国产学研合作的主导模式联合开发或合作研发进行更加深入地实证研究。首先，按照专利申请人（专利权人）的组织类型区分产学研合作模式，分析比较中国ICT产业产学研合作模式的演进路径；其次构建产学研合作网络，利用社会网络分析方法研究产学研合作网络整体结构特征及其时空演化，揭示该网络结构下中国ICT产业产学研合作的特点。最后，讨论实证研究结果带来的启示与政策建议。

第二节　分析框架与数据来源

一、产学研合作模式界定

考察以专利联合申请为表现形式的产学研合作，借助专利信息中的申请人（专利权人）信息来识别某一专利是否为产学研合作专利。一般认为，申请人信息中包含两个或两个以上组织（或个人）即为合作专利。由于本研究侧重于组织层面，因而将剔除包含外国和个体参与的合作专利，只关注中国ICT产业中企业、大学、研究所参与的合作专利。在提取产学研合作专利的基础上，进一步按照申请人的组织类型（企业、大学、研究所）三个维度对合作专利进行划分，包括：企业—企业（企—企，I-I）合作，大学—企业（校—企，U-I）合作，企业—研究所（企—研，I-R）合作，大学—大学（校—校，U-U）合作，大学—研究所（校—研，U-R）合作，研究所—研究所（研—研，R-R）合作，企业—大学—研究所（企—校—研，U-I-R）合作七种类型，如图5-1所示。

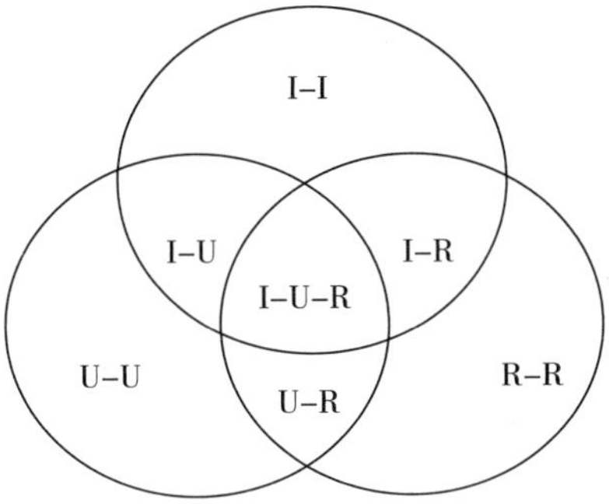

图 5-1　产学研合作模式划分

二、分析框架

在产学研合作模式界定基础上，选取 ICT 产业作为研究对象，从不同技术子领域和不同阶段两个角度分析比较中国 ICT 产业产学研合作模式的演进路径以及产学研合作网络结构特征及其时空演化情况，具体分析框架如图 5-2 所示。

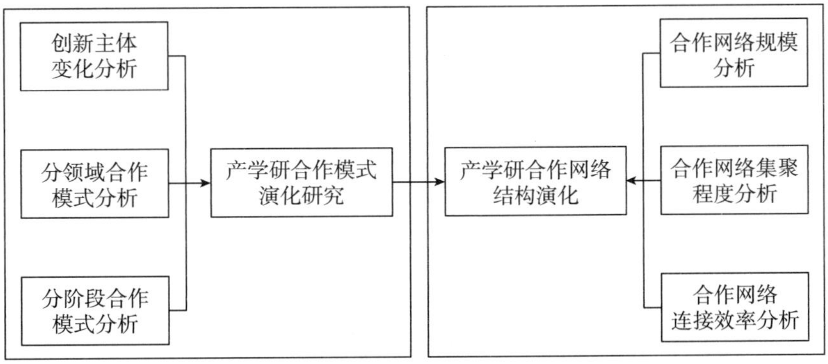

图 5-2　分析框架

首先，从宏观上对于产学研合作模式的演进路径研究，先通过对不同阶段专利数量排名前 20 的产学研申请人组织属性的分析，以厘清其创新主体的演化情况。其次，从不同技术子领域的角度分析产学研合作的主要模式，进一步从不同阶段提炼合作模式的演进路径，并结合创新主体的演化及科技政策的变化分析这种演进路径产生的原因。最后，从微观上基于合作专利分别从不同技术子领域和不同阶段的角度构建产学研合作网络，利用社会网络分析方法研究合作网络整体结构特征及其时空演化情况，揭示该网络结构下中国 ICT 产业产学研合作的特点以及与知识交流、转移、共享、增值的关系。

三、数据处理及主要网络指标

根据表2-1中ICT领域的IPC代码，并借助国家知识产权局开发的“专利信息分析”软件，检索下载1985~2010年在中国申请并授权的该领域的所有专利①，共得到450585条ICT专利信息。对该专利数据进一步分析发现，我国ICT专利中只有发明专利和实用新型两大类专利类型，而没有外观设计专利。进一步，对所有ICT专利数据进行筛选和整理②，便可得到29181条1985~2010年中国ICT领域产学研联合申请专利。每件专利的专利号和与之对应的申请单位（大学、企业、研究机构）就构成若干二元组。所有专利的二元组便合成一个专利号——申请单位关系数据库。基于此产学研合作数据库，就可生成中国ICT产业产学研合作创新的无向网络（包括重边）。另外，为了更清楚地分析中国产学研合作创新的变化，笔者将所研究时间区间（1985~2010年）大致分为三个阶段，即1985~1994年、1995~2005年和2006~2010年。

本章涉及的主要网络指标如下：

两点之间的距离（Distance）：两个节点的距离是指连接两个节点的最短路径上所包含的边数之和。它是图论中最基本的概念之一。

分图（Component）：一个图的分图是指图（网络）中最大的连通的子图（网络）（De Nooy等，2005）。具体来说，最大连通子图（网络），即分图，要具备以下两个特征。第一，分图中任意两个节点之间都有一条路径与之相连；第二，如果再加入一个节点到分图中，则分图的连通性将被破坏。

平均度（Average degree）：在无向网络中，度是指与某节点相连的节点个数（De Nooy等，2005）。平均度就是网络中所有节点度的平均值。节点的平均度是度量网络的结构集聚程度（Structure Cohesion）的指标。

k-核：是具有以下性质的最大子网络，即在此子网络中，每个节点的度至少为k或者说每个节点至少有k条边与之相连（De Nooy等，2005）。它可以用来识别集聚子群。

---

① 之所以将所有ICT专利下载，而非只下载产学研联合申请专利，是因为本书是研究中国ICT产业技术创新与合作的系列成果之一。本书用到的产学研专利联合申请数据可以借助Access软件从下载的所有ICT专利数据库中易得到。

② 首先，从所有ICT专利数据库中提取申请人国别代码是中国31个省、市、自治区的专利（即不包括国外及港澳台地区），其次根据申请人信息从中提取联合申请的专利数据，最后从联合申请专利数据库中筛选出申请人是来自于大学、企业、研究机构的专利，即生成产学研联合申请专利库。

第三节　产学研合作模式演化分析

由于技术创新主体的变化对合作模式产生重要的影响，所以在对中国 ICT 产业产学研合作模式演化分析之前，先通过对不同阶段专利数量排名前 20 的产学研申请人的分析，以厘清该产业创新主体的变化情况。从表 5-1 可以看到，1985~2010 年中国 ICT 产业创新主体发生了显著变化。在第一阶段（1985~1994 年），专利数量排名前 20 位的产学研申请人绝大多数来自大学、公共研究机构，来自企业（公司）的专利申请人只有 1 家，说明在该阶段大学、公共研究机构在中国 ICT 产业创新中发挥着主导作用。这一阶段企业主要是制造工厂，大部分不进行研发。公共研究机构所研究的项目与企业的研发需求之间也存在较大差异。因此，企业不得不依赖于国外技术引进来解决自身的研发需求（薛澜等，2011）。

表 5-1　各阶段专利数量排名前 20 的申请人及其类别

1985~1994 年			1995~2005 年			2006~2010 年		
申请人	数量（件）	类别	申请人	数量（件）	类别	申请人	数量（件）	类别
清华大学	229	U	华为公司	8511	I	中兴公司	16609	I
浙江大学	160	U	乐金电子	3022	I	华为公司	15818	I
东南大学	113	U	中兴公司	2985	I	鸿富锦	5039	I
西安交通大学	98	U	鸿富锦	2452	I	浙江大学	2714	U
天津大学	73	U	联想公司	1390	I	北航	1999	U
上海光机所	71	R	清华大学	1152	U	康佳公司	1984	I
南京工学院	53	U	浙江大学	879	U	清华大学	1968	U
华中理工大学	51	U	上海交通大学	872	U	杭州华三公司	1798	I
北京理工大学	47	U	上海光机所	716	R	腾讯公司	1732	I
第五十四研究所	45	R	中星微公司	417	I	东南大学	1513	U
西安电子科大	43	U	东南大学	406	U	上海交通大学	1360	U
复旦大学	41	U	中科院计算所	390	R	比亚迪公司	1253	I
北京新开厂	41	I	腾讯公司	363	I	中星微公司	1188	I
中国矿业大学	41	U	群康公司	344	I	联想公司	1117	I
东北工学院	39	U	复旦大学	314	U	大唐公司	1084	I
厦门大学	39	U	英华达公司	308	I	苏州艾杰公司	1032	I

续表

1985~1994年			1995~2005年			2006~2010年		
申请人	数量（件）	类别	申请人	数量（件）	类别	申请人	数量（件）	类别
北京大学	38	U	长春光机所	294	R	哈尔滨工业大学	955	U
华东工学院	36	U	北京三星公司	292	I	宇龙公司	934	I
吉林大学	33	U	天津大学	288	U	电子科技大学	917	U
南京大学	33	U	华中科技大学	288	U	华中科技大学	872	U

注："上海光机所"是指中国科学院上海光学精密机械研究所；"第五十四研究所"是指机械电子工业部石家庄第五十四研究所；"北京新开厂"是指北京市西城区新开通用试验厂；"华为公司"是指华为技术有限公司；"鸿富锦"是指鸿富锦精密工业（深圳）有限公司；"乐金电子"是指乐金电子（中国）研究开发中心有限公司；"中兴公司"是指中兴通讯股份有限公司；"联想公司"是指联想（北京）有限公司；"中星微公司"是指北京中星微电子有限公司；"中科院计算所"是指中国科学院计算技术研究所；"腾讯公司"是指腾讯科技（深圳）有限公司；"群康公司"是指群康科技（深圳）有限公司；"英华达公司"是指英华达（上海）电子有限公司；"长春光机所"是指中国科学院长春光学精密机械与物理研究所；"北京三星公司"是指北京三星通信技术研究有限公司；"北航"是指北京航空航天大学；"康佳公司"是指康佳集团股份有限公司；"杭州华三公司"是指杭州华三通信技术有限公司；"比亚迪公司"是指比亚迪股份有限公司；"大唐公司"是指大唐移动通信设备有限公司；"苏州艾杰公司"是指苏州艾杰生物科技有限公司；"宇龙公司"是指宇龙计算机通信科技（深圳）有限公司。

在第二阶段（1995~2005年），来自企业（公司）的专利申请人显著增多，有10家；到了第三阶段（2006~2010年），来自企业（公司）的专利申请人占到了一半以上，说明中国ICT产业的创新主体已逐渐由大学转变为企业。中国ICT产业创新主体发生的显著变化，主要归因于20世纪90年代以来的科技体制改革。政府通过一系列的改革措施，例如改革拨款制度、将国有研究机构转制成企业等，鼓励大学、科研院所建立衍生公司（典型是联想公司），企业重组并具有研发、营销等相关职能，大量民营企业（典型是华为公司）涌现。从2000年起，企业已承担中国60%以上的研发活动（薛澜等，2011）。大学、公共研究机构不再占据中国创新体系的主导地位，企业逐渐成为创新的主体。

表5-2是中国ICT产业各子领域在不同合作模式下的专利数量及其占产学研合作专利总数的比例。数据显示，无论是哪个子领域，企—企（I-I）合作专利数量均最多，其总占比达到74.18%，校—企（U-I）合作专利数量次之，接着是企—研（I-R）合作专利数量，专利总占比分别为14.44%和7.58%。值得一提的是，其他ICT领域中，校—企（U-I）合作专利与企—研（I-R）合作专利数量相当。这表明企—企合作是中国ICT领域产学研合作的主要模式；校—企合

作、企—研合作虽不够频繁，但它们在产学研合作创新中也扮演着重要角色。

表 5-2　1985~2010 年中国 ICT 产业各子领域产学研合作专利数量及比例

领域	UI	UR	IR	UU	II	RR	UIR
电信	1142 (20.83%)	165 (3.01%)	192 (3.50%)	51 (0.93%)	3860 (70.40%)	70 (1.28%)	3 (0.05%)
消费电子	413 (12.44%)	20 (0.60%)	88 (2.65%)	32 (0.96%)	2759 (83.10%)	4 (0.12%)	4 (0.12%)
计算机、办公机器	1074 (9.45%)	66 (0.58%)	344 (3.03%)	40 (0.35%)	9814 (86.31%)	31 (0.27%)	1 (0.01%)
其他 ICT	1585 (17.60%)	344 (3.82%)	1588 (17.63%)	82 (0.91%)	5213 (57.87%)	130 (1.44%)	66 (0.73%)
ICT 总占比	14.44%	2.04%	7.58%	0.70%	74.18%	0.81%	0.25%

注：括号中数字表示该领域在不同产学研合作专利数量占产学研合作专利总数的比例。

通过不同阶段中国 ICT 领域产学研合作专利的变化，可以分析产学研合作模式的演进路径。表 5-3 是中国 ICT 产业不同阶段下产学研合作专利数量及比例。第一阶段中，企—研（I-R）合作占比最高，占比约 40%；其次是校企（U-I）合作、企—企（I-I）合作，各占 20%左右。其他合作模式，如校—研（U-R）合作、研—研（R-R）合作也分别占 10%左右的份额。这表明：该阶段各种合作模式分化不显著，合作模式主要以大学、研究所为核心。在这一阶段，中国改革拨款制度，放松科研管制，扩大研究机构的自主权，鼓励研究、教育、设计机构与生产单位的联合。这些改革举措虽然在一定程度上促进了中国 ICT 产业的产学研合作，但是由于大部分企业不进行研发，技术创新的动力不足，大学、研究所是该阶段中国 ICT 产业技术创新的主体，由此也形成了以大学、研究所为核心的产学研合作模式。

表 5-3　1985~2010 年中国 ICT 产业分阶段产学研合作专利数量及比例

阶段	UI	UR	IR	UU	II	RR	UIR
1985~1994 年	100 (22.62%)	51 (11.54%)	166 (37.56%)	4 (0.90%)	80 (18.10%)	39 (8.82%)	2 (0.45%)
1995~2005 年	917 (12.81%)	155 (2.17%)	507 (7.08%)	65 (0.91%)	5424 (75.79%)	75 (1.05%)	14 (0.27%)
2006~2010 年	3197 (14.81%)	389 (1.80%)	1539 (7.13%)	136 (0.63%)	16142 (74.79%)	121 (0.56%)	58 (0.27%)

注：括号中的数字表示该阶段产学研合作专利数量占产学研合作专利总数的比例。

第二阶段中，企—研合作占比由第一阶段的37%直线下降到7%，而企—企合作占比由第一阶段的18%迅猛增加到76%，校—企合作占比下降到13%，第三阶段，各种合作模式占比未发生显著变化。这说明：中国ICT产业产学研合作模式自第二阶段发生了明显分化，大学、研究所的核心作用逐渐弱化，而以企业为合作主体的地位显著增强。这说明随着企业成为中国ICT产业技术创新的主体，以企业为主导的合作模式已成为中国ICT产业产学研合作的主要模式。

综上，随着中国ICT产业技术创新主体由大学转变为企业，其产学研合作模式也相应的经历了由以大学、研究所为核心的合作模式到以企业为主导的合作模式的转变。究其原因主要有两点：一是深化科技体制改革的结果。如：1995年和2006年全国科技大会中提出的一系列促进企业成为技术创新主体的重要举措。二是市场选择的结果。大量实际调查发现，目前80%以上的产业技术创新是市场需求拉动而不是技术推动的（仲伟俊等，2009）。高校和科研院所开发新技术和新产品主要关注技术先进性，但技术上很先进的产品不一定就能适应市场需求。高校和科研院所以技术先进性为主要驱动力形成的大量科技成果实际上不具备直接转化的条件，这也造成了科技成果转化难的局面，也是校企合作弱化的原因之一；企业开发新产品则需综合考虑技术、质量、成本、价格、服务和进入市场时机等多种因素，需在技术先进性、质量稳定性、价格低廉性、服务优质性等之间综合平衡。换句话说，企业间具有市场需求触发技术创新的共性，企业与企业间的合作更易找到契合点。

第四节　产学研合作创新网络结构演化分析

首先，产学研合作网络规模逐渐增大。从图5-3和表5-4可以看到，第一阶段（1985~1994年）中，合作网络中节点数和边数都较少。大量节点间的连接为两三个机构间的松散合作。虽然网络中也出现了联系较为紧密的子网络（最大分图），但其规模只占总节点数的约4%。这表明：该阶段网络整体规模较小、网络连接稀疏且结构松散，网络中节点分化不显著。随着时间的推移，第二阶段（1995~2005年）中合作网络的规模显著增大，形成了包含33%总节点的凝聚子网络（最大分图），网络呈现出明显的自组织特征。第三阶段（2006~2010年），合作网络中节点数、节点间的边数呈现出迅猛增加趋势，合作网络的规模更加庞大，网络整体上呈现出较明显的核心—边缘结构。除此之外，最大凝聚子群的规模也显著增大，且更加稠密。另外，从表5-4进一步可以看到，就ICT产业的四个子领域而言，各合作网络的规模也存在显著差异。其他ICT技术领域的节点数和边数最多，节点数和边数相对较少的是消费电子领域。一般而言，网络规模越大、联系越紧密，表明网络中有联系的成员数量越多，参与产学研合作的大学、科研院所、企业获取外部知识和信息的渠道越多，接收到外部异质性知识的机会越大，越有利于创新产出的增加。由此可见，20 年来，中国 ICT 产业中参与合作的大学、研究所、企业日益增多，且逐渐形成了核心“小团体”，使整个合作网络表现出核心—边缘结构。

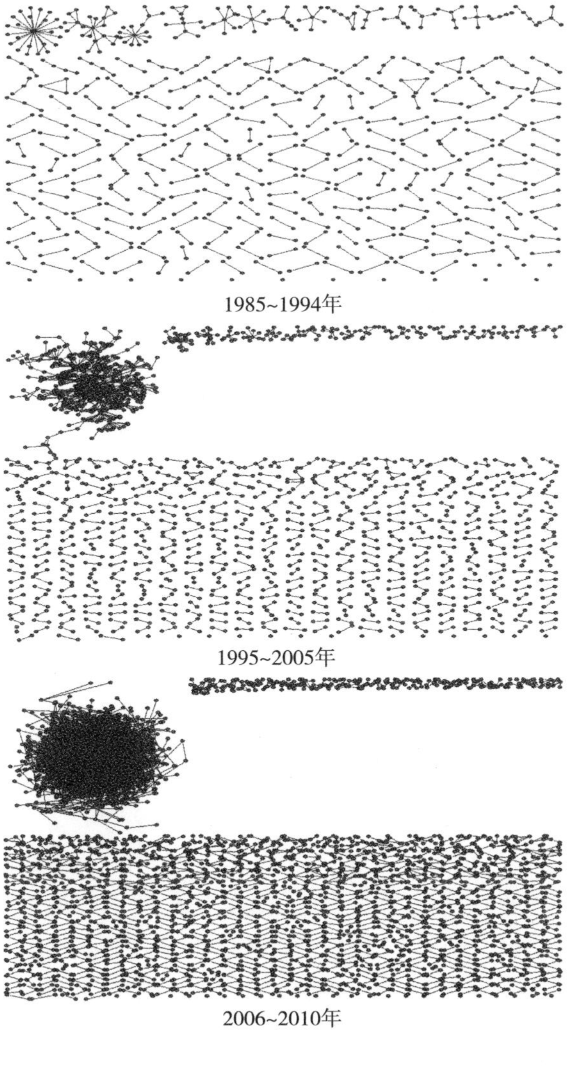

图 5-3　中国 ICT 产业产学研合作创新网络规模演化

表 5-4　产学研合作网络的各项网络指标汇总

指标	1985～1994 年	1995～2005 年	2006～2010 年	电信	计算机、办公机器	消费电子	其他 ICT
节点数[a]	661	1657	4730	1523	1947	711	4184
边数[b]	414	1301	4495	1241	1543	548	3734
重边数[c]	105	6263	20511	4692	11045	3547	16862
孤立节点数[d]	15	14	25	76	0	0	0
分图数	266	479	1052	453	567	230	1021
最大分图							
直径[e]	4	15	16	13	15	10	15
规模[f]	24（3.63%）	508（30.66%）	2096（44%）	509（33.42%）	470（24.14%）	125（17.58%）	1607（38.41%）
平均度	1.59（1.25）	9.18（1.57）	10.65（1.9）	7.80（1.63）	12.95（1.59）	11.54（1.54）	8.06（1.78）
k-核	20（2）	2432（3）	5045（4）	1006（3）	3960（3）	856（3）	1685（4）
平均距离[g]	1.849	5.155	5.57	4.99	5.31	4.15	5.82

注：a：联合申请单位总数；b：连接所有联合申请单位的总边数（去掉重边数）；c：联合申请专利次数两次或两次以上的边数之和；d：与其他任何申请单位都无连接的申请单位；e：连通网络（子网络）的直径是指连接网络中任意一对节点的最短路径长度中的最大值；f：分图中的申请单位数及占比；g：指可达节点对间的平均距离。平均度和 k-核括号中的值表示不含重边时的指标值，而括号外的值为包含重边时的指标值。

其次，产学研合作网络的整体集聚程度较低。由表 5-4 可见，在不含重边的情况下，各阶段和各子领域的平均度值相当，均在［1，2］之间；各阶段和各子领域的 k-核值均在［2，4］之间。这说明合作网络成员间合作不够广泛，网络集聚程度较低；在考虑重边的情况下，除第一阶段网络的度值波动不大外，其他网络的度值变化较大，处在区间［7，13］之间；各网络的 k-核值波动也较大，最小值 20，最大值 5045。这说明合作网络内成员的合作高度集中在既有合作机构间，缺乏多样性。综上，由平均度和 k-核可知：中国 ICT 产业产学研创新合作网络整体集聚程度不高，网络成员联系不紧密，合作范围高度集中在既有合作机构间，即发生专利联合申请的机构比较单一、集中，产学研合作的积极性未被充分调动。由于集聚程度高的网络中节点间有更多的直接联系，能加快信息传递速度，而且合作伙伴间频繁互动能为网络中的组织提供更多交流、分享知识的机会，进而促进知识增值。另外，已有研究表明：网络集聚程度与企业创新产出之间呈正相关关系（马艳艳等，2011），提高产学研合作的紧密度能有效促进企业创新产出的增加。因此，网络成员应利用现有网络关系增加网络外部的大学、研究院所或企业与网络成员之间的联系，以获取大学、研究所的技术支持或争取企业的资金资助，开展更为广泛的研发合作。

最后，产学研合作网络连接效率较高。最大分图是网络中包含节点数最多的凝聚子群。聚簇子群中的节点是紧密联系且相互连通的，故新知识或信息在其中传递更加顺畅，并且在接收新知识时可依靠其紧密的联系对新知识进行深度解读。因此，最大分图规模越大，越有利于知识溢出和知识增值。由表 5-4 可见，第一阶段（1985~1994 年）网络的最大分图规模相对较小，只包含了不到 4%的总节点。换句话说，第一阶段（1985~1994 年）网络包含了较多的孤立节点，知识溢出困难。第二阶段和第三阶段最大分图所包含的节点数分别占到了各自网络总节点数的 30%和 44%，且呈逐渐增大趋势。此外，最大分图的直径可以粗略测度分图中相互连接的节点对之间的连接效率。除第一阶段（1985~1994 年）网络外，其他几个网络的最大分图直径都相对较大，为 10~16。另一个更为准确地考察为网络节点连接效率的指标是可达节点的平均距离。所有七个网络的可达节点的平均距离都小于 6。较高的可达性也说明：中国 ICT 产业产学研合作创新网络的连接效率较高，节点能够通过较短的路径长度接触到更多的节点，能够快速获取多样性信息，提高知识增值效率，进而提高其创新绩效。即：专利申请者一方面可以方便快捷高效的和周围申请者进行交流合作；另一方面又能够较方便的从其他团体和研究领域获取新鲜的、非冗余的信息，从而激发出灵感。

第五节　结论与政策建议

本章以中国 ICT 领域产学研联合申请的 SIPO 授权专利为样本，按照专利申请人（专利权人）的组织类型区分产学研合作模式，首先从宏观层面分析比较中国 ICT 产业产学研合作模式的演进路径；其次从微观上研究产学研合作网络整体结构及其时空演化情况，进而对产学研合作深度、广度及效率等进行分析。得到以下主要结论：

（1）1985~2010 年中国 ICT 产业创新主体发生了显著变化，创新主体已由大学转变为企业。相应地，中国 ICT 产业产学研合作模式也经历了由以大学、研究所为核心的合作模式到以企业为主导的合作模式的转变。中国ICT产业产学研合作创新所发生的显著变化，一方面主要归因于20多年来中国卓有成效的经济和科技体制改革，如联想、北大方正、清华同方等一大批知名ICT企业受益于来自中国科学院、北京大学、清华大学等科研机构的技术溢出。另一方面，当前ICT产业的技术轨道已进入成熟期，即突破性创新较少，更多的是渐进性创新，大学和研发机构R&D活动边际效率递减，企业更多依赖上下游产业链和"干中学"等企业主导的创新模式（魏守华等，2013）。这是企—企合作成为中国ICT领域产学研合作的主要模式的原因所在，也是华为、中兴等企业主导的创新效率高于依托科研院所的四通、大唐等的创新效率的原因之一。

（2）中国ICT产业产学研创新合作网络规模呈逐渐增大趋势，且整体上表现出较明显的核心—边缘结构。合作网络整体集聚程度不高，网络成员联系不够紧密，合作范围高度集中在既有合作机构间。但总体来看，中国ICT产业产学研合作创新网络连接效率较高，节点能够方便高效地接触到更多的节点，获得新鲜的、非冗余的信息。这表明20年来，中国ICT产业中参与合作研发的大学、研究所、企业数量日益增多，且已形成知识转移效率较高的产学研合作网络，这为充分调动各创新主体的积极性，开展更加广泛、紧密、深入的合作奠定了良好基础。

本书的政策含义在于：一是因为企业、大学和研发机构在知识具有较强异质性、研发环节上存在较大差异，产学研合作的互补性有利于产业创新，网络规模与企业创新产出之间也呈正相关关系，所以中国ICT企业应广泛开展技术创新合作，充分利用合作关系，不断扩大产学合作的规模，更快地获取更多的新技术和知识，提高企业的技术水平和竞争能力。二是因为网络集聚程度越大对创新产出的正向促进作用越大。大量的网络连接和优越的网络地位将会使网络内成员有各种途径实现多样化知识的分享和传递（陈伟等，2012）。一方面，政府应着力建立和培育知识协同创新共享平台，调动各创新主体的积极性和创造性进行跨组织、跨学科、跨领域的资源共享，形成广泛连通的凝聚知识网络，促进知识的转移与共享；另一方面，网络中存在少数具有竞争优势和实力的中枢节点，它们对于提升产业的整体竞争力起着至关重要的作用。政府应重点扶持这样一批有实力的企业或科研院所，充分发挥其在技术创新中的引领作用，促使更多的网络成员与网络中具有丰富产学合作经历的大学或企业积极合作，联合起来攻克技术难关，提高中国ICT产业的整体技术水平和竞争能力。

最后，根据Jensen等（2007）对产业的划分，ICT产业属于互动性创新（DUI）类产业，其特征是创新源主要依托企业、科研机构、上下游产业链的互动创新。本书以中国ICT领域产学研联合申请的SIPO授权专利为样本，针对中国ICT产业产学研合作模式及其合作网络结构演化进行研究，具有一定的代表性，研究结论至少对DUI型产业具有借鉴作用。由于不同创新类型的产业，产学研合作效果因合作模式不同而不同，需要采取差异化策略（魏守华等，2013）。如医药制造业等STI类产业，其特征是创新源主要依托大学等基础研究的理论发现，企业与大学合作对创新至关重要。这类产业产学研合作模式和合作网络结构可能有别于DUI型产业。因此，本书实证分析的结果能否推广到STI类产业尚需检验，其结论的普遍性还有待验证。

第六章　复杂网络视角下的产学研合作创新网络结构演化

本章拟基于复杂网络分析方法，选择中国 ICT 产业为研究背景，以国际上研究企业或产业层次技术创新合作的代理指标——合作专利为切入点，研究中国 ICT 领域产学研合作创新网络形成的动力学机制和结构演化特征，从而为决策者制定合理的产学合作政策和 ICT 产业发展战略提供理论依据。

第一节　研究背景

目前，有关合作创新网络的研究工作主要集中在合作创新网络形成、演化、影响因素的研究（Newman，2001；Jiang 等，2009；Hussler C 和 Rondé P.，2007），合作创新网络中知识创造、知识共享、知识转移研究（林岩，2010；Xia Gao.、Jiancheng 和 Guan，2011；万元、李永周，2014），合作创新网络结构与创新关系研究（Lissoni F，2010；陈伟等，2012；陈子凤、官建成，2009）等方面。本研究重点关注合作创新网络的形成及其结构演化机理。关于这方面的研究主要从以下两个角度展开：第一，基于复杂网络理论与方法，探讨合作创新网络形成的动力学特征和动态演化机制。如：Newman（2001）、Barabási（2002）、Barrat（2004）基于科学论文的合著信息，研究了几个典型领域的科学家合作网络的整体结构特征，如：平均度、聚集系数、平均路径等，网络演化的动力学机制以及加权网络的拓扑特征。第二，研究网络形成机制或内部结构的领域是复杂网络的小世界性和无标度特征。网络的小世界性和无标度特征是由 Watts 等和 Barabasi 等分别在 1998 年和 1999 年提出的。实证研究表明，许多现实网络都表现出小世界性和无标度特征，如：企业技术创新合作网络、企业集群创新网络、科研合作网络、公司联盟网络、互联网、好莱坞演员合作网络等（陈子凤、官建成，2009；钱燕云等，2008；李勇等，2006；冯郁，2009）。第三，基于社会网络分析（Social Network Analysis，SNA）中的整体网络分析和自我网络分析方法，研究合作创新网络的整体结构特征、网络中节点的个体特征以及时空演化情况。如：马艳艳等（2011）构建了中国大学—企业专利申请合作网络，对网络的规模、密度、中心度和中心势等网络结构指标进行了研究；德国学者 Cantner 和 Graf（2006）利用 1995~2001 年德国东部城市：Jena 的专利数据，建立创新者的网络，并利用社会网络的分析方法研究了该网络的结构演化情况；中国学者汪云林等（2007）应用整体网络分析方法研究了世界主要经济体之间的贸易往来关系，并用结构洞理论对各经济体在国际贸易中的角色和地位做了比较静态分析。

第二节　数据处理与方法

一、数据处理

根据表 2-1 中 ICT 领域的 IPC 代码，并借助国家知识产权局开发的“专利信息分析”软件，检索下载 1985~2010 年在我国申请并授权的该领域的所有专利①，共得到 450585 条 ICT 专利信息。对该专利数据进一步分析发现，我国 ICT 专利中只有发明专利和实用新型两大类专利类型，而没有外观设计专利。进一步，对所有 ICT 专利数据进行筛选和整理②，便可得到 29181 条 1985~2010 年我国 ICT 领域产学研联合申请专利。每件专利的专利号和与之对应的申请单位（大学、企业、研究机构）就构成若干二元组。所有专利的二元组便合成一个专利号——申请单位关系数据库。基于此产学研合作数据库，就可生成我国 ICT 产业产学研合作创新的无向网络（包括重边）。网络的构造过程如图 6-1 所示，其中 1、2、3、4 表示专利号，A、B、C、D、E、F、G、H、I 表示来自企业、大学或研究机构的申请人。

另外，为了更清楚地分析我国产学研合作创新网络的变化，笔者将所研究时间的区间（1985~2010 年）大致分为三个阶段，即 1985~1994 年、1995~2005 年和 2006~2010 年。改革开放初期关于专利制度有利创新资源积累的讨论催生了 1985 年的《中华人民共和国专利法》（以下简称《专利法》），标志着我国保护专利权人合法权益的开始。同年，我国科技体制改革也开始实施。1985~1994 年我国改革拨款制度，放松科研管制，扩大研究机构的自主权；鼓励研究、教

① 之所以将所有 ICT 专利下载，而非只下载产学研联合申请专利，是因为本书是研究我国 ICT 产业技术创新与合作的系列成果之一。本书用到的产学研专利联合申请数据可以借助 Access 软件从下载的所有 ICT 专利数据库中易得到。

② 首先，从所有 ICT 专利数据库中提取申请人国别代码是中国 31 个省、市、自治区的专利（即不包括国外及中国港澳台地区），其次根据申请人信息从中提取联合申请的专利数据，最后从联合申请专利数据库中筛选出申请人是来自于大学、企业、研究机构的专利，即生成产学研联合申请专利库。

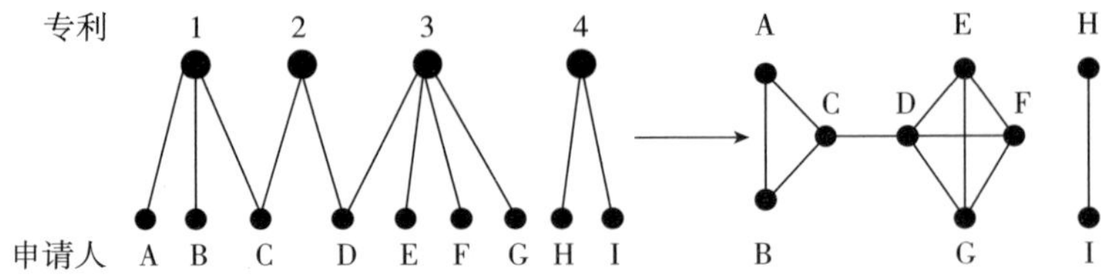

图 6-1　合作网络构建

育、设计机构与生产单位的联合（柳卸林、方新，2003）。1995 年全国科技大会上提出进一步深化科技体制改革，大力推进企业科技进步，促进企业逐步成为技术开发的主体，推动产、学、研相结合，鼓励科研院所、高等学校的科技力量以多种形式进入企业或企业集团，参与企业的技术改造和技术开发（寇宗来，2008）。1999 年，中共中央、国务院提出加强技术创新发展高科技实现产业化的决定，鼓励企业研发经费一定比例用于产学研。2000 年，我国对《专利法》进行了第二次修订，显著促进了企业发明创新的边际产出，并推动了高技术行业的技术创新（叶静怡、宋芳，2006）；同年，国经贸关于“实施技术创新工程形成以企业为中心的技术创新”中确定 100 个多种形式的产学研联合示范点。2002 年，科技部等关于发挥高校科技创新作用中，强调科技园、创新孵化器的建立，促进社会资金与高校科研结合（雷滔、陈向东，2011）。2006 年，科技部等六部委成立指导产学研小组；同年，国务院《国家中长期科技发展规划纲要（2006—2020）》中提出建立以企业为主体、市场为导向、产学研相结合的技术创新体系，标志着我国科技体制改革又进入一个新的阶段。因此，由专利联合申请测度的产学研合作预期会在第三阶段变得非常频繁。

二、方法与指标

本书将分别从中国 ICT 产业产学研合作创新网络的结构演化特征与形成机制两个角度展开探讨，研究过程分为以下两个阶段：

第一，利用大型网络分析软件 Pajek 绘制不同年度产学研合作网络图，进而直观上对该合作创新网络规模演化进行分析。

第二，基于复杂网络理论从微观上对该产学研合作网络的小世界性和无标度特征进行研究。所谓“小世界性”是指网络同时具有较高的聚簇系数和较短的平均路径长度，即网络中的节点一方面和自己周围的节点联系紧密，另一方面其到达网络中任何其他节点都只需要经过少数几个节点（Watts D.，1999）。在小世界网络中，由于较高的聚簇程度，会促成节点间相互的信任和更紧密的合作，从而提高信息交流的效率和准确度，又由于较小的平均路径长度，使节点可以较方便的从远距离的节点处获取新鲜的、非冗余的信息，从而激发出灵感。由于小世界网络的这种特有特征，具有这种结构的社会合作网络被广泛认为是可以提高信息交流传递效率和质量的，能更好地激发节点的创造力，从而得到更好的创新表现（陈子凤、官建成，2009）。

Watts（1999）将小世界性定义为较短的全局分离和较高的局部聚簇。其中全局分离可以用平均路径长度来表示，聚簇程度则用聚簇系数来描述，定义分别如下：

平均路径长度（Average Path Length）：网络中所有节点对之间的平均最短距离，$PL = \frac{1}{N(N-1)}\sum_{i \neq j \in V} d_{ij}$。其中，PL 表示平均路径长度，$d_{ij}$表示节点 i、j 之间的最短距离，N 表示网络中节点总数。

聚簇系数（Clustering Coefficient），其定义为：$C_i = 2e_i/k_i(k_i-1)$。其中，k_i表示节点 i 的度，e_i 表示节点 i 的邻接点之间实际存在的边数，C 表示节点 i 的聚簇系数。CC 表示网络的聚簇系数，即：$CC = \frac{1}{N}\sum_{i=1}^{N} C_i$。

如何判别一个网络是否具有小世界性，Watts 的做法是将实际网络的 PL 的 CC 与一个同等规模的随机网络相对比。随机网络的 PL 和 CC 都很小，二者的 PL 比值（实际网络的 PL/随机网络的 PL，记为 PL ratio）越接近 1，同时 CC 比值（实际网络的 CC/随机网络的 CC，记为 CC ratio）超过 1 越多，则该网络的小世界性越显著。Uzzi 和 Spiro（2005）定义了用来描述小世界性显著程度的小世界商数，小世界商数 Q=CC ratio/PL ratio。

所谓无标度特征是指网络的连接度服从幂律分布（Power-Law），即 $p(k) \propto k^{-\gamma}$。其中，$p(k)$是度为 k 的节点出现在网络中的概率，γ 称为幂指数，为常数。在双对数坐标下，幂律分布表现为一条斜率为幂指数的直线。该类网络被称为无标度（Scale-Free）网络。以下两个重要性质导致了无标度网络的度服从幂律分布，即：①增长性，即网络规模不断扩大同时其自身在不断演化；②优先连接性，即新的节点更倾向于与那些具有更高连接度的节点连接，表现出“马太效应”。

此外，本书采用动静结合的方式构建产学研合作创新网络，即在对合作网络规模演化分析时，采用的是选取有代表性的时间节点构建相对静态网络；在对合作网络小世界性、无标度特征分析时，则采用以不同时间窗和不同子领域构建动态网络；比较分析法是贯穿始终的基本研究方法。

三、产学研合作网络规模演化分析

考察产学研合作创新网络的结构，首先需研究合作网络规模的变化趋势。合作网络规模可以由网络中发生合作的机构数（节点数）和合作次数（边数）来综合考量。为此，我们以五年为时间间隔，分别画出 1985 年、1990 年、1995 年、2000 年、2005 年、2010 年中国 ICT 产业产学研合作创新网络图（见图 6-2）。

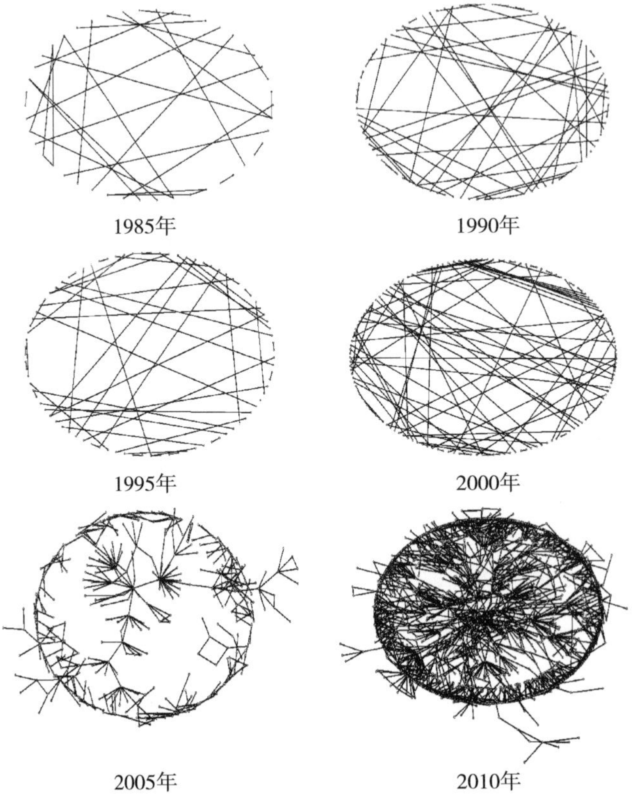

图 6-2 中国 ICT 产业产学研合作创新网络规模演化

从图 6-2 可以看出，1985 年产学研合作网络中节点和边的数量都较少，合作规模较小，这表明 1985 年中国 ICT 产业中发生专利联合申请的大学、企业、研究所数量较少，而且合作次数也较少。随着时间的推移，到了 1990 年、1995 年产学研合作网络中发生合作的机构数量和合作次数虽都有所增加，但合作规模仍较小，这是因为 1985~1995 年中国科技体制改革正处于第一阶段，科研管制正在逐渐放松，产学研合作也正逐步推进。2000 年之后，中国 ICT 产业产学研合作网络的规模显著增大，合作网络中的节点数和边数都明显增多，特别是2005年、2010年合作网络中节点数、节点间的边数呈现出显著增加趋势，合作网络的规模更加庞大，网络变得更加稠密，这表明在第三阶段（2006~2010年）中国ICT产业产学研合作更加频繁与紧密。

以上中国ICT产业产学研合作规模发生的显著变化，一方面，主要归因于近20多年来中国卓有成效的经济和科技体制改革；另一方面，由于网络嵌入性的存在，网络成员间既有的联系会增大网络外部的大学、企业、研究所与网络成员之间的联系。网络外部的企业通常倾向于选择网络中与企业联系密切的大学、研究所进行合作研发，以获取大学、研究所的技术支持；与此同时，网络外部的大学、研究所也愿意选择与网络中具有丰富产学研合作经历的企业建立联系，以争取企业的资金资助从而开展进一步的科学研究工作（马艳艳等，2011）。

第三节 产学研合作网络的小世界性和无标度特征分析

由表6-1可以看到，与同等规模的随机网络相比，各产学研合作创新网络的CC≫Crand，PL≈PLrand，CCratio≫1，PLratio≈1，且小世界商数Q值均较大，说明这些合作创新网络都具有显著的小世界性，即网络同时具有较高的聚簇系数和较小的平均路径长度。由于产学研合作网络小世界性的存在，使专利申请者一方面可以方便快捷高效的和周围的申请者进行交流合作；另一方面又能够较方便的从其他团体和研究领域获取新知识，从而获得更多专利产出，即小世界性对创新产出具有一定的促进作用（陈子凤、官建成，2009）。

表6-1 各产学研合作创新网络的小世界性指标

网络名称	CC	Crand	CCratio	PL	PLrand	PLratio	商数Q
1985~1994年	0.405	0.0000	∞	1.849	2.460	0.752	∞
1995~2005年	0.416	0.0011	378.182	5.155	4.050	1.273	297.117
2006~2010年	0.495	0.0004	1237.500	5.570	8.690	0.641	1930.678
电信	0.507	0.0003	1690.000	4.990	8.250	0.605	2794.088
计算机、办公机器	0.535	0.0013	411.538	5.310	3.740	1.420	289.859
消费电子	0.534	0.0032	166.875	4.150	2.590	1.602	104.146
其他ICT技术	0.441	0.0000	∞	5.820	6.250	0.931	∞

图6-3是各产学研合作网络中节点的累积度分布曲线。累计度分布是度不小

于 k 的节点的分布概率：$P(k)=\sum_{j=k}^{\infty}p(j)\propto k^{-(\gamma-1)}$。当度分布曲线呈幂律分布时，其累积度分布曲线也呈指数值相差 1 的幂律分布。在双对数坐标下，累积度分布曲线的拟合曲线表现为一条斜率为幂指数 $\gamma-1$ 的直线。由图 6-3 可见各产学研合作网络中累积度分布曲线的拟合曲线为直线，进一步，由表 6-2 中可见，拟合决定系数 R^2 均在 0.9 以上，说明用幂函数拟合累积度分布曲线效果显著，且幂指数 $\gamma\in[1.8, 2.6]$，表明各合作网络具有明显的无标度特征，即各网络节点度的分布均服从幂律分布。

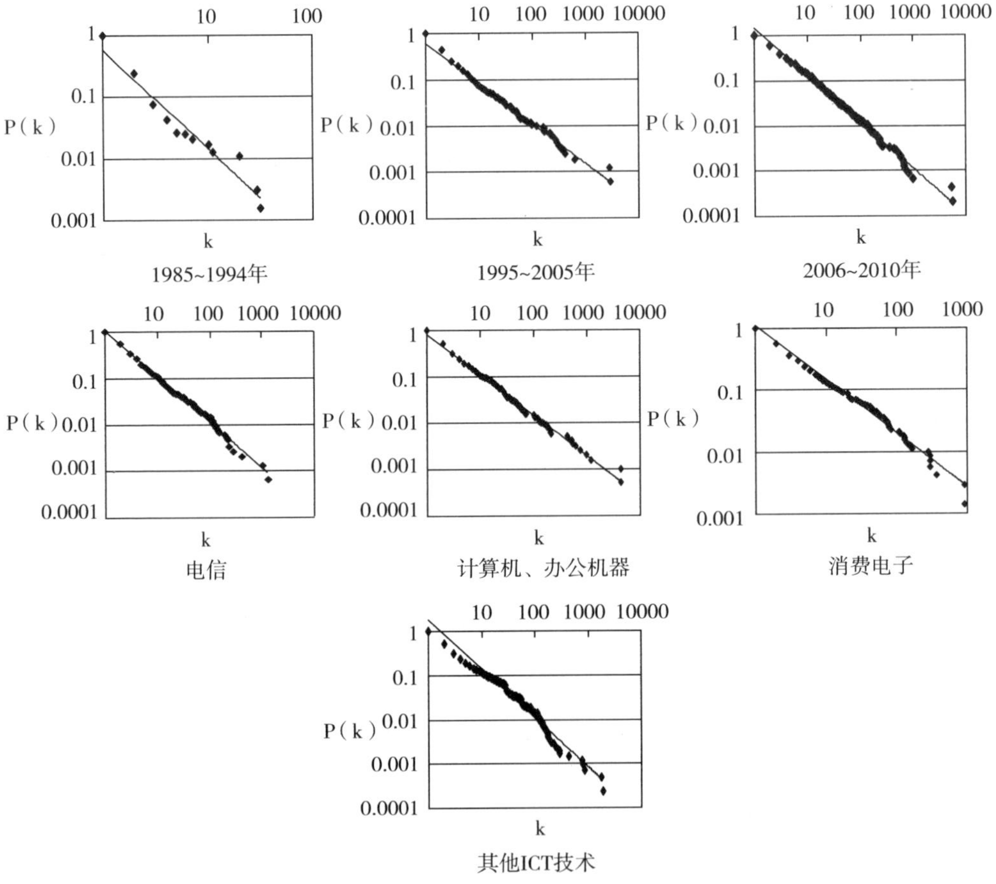

图 6-3　各产学研合作创新网络的累积度分布曲线（log-log）

表 6-2　各产学研合作创新网络累积度分布曲线的拟合结果

指标	1985~1994 年	1995~2005 年	2006~2010 年	电信	计算机、办公机器	消费电子	其他 ICT 技术
N	661	1657	4730	1523	1947	711	4184
<k>	1.59	9.18	10.65	7.80	12.95	11.54	8.06
γ	2.6052	1.8693	2.035	1.9818	1.8759	1.8713	2.1083
R^2	0.9436	0.9872	0.9921	0.9896	0.9919	0.9813	0.9671

注：N：网络中节点数；<k>：平均度；γ：幂指数；R^2：决定系数。

各合作网络无标度特征是在增长性和优先连接性机制的明显作用下形成的。以三个阶段的合作网络为例，网络中的节点数由第一阶段（1985~1994 年）的 661 增加到第三阶段（2006~2010 年）的 4730，说明网络规模不断扩大同时其自身在不断演化，即网络具有增长性；另外，网络中节点的平均度由第一阶段（1985~1994 年）的 1.59 增加到第三阶段（2006~2010 年）的 10.59，对每个节点的度进一步分析发现，网络中大量节点拥有少量的连接，而少量节点却拥有网络的大多数连接。例如，第三阶段中，度为 1 的节点大约占总节点数的 38%，度值超过 500 的节点只占节点数的 0.25%，悬殊相差很大。还有，新的节点更倾向于与那些具有更高连接度的节点连接，表现出较强的“马太效应”，这一点也可由幂指数 γ 的取值均大于 1 可见。正是由于增长性和优先连接性机制的共同作用，使各合作网络的度分布服从不均匀分布——幂律分布，即网络具有无标度特征。

第四节　结论与政策建议

本章基于国家知识产权局专利数据库，以广泛用来研究合作创新的代理指标——专利联合申请为切入点，研究中国 ICT 领域产学研合作创新网络形成的动力学机制和结构演化特征，并得到如下主要研究结论：

（1）20 多年来，中国 ICT 产业产学研合作网络的规模发生了显著变化。特别是进入 21 世纪以来，产学研合作网络的规模明显增大，节点数、边数都呈现出显著增加趋势，网络变得更加稠密、庞大，这表明：随着中国以企业为主体、市场为导向、产学研相结合的技术创新体系为标志的科技体制改革进入新阶段，中国 ICT 产业中企业、大学和科研单位等之间的合作更加频繁与紧密，激发出大量创新的产学研合作网络正在形成。

（2）各产学研合作网络具有明显的小世界性和无标度特征。小世界性的存在，使专利申请者可以方便快捷高效的和周围的申请者进行交流合作、获取新知识，从而获得更多专利产出。增长性和优先连接性是各产学研合作网络形成的动力学机制，它们的共同作用促成了网络无标度特征的出现。无标度特征意味着网络的连接分布极不均匀，网络中大量节点拥有少量的连接，而少量节点却拥有网络的大多数连接。这表明网络中存在少数中枢节点，它们在整个创新合作中起着重要作用。

基于上面的研究结论，提出如下政策建议：

（1）中国 ICT 产业应继续推进更加广泛和深入的产学研合作。一方面，企业应广泛开展技术创新合作，充分利用合作关系，更快地获取更多的新技术和知识，提高企业的技术水平和竞争能力。另一方面，应进一步完善大学产学研合作支持体系，促进更多有科研实力和技术优势的大学参与产学研合作。

（2）由于产学研合作创新网络具有小的平均路径和大的聚类系数的小世界性，这有利于各种新的技术、知识和信息在合作网络中的迅速传播和扩散以及合作机构间的沟通和交流，所以我国企业除加强与大学、研究机构的合作外，还需加强全球化、国际化的技术创新合作，尤其是要加强与跨国大企业的合作，获得国际先进知识和技术，从而带动国内与其紧密合作企业的技术水平和竞争能力（李勇等，2006）。

（3）由于产学研合作网络的无标度特征，网络中存在少数具有竞争优势和实力的中枢节点，它们对于提升产业的整体竞争力起着至关重要的作用。政府应重点扶持这样一批有实力的企业或科研院所，使它们联合起来攻克技术难关，开发具有自主知识产权的高新技术，打破国外公司的技术垄断，提高中国企业在该领域的整体技术水平和竞争能力。

第七章　产学研合作网络的知识转移效率对企业创新绩效的影响

知识转移是企业从高校和科研机构获取原创知识的重要途径，是企业进行新知识生产的基础（李柏洲等，2014）。为弥补组织的知识缺口、创造新的知识，企业与大学和科研院所间进行着广泛的知识交流、共享与转移。企业将不断增值的知识应用于企业的各项生产经营活动中，能够提升其创新绩效，最终给企业带来更高的利润。本章将着重围绕表征合作网络中反映知识转移效果的结构性指标：聚簇系数和到达率，实证研究其对企业创新绩效的影响。

第一节　研究背景

在知识经济时代，产学研合作已成为企业获取互补性知识、整合内外部创新资源提高其创新绩效的重要手段。由于大学的知识开放，企业的知识边界是封闭或独占的，科研机构知识半开放，三者的知识具有较强异质性、互补性。正是这种差异性使企业、大学、科研院所等创新主体在经济系统中可以自发地产生合作，为经济系统的良好运行提供基本的动力（陈劲，2012）。

在产学研合作创新过程中，各创新主体间会自发地形成一种非正式的合作网络，即产学研合作创新网络（以下简称合作创新网络）。它本质上是一种知识网络，通过网络伙伴的联结，学习知识和经验，实现各主体间的资源共享、知识传递和技术扩散，实现知识、技术的增值和创新的产生（惠青、邹艳，2010）。

目前，产学研合作创新网络的研究主要有以下几个方面：一是产学研合作创新网络的组织模式及其运作机制研究（陈建斌等，2012；傅利平等，2013）；二是产学研合作创新网络的演化及结构特征研究（Cantner U.，2006；马艳艳等，2012；高霞、陈凯华，2015）；三是产学研合作网络结构性指标对于创新绩效的影响研究（Lee，2007；Gupeng Zhang 等，2014；Schilling 等，2007；陈伟等，2012；赵炎、王琦，2013；陈子凤、官建成，2009；Jian Wang，2016）。多数研究集中于前两个方面，而有关产学研合作创新网络结构性指标对创新绩效影响的定量实证研究较少。已有的这方面研究主要从合作创新网络的结构性指标如：集聚程度、小世界性、合作开放度、中心性、结构洞等对创新绩效的影响展开。分析上述产学研合作创新网络结构性指标对创新绩效的影响研究，尚存在三点不足：第一，网络结构性指标对创新绩效的影响依赖于研究情境的选择，学者们的观点不尽相同。多数研究基于 USPTO 数据或行业联盟数据，研究对象多为欧美国家，有关中国情境的研究相对较少。因此，很多研究结论未必适用于中国国情。第二，由于企业层面数据不易获得，基于企业层面的合作创新网络结构性指标对企业创新绩效的影响研究较少，多数研究集中于国家、区域层面。第三，已有企业层面我国产学研合作创新网络结构性指标对企业创新绩效影响的研究中，样本量较小、时序短，缺乏较长时序、大样本下的实证研究。此外，产学研合作创新网络是一个动态演化的复杂系统，在不同的网络结构下，节点间知识转移与共享的速度是不同的，进而影响到知识增值的效率以及创新的绩效。因此，本章将着重围绕表征合作网络中知识转移效果的结构性指标：聚簇系数和到达率，实证研究其对企业创新绩效的影响。

综上，为弥补现有研究的不足，本章拟利用国家知识产权局（SIPO）1999~2015 年，中国信息通信技术（ICT）产业的联合授权专利数据，首先，以三年时间窗构建以企业、大学、研究机构为节点的产学研合作网络，并计算聚簇系数、到达率等网络结构性指标；其次，提取生成涉及 14596 家企业的大样本面板数据；最后，使用负二项式回归模型实证分析合作创新网络中知识转移效果对企业创新绩效的影响，进而为决策者制定合理的产学合作政策和发展战略提供理论依据。

第二节 知识转移效率与创新绩效研究假设

知识转移是知识发送方与知识接收方互动学习的过程。知识转移的有效性很大程度上决定了知识接收方（如企业）知识获取、吸收、增值的效果，进而影响其创新绩效的提升。下面将着重围绕表征合作网络中反映知识转移效果的结构性指标——聚簇系数和到达率，实证研究其对企业创新绩效的影响。

一、聚簇系数与企业创新绩效

由于有地理和技术上的相似性及互补性（Schilling 等，2007），企业、大学、研究机构在合作过程中会出现“抱团”现象，即形成紧密程度不一、大大小小的聚簇。产学研合作创新网络中，企业、大学和研究机构作为行为主体对应网络上的各个节点。从社会网络分析的角度讲，聚簇是指网络内的部分节点之间具有密切的联系，形成局部紧密的结构。

知识转移包括知识传递和知识吸收应用两个过程，知识传递能力会对知识转移的效果产生影响（李柏洲等，2014）。聚簇程度高的网络具有更强的知识或信息传递能力，有利于企业获得互补性或相关性的知识，从而有效促进企业的创新绩效。

首先，知识需要在理解的基础之上进行传递。如果传递信息时需要经过多个节点将会极大增加信息失真的风险。由于聚簇程度高的网络中，企业与高校、科研机构之间有更多的直接联系，高校和科研机构可以用更快的速度、更准确、及时的方式将新知识解释、编码、传达给企业。

其次，合作伙伴之间频繁和重复的互动能为网络中的组织提供更多交流、分享知识和加深理解的机会。企业创新所需知识可分为“显性知识”和“隐性知识”，显性知识是指能通过编码和表达后可变成正式的、系统的语言来进行学习和传播，而隐性知识则只能意会、感悟。聚簇中的企业在接收新的信息或知识时，可依靠其与高校、科研机构紧密的联系对新的创新信息进行深度交流和解读并集思广益，以此能够获得有关技术问题更全面详尽的解决方案或对隐性知识获得更加透彻的理解和领悟。

最后，聚簇程度高的网络更有利于发挥声望效应（Fritsch，2010）。较之稀疏网络，处在聚簇程度高的网络中的合作方，如企业、大学、科研院所等，违约、泄露商业信息等行为更容易被察觉和惩罚（Scholl W.，1999），而且能够通过发挥声望效应来减少投机行为，保证合作的稳定性和安全性。综上，聚簇系数高的网络能够通过互惠互利的知识转移与共享方式来提高企业的知识增值效率，进而影响其创新绩效。由此，本研究假设，聚簇系数高的网络有利于提高企业的创新绩效。

H7-1：聚簇系数对企业创新绩效具有正效应。

二、到达率与企业创新绩效

产学研合作网络的规模越大，网络内的企业所能接触到的潜在合作伙伴，如：其他企业、大学、科研机构就越多，能够获取的潜在知识的可能性也越高。企业若能通过较短的平均路径与外界大量企业、高校、科研院所接触，则会更有效地从他们那里获取异质性知识，并加速知识的传播与共享。

企业的到达率是指企业到其可接触的其他企业、高校、科研机构的路径长度倒数之和。到达率是度量网络中节点知识转移效果的另一个结构性指标。较之平均路径长度，网络的到达率既考虑了网络的规模又考虑了平均路径长度，从而适用于存在孤立子群的网络。在到达率高的产学研合作网络中，企业能够通过较短的路径长度接触到更多的企业、大学、科研机构，能够快速整合并转移多样性知识，增强企业创造新知识的能力，进而提高企业的创新绩效。因此我们在本研究中假设，网络的到达率越高越有利于提高企业的创新绩效。

H7-2：到达率对企业创新绩效具有正效应。

在以往关于创新网络结构的实证研究中，较多关注网络具有较高聚簇系数和较短平均路径长度（即小世界性）时对节点创新绩效的影响（赵炎、王琦，2013；陈子凤、官建成，2009）。但由于测度网络的小世界性时，在非连通的网络中存在节点间距离无穷大的情况，因此这一领域的研究多只研究网络的最大连通部分（Lee 等，2007）。现实中的社会网络大多不是连通的，网络内存在大量相互孤立的子群。只考虑网络的最大连通部分，可能会低估组织间合作的规模或高估合作网络随时间的变化程度（Schilling 等，2007）。本书拟采用的整体性网络聚簇系数和距离加权到达率指标均与网络是否连通无关，能更稳健地考察聚簇系数和到达率及其交互作用对企业创新绩效的影响。

此外，网络中占据不同位置的企业在知识获取能力方面存在较大差异，其会对企业创新绩效产生影响。因此，我们选择结构洞等指标来控制节点地位对企业创新绩效的影响。

第三节　数据处理与创新网络生成

一、样本选择和数据来源

由于商业秘密等原因，通常企业层面产学研合作数据难于获得。联合申请或授权专利是被广泛用来研究合作创新的实证指标之一（马艳艳等，2012；高霞、陈凯华，2015；陈子凤、官建成，2009）。本文首先通过企业与大学、研究机构联合申请专利的数据来得到产学研合作信息，进而来构建产学研合作网络并计算有关网络结构性指标；其次，在此基础上提取产学研合作网络中所有企业的相关信息，如：企业名称、专利申请数量、专利申请时间、发明者等，进一步构建以企业为样本的面板数据。

根据表 2-1 中 ICT 领域的 IPC 代码，并借助国家知识产权局开发的“专利信息分析”软件和专利大数据综合服务平台，检索下载 1999~2015 年在该领域我国申请并授权的所有专利，共计 1125675 条专利，检索下载的时间为 2017 年 3 月 1 日至 3

月7日。进一步，对所有ICT专利数据进行筛选和整理①，便可得到78644条产学研联合授权专利。从中可获得两类数据：第一类是用于构造产学研合作创新网络的数据，即1999~2015年的产学研合作申请专利，本书利用以上数据以三年时间窗口构造14个产学研合作创新网络，具体构建网络的步骤将在下文详述。第二类是提取合作专利中所涉及到的14596家企业信息，它们便构成本章计量模型的样本，分别获取相应企业的年授权专利数及相关指标。数据处理流程如图7-1所示。

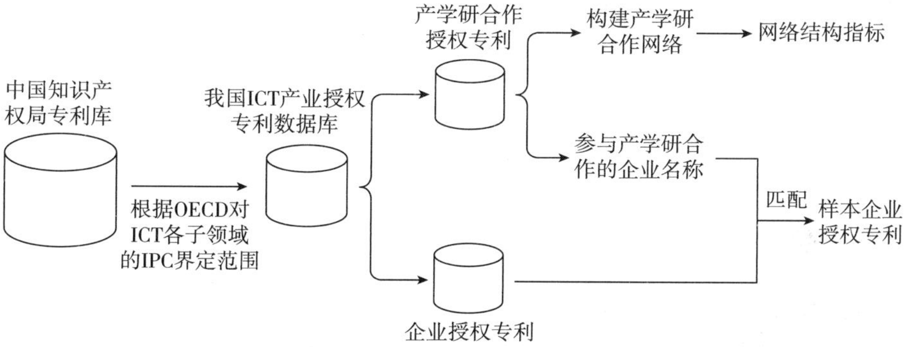

图7-1　专利数据筛选整理

此外，虽然美国专利商标局（USPTO）专利具有较高的市场潜在价值，是国际上衡量创新能力的常用指标。但1976~2015年，USPTO授权的中国专利只有60000多件②，其中ICT专利20000多件。而1985~2015年国家知识产权局（SIPO）授权的中国专利高达630多万件③，其中ICT专利142万余件，故本书选择来自SIPO的中国ICT产业的专利数据作为样本源。由于专利数据具有时序长、样本量大等特点，这样就可以保证我们所得到的企业层面产学研合作数据具有较长时序、大样本特征。

二、合作创新网络生成

社会网络分析是将行为主体抽象为网络中的节点，用网络节点之间的连线代表行为主体之间的关联，并对连线赋值来量化主体之间的关联强度。本研究使用

① 首先从所有ICT专利数据库中提取申请人国别代码是我国31个省、市、自治区的专利（即不包括国外及中国港澳台地区），其次根据申请人信息从中提取联合申请并授权的专利数据，最后从联合申请并授权专利数据库中筛选出申请人是来自于大学、企业、研究机构的专利，即生成产学研合作专利库。

② 资料来源：http：//patft.uspto.gov/netahtml/PTO/search-adv.htm。

③ 资料来源：http：//www.sipo.gov.cn/tjxx/。

1999~2014 年的 ICT 产业产学研合作申请专利来构建合作创新网络，具体用到的信息有：①公开号；②申请日；③申请人。对于有多个申请人的专利（且这些申请人属于企业、大学或研究所），我们就认为这些申请人之间具有合作关系。设计网络邻接矩阵自动提取算法，以 3 年时间窗口，通过该系统生成专利合作网络邻接矩阵（即 1999~2001 年，2000~2002 年，2001~2003 年……2012~2014 年）。以构建 1999~2001 年合作创新网络为例，其构建过程为：①挑出 1999~2001 年的产学研合作申请专利构建一个子数据库。②每件联合申请专利的专利号和与之对应的申请单位（大学、企业、研究机构）就构成若干二元组。所有专利的二元组即合成一个专利号—申请单位关系数据库。③基于此产学研合作数据库，就可生成我国 ICT 产业产学研合作创新的无向网络（包括重边），再利用网络分析软件 pajek 计算各网络指标。网络的构造过程如图 7-2 所示。

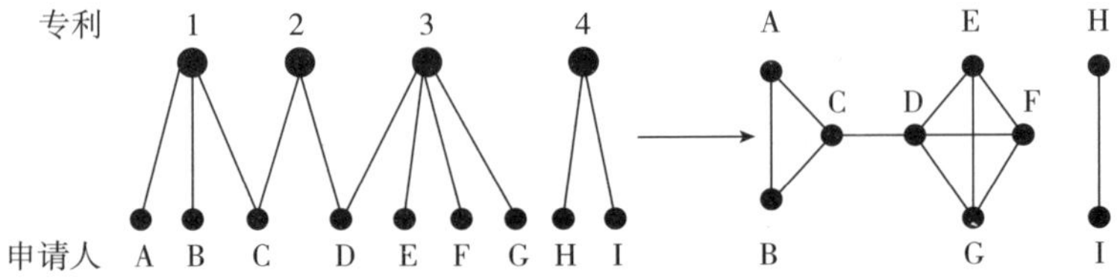

图 7-2 合作网络构建

注：1、2、3、4 表示专利号，A、B、C、D、E、F、G、H、I 表示来自企业、大学或研究机构的申请人。

第四节 计量经济学模型构建

选取的变量及模型构建如下。

一、被解释变量

专利数（Patents）：是常用的表征创新绩效的代理指标。本书研究对象为 ICT 产业，属于高技术产业。专利是高技术企业创新成果的重要体现形式。因此，本文使用专利数来测度企业创新绩效，$Patents_{it}$是指企业 i 在 t 年的授权专利数量。又考虑到创新产出具有时滞效应，对被解释变量分别采取当年 $Patents_{it+0}$、滞后 1 年 $Patents_{it+1}$进行回归。

二、解释变量

聚簇系数（CC）：反映网络中节点的聚类特性，即与邻接节点局部联系的紧密程度，主要用来刻画聚簇内部直接的知识转移效果。无向网络中的节点 i，其聚簇系数公式为：

$$C_i = 2e_i / k_i(k_i - 1) \quad (7-1)$$

其中，k_i 表示节点 i 的度，e_i 表示节点 i 与邻接节点之间实际存在的边数，C_i 表示节点 i 的聚簇系数。整体网络的聚簇系数是网络内所有节点的聚簇系数的平均值。具有高聚簇系数的网络有更强的信息整合和传递能力，从而更有利于激发企业的创新。

加权距离到达率（Distance-weighted Reach）：是表征网络内节点以较短距离接触更多节点的程度，即节点获取异质性知识的速度，主要用来刻画聚簇内外间接的知识转移效率。其计算公式为：

$$Reach_t = [\sum_i \sum_j 1/d_{ij}]/n \quad (7-2)$$

其中，d_{ij}代表 i 点和 j 点之间的最短距离，n 代表网络中节点的数量。它的取值范围是［0，n］。网络的到达率是网络内所有节点到达率的平均值。加权距离到达率指标与网络是否连通无关，克服了传统的平均路径长度对网络连通性的依赖。具有高到达率的网络中，节点可以更快速有效地获取多样性的信息和知识，从而有利于企业创新绩效的提升。

三、控制变量

发明者人数（Ln Inventors）：企业的研发人员和研发经费是影响企业创新绩效的重要控制变量，但是这些数据难于获得。有研究表明：研发人员与研发经费这两个指标具有高度相关性，故二者取其一即可。又考虑到发明人是专利的直接创造者，与研发人员高度相关。因此，本章用专利发明者数据作为研发人员投入的代理指标，以控制企业的研发人员投入对创新绩效的影响。具体来说，对于每个样本企业所有授权专利，汇总其发明人姓名信息并剔除重名，并对样本期及其前两年的发明者计数进行加总得到相应的发明者人数。

样本前专利数（Presample Patents）：指企业过去 5 年内授权的专利数量。主要用于衡量企业以往的创新知识、研发经验等积累对其创新绩效的影响。

结构洞（Structure Hole，SH）：是社会网络中的某些个体之间发生直接的联系，但未能与其他个体联系而出现断裂的一种现象（Burt，1995）。这种断裂对于第三方个体来说就是“桥”，每一个“桥”就代表了一个结构洞。占据“桥”位置的节点拥有非冗余的异质性联系，能够占有差异化的信息渠道，及时进行信息资源整合；同时在和其他企业联系时具有比较优势，比其他的行动者更加及时地获得重要知识或信息（McEvily 等，1999）。由 Pajek 中结构洞算法直接计算可得到该指标值。

模型中各变量的含义及测度方法如表 7-1 所示。

表 7-1　模型变量含义及测度方法

变量类型	变量名称	变量代码	含义	测度方法
被解释变量	专利申请数	$Patents_{it}$	企业创新绩效的测度指标	当期专利申请数量
解释变量	集聚系数	CC	整体网络的集聚程度	网络中所有节点的集聚系数的平均值
	可达性	Reach	网络内节点在较短距离内接触更多节点的程度	网络中所有节点的可达性的平均值
控制变量	发明者人数	LnInven	企业的创新投入	样本期及前 4 年的发明者人数之和取对数
	样本期前专利数	LnPre-Pat	企业前期知识积累的代理指标	样本期前 5 年专利申请数之和取对数
	结构洞	SH	节点占据“桥”位置的程度	节点 i 的限制度

四、模型设定

本章中被解释变量为企业授权专利数，是非负整数，属于计数型数据。从表 7-2 中可知，专利数的方差均远大于均值，呈现出过度分散的特征，较泊松模型负二项回归模型更有效。另外，对于专利数据这类呈过度分散特征的计数型数据，前人研究已证实负二项回归模型对它的适用性（Schilling 等，2007；陈子凤、官建成，2009）。因此，选择负二项回归模型作为本文的实证模型。

另外，采用 Hausman 检验对每个模型进行检验发现，均在 $p<0.0001$ 的显著性水平下拒绝随机效应模型。因此。最终本章将采用固定效应负二项模型对样本数据进行回归分析。另外，固定效应负二项回归模型可控制对那些不可观测且不随时间而变化的个体影响因素（Schilling 等，2007）。

总体回归模型建立如下：

$$Patents_{i,t+k}=f(\alpha_0+\alpha_1 LnInventors_{it}+\alpha_2 LnPrePatents_{it}+\alpha_3 StructuralHoles_{it}+\alpha_4 CC_{it}+\alpha_5 Reach_{it}+\alpha_6 CC\times Reach_{it})+\varepsilon_{it} \quad (7-3)$$

其中，$Patents_{i,t+k}$表示企业 i 的期望专利数量，k(k=0，1)表示时滞，i 表示第 i 个企业，t 表示年份。

第五节　知识转移效率对企业创新绩效的影响

一、合作创新网络基本特征分析

在对企业样本数据回归之前，首先对合作创新网络的基本特征进行分析。这将有助于理解后文中合作创新网络结构对企业创新绩效影响的回归结果。

从表 7-2 可见，合作网络中的节点和边数呈显著增加趋势。这说明产学研合作网络规模逐渐增大，参与合作的大学、企业、研究所越来越多。从图 7-3 也可以看到，1999~2001 年，产学研合作网络中节点和边的数量都较少，合作规模较小，网络连接比较稀疏。随着时间的推移，产学研合作网络中发生合作的机构数量和合作次数均逐渐增加。特别是 2012~2014 年合作网络中节点数、节点间的边数呈现出显著增加趋势，合作网络的规模更加庞大，网络变得更加稠密。一般而言，网络规模越大，表明网络中有联系的成员数量越多，参与产学研合作的大学、科研院所、企业获取外部知识和信息的渠道越多，接收到外部异质性知识的机会越大，有利于企业创新产出的增加。

表 7-2　产学研合作创新网络基本特征

基本指标	1999~2001 年	2002~2004 年	2005~2007 年	2007~2009 年	2010~2012 年	2012~2014 年
节点数[a]	382	802	1530	3077	7141	9672
边数[b]	1456	4309	11051	17681	40346	69429
分图数[c]	135	245	417	739	1434	1710
最大分图						
规模[d]	59	204	504	1159	3403	5159
（占比）	15.45	25.44	32.71	37.67	47.65	53.34
平均度[e]	5.60	8.74	12.34	9.49	9.30	12.36

注：a：联合申请单位总数；b：连接所有联合申请单位的总边数（去掉重边数）；c 分图是指图（网络）中最大的连通的子图（网络）；d：最大分图中的节点个数；e：度是指与某节点相连的节点个数。平均度就是网络中所有节点度的平均值。

另外，分图是刻画网络连通程度的指标。分图所包含的节点越多，节点间的连接通道就越多，知识转移路径也越多，越有利于知识溢出。从图 7-3 和表 7-2

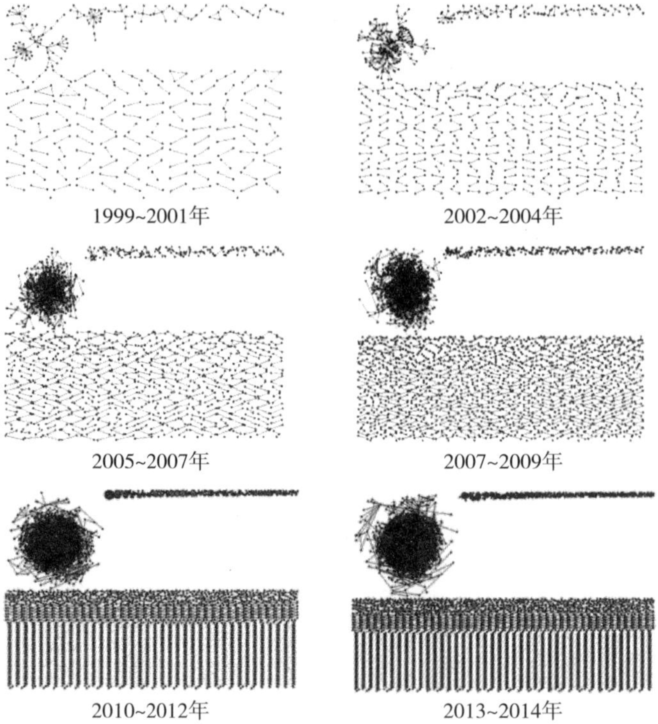

图 7-3 产学研合作创新网络的结构演化

可见，一方面，合作网络中的最大分图规模呈逐渐增大趋势。1999～2001 年，网络的最大分图规模相对较小，只包含总节点数的 15%左右。而 2010～2012 年和 2012～2014 年，最大分图所包含的节点数分别占到了各自网络总节点数的 47.65%和 53.34%。这些表明合作创新网络的连通性在逐渐增强。另一方面，从图 7-3 也可以看到，各阶段的合作网络中包含大量三三两两连通的小规模分图，这导致网络整体的连通性较差。另外，三个阶段的平均度值均在［5，10］之间。这说明合作网络成员联系不紧密，合作范围高度集中在个别机构间，产学研合作不够广泛。

二、描述性统计分析

从表 7-3 描述性统计数据看，中国 ICT 企业创新绩效存在明显差异。企业每年授权专利数的最小值为 1 件，最大值为 5728 件，均值大约为 9 件，方差为 94 件左右，即专利数呈过度分散特征。聚簇系数均值为 0.18，标准差为 0.05，网络的聚簇程度变化不大，说明合作网络中每年新增成员与老成员间的直接合作较少，多处于两三个新节点间的合作，故对于网络整体聚簇程度的改善不明显。由到达率的均值和标准差可知，网络到达率波动较大。此外，计算解释变量的Pearson 相关系数①表明：回归模型的自变量不存在严重的共线性问题。

表 7-3 变量的描述性统计（N=14596）

变量	均值	标准差	最小值	最大值	样本数
被解释变量					
$Patents_{it+0}$	8.91	94.29	1	5728	14596
$Patents_{it+1}$	8.38	90.61	1	5728	14596
解释变量					
CC	0.18	0.05	0.01	0.25	14596
Reach	316.26	261.56	4.26	727.38	14596
Ln Inventors	2.32	1.25	0	10.52	14596
Ln Pre-Patents	1.39	1.45	0	9.80	14596
SH	0.90	0.22	0	1.99	14596

三、回归结果分析

本章采用逐步回归的方法，对样本期内中国 ICT 产业 14596 家企业的面板数据进行固定效应负二项回归，以检验产学研合作创新网络中知识转移效率对企业创新绩效的影响。表 7-4 分别报告以 $Patents_{it+0}$和 $Patents_{it+1}$为被解释变量的回归结果。

（一）聚簇系数与到达率对企业创新绩效的影响

以 $Patents_{it+0}$或以 $Patents_{it+1}$作为被解释变量，在加入控制变量的基础上引入聚簇系数（CC）（模型 2、4、5、7、9、10），聚簇系数的系数均在 1%的置信水平下显著为正。这说明：聚簇系数对企业当期和滞后一期的创新绩效均有显著的正效应，H7-1 得到验证。

① 考虑到文章篇幅，相关系数表在此没有给出。

表 7-4 面板数据固定效应负二项回归（N=14596）

被解释变量	$Patents_{it+0}$					$Patents_{it+1}$				
变量、模型	模型 1	模型 2	模型 3	模型 4	模型 5	模型 6	模型 7	模型 8	模型 9	模型 10
LnInventors	0. 676 *** (37. 07)	0. 725 *** (40. 87)	0. 736 *** (40. 85)	0. 742 *** (41. 62)	0. 744 *** (41. 73)	0. 186 *** (8. 46)	0. 197 *** (9. 04)	0. 192 *** (8. 73)	0. 196 *** (8. 99)	0. 120 *** (9. 15)
LnPre-Patents	-0. 311 *** (-34. 19)	-0. 372 *** (-40. 18)	-0. 392 *** (-38. 64)	-0. 396 *** (-39. 94)	-0. 401 *** (-39. 32)	-0. 202 *** (-15. 77)	-0. 242 *** (-17. 88)	-0. 224 *** (-15. 94)	-0. 238 *** (-17. 09)	-0. 257 *** (-17. 91)
SH	0. 560 *** (11. 03)	0. 647 *** (12. 49)	0. 593 *** (11. 55)	0. 638 *** (12. 31)	0. 653 *** (12. 46)	0. 143 ** (2. 10)	0. 186 *** (2. 70)	0. 158 ** (2. 30)	0. 185 *** (2. 69)	0. 199 *** (2. 88)
CC		4. 321 *** (16. 74)		2. 919 *** (8. 94)	3. 552 *** (7. 95)		2. 671 *** (7. 77)		3. 719 *** (6. 80)	5. 243 *** (8. 56)
Reach			0. 001 *** (15. 76)	0. 0004 *** (6. 78)	0. 001 *** (3. 75)			0. 0003 *** (3. 81)	-0. 001 (-1. 39)	0. 002 *** (5. 00)
CC * Reach					-0. 003 ** (-2. 11)					-0. 009 *** (-5. 48)
constant	-1. 163 *** (-15. 34)	-1. 980 *** (-21. 92)	-1. 371 *** (-17. 86)	-1. 829 *** (-19. 79)	-1. 944 *** (-18. 03)	0. 394 *** (4. 02)	-0. 036 (-0. 32)	0. 357 *** (3. 61)	0. 085 (-0. 71)	-0. 394 *** (-2. 91)
log likelihood	-12900. 129	-12762. 233	-12780. 834	-12739. 989	-12737. 742	-9386. 044	-9356. 082	-9378. 854	-9355. 113	-9339. 952

注：括号中为 t 值。*、**、*** 分别表示在 10%、5%、1%的水平上显著。

以 $Patents_{it+0}$ 作为被解释变量，在加入控制变量的基础上引入到达率（Reach）（模型 3、4、5），到达率的系数均在 1%的置信水平下显著为正。以 $Patents_{it+1}$ 作为被解释变量，在未引入聚簇系数与到达率的交叉项（模型 9）时，到达率的估计系数不显著；当引入二者的交叉项（模型 10）时，到达率的估计系数变为显著。这说明：聚簇系数与到达率二者存在交互作用。根据 Jaccard 和 Turrisi（2003）对多元回归模型中交互作用的解释：不存在交互作用的模型中，解释变量的系数是其主效应，指的是在其他解释变量取均值时，其对被解释变量的影响；存在交互作用的模型中，解释变量的系数是其简单效应，是指在其他解释变量均为 0 时，其对被解释变量的影响。因此，不能由无交互项的模型 9 中到达率不显著，就得出到达率对企业创新绩效无显著影响的结论。实际上，由二者存在交互作用可知，在聚簇系数取 0 时，到达率对企业创新绩效具有显著的正效应（模型 5、10）。换句话说，到达率只有在一定的取值下，才会对企业创新绩效产生正影响，故 H7-2 得到部分验证。

（二）聚簇系数与到达率的交互作用对企业创新绩效的影响

CC 与 Reach 的交互项系数在被解释变量当期和滞后一期的模型中（模型 5、10），分别在 5%和 1%的置信水平上显著为负。这表明：CC 与 Reach 存在负向交互作用，即当 CC 取值变小时，Reach 对被解释变量的影响会变大；反之亦然。同理，当 Reach 取值变小时，CC 对被解释变量的影响会变大；反之亦然。

为了更直观地展示 CC 与 Reach 的交互作用，我们运用 Jaccard 和 Turrisi（2003）所述方法，画出 CC 取不同值时，Reach 对被解释变量回归系数的变化线（见图 7-4）①。纵轴分别表示回归模型中的被解释变量（$Patents_{it+0}$，$Patents_{it+1}$），横轴表示 Reach 值。Low CC 表示 CC 取值低于其一个单位标准差；High CC 表示 CC 取值高于其一个单位标准差。由图 7-4（a）和（b）可知：无论被解释变量是当期当年 $Patents_{it+0}$ 或是滞后 1 期 $Patents_{it+1}$，当 CC 取低值，即 Low CC 时，Reach 对被解释变量回归系数的变化线（实线）均在 CC 取高值，即 High CC 时，相应变化线（虚线）的上方。这说明：当 CC 取低值时，Reach 对企业创新绩效的影响高于 CC 取值高的情形；反之亦然。换句话说，CC 与 Reach 间确实存在相互调节的负向交互作用。

Schilling 和 Phelps（2007）的研究中，聚簇系数与到达率的交互项系数显著为正，并指出，同时具有较高聚簇系数和到达率的网络更有助于知识创造和转移，进而有利于企业创新绩效的提升。然而，本章的研究结果正好与之相反，即

① 这里只画出 CC 取不同值时对 Reach 的调节作用图。Reach 对 CC 的调节作用图可类似画出（略）。

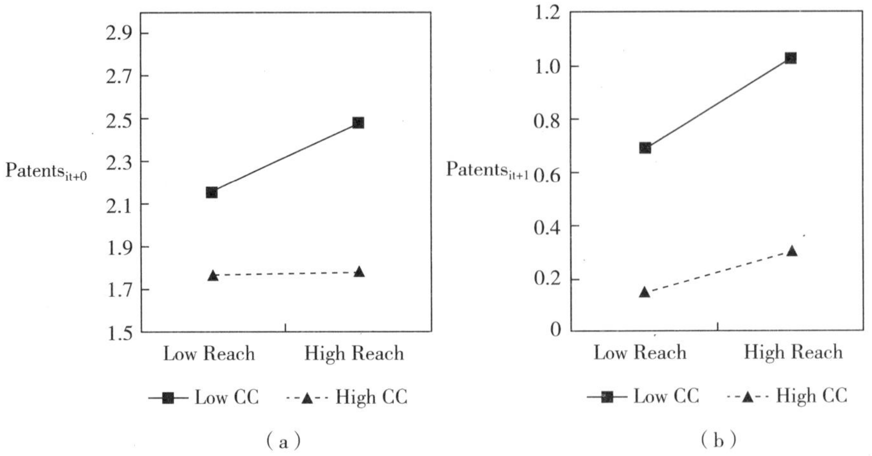

图 7-4　CC 与 Reach 的负向交互作用

聚簇系数与到达率的交互项系数为负。对于这一现象的解释是：众所周知，企业在合作创新过程中需投入大量的人、财、物，但由于创新具有风险性，这意味着企业将面临着投入成本和收益的不确定性。因此，企业在合作创新时通常需要在两种合作战略中进行权衡取舍：一种是与少数组织建立合作关系并且构建联系紧密的稳固小集团，即“聚簇”，实现知识在聚簇内快速交流和转移，但由于合作伙伴较单一，导致知识缺乏多样性；另一种是与“聚簇”内外的众多组织建立更加广泛的合作关系，增加知识的异质性和多样性。特别是处于连接聚簇“桥”位置的企业，不但可以快速地接触到本聚簇内的知识或信息，而且可以方便地获得其他聚簇的信息和知识。Uzzi 和 Spiro（2005）对百老汇音乐剧创作者合作网络的研究指出，聚簇内节点之间的紧密联系能够培养信任、形成惯例；聚簇间的紧密联系能够使不同聚簇内的行为方式、创新思想等进行交流和融合，从而激发更多创新。因此，同时具备高聚簇系数和到达率的网络中，通过聚簇间的“桥”，异质性、多样化的知识和信息能够在整个网络中快速转移、共享、重组、整合。

然而，由对图 7-3 和表 7-3 的分析可知，合作网络在演变过程中，均由一个规模较大的连通子网络和大量规模较小的聚簇构成。网络中缺乏连接“聚簇”内外起中介作用的“桥”，这是导致知识或信息流通、转移的不顺畅的原因之一。另外，合作网络内大量“聚簇”呈星状或两三个节点相连的松散结构，也使小“聚簇”内部知识转移效率低，且缺乏多样性和深度。现阶段中国 ICT 产业产学研合作网络不完善的结构是造成与Schilling和Phelps（2007）研究结果不同的主要原因。换句话说，Schilling和Phelps（2007）的研究对象是由美国企业构成的合作网络，其网络结构相对培育充分、“聚簇”内外联系紧密，知识或信息能够在网络中快速实现转移、共享、整合。因此，从某种程度上讲，Schilling和Phelps（2007）的研究结论可能更适合西方开放市场、自由竞争的成熟经济体，不适合像中国这样的发展中国家。

（三）控制变量对企业创新绩效的影响

由表7-4各模型可知，结构洞对企业创新绩效均有显著正向影响。对其可能的解释是：第一，占据“结构洞”的企业可以接触到更多非冗余的异质性知识或信息，具有控制信息的优势，并且企业可以将这些知识或信息进行筛选整合，促进技术创新扩散和知识流动，进而实现企业创新；第二，在合作网络中，企业拥有的结构洞越多，表明其所接触的彼此不相连的合作伙伴越多，方便了解潜在交易伙伴或合作者的资质与更多行业信息，因此可以更为准确地获知机会或威胁，从而提升企业创新绩效。

研发人员投入对企业创新绩效均具有显著正效应。这说明研发人员投入对企业创新绩效的提升具有积极作用。然而，与以往研究（Schilling等，2007；陈子凤、官建成，2009）不同的是：样本前五年专利之和对企业创新绩效具有显著负效应。究其原因在于：第一，信息技术产业具有技术研发速度快、产品更新换代快等特点，这导致较高的企业淘汰率，大量企业的存续期较短。进一步，对本书研究的14596家样本企业的信息进行梳理也证实了这一点：大量企业只有一年或两年的专利信息记录，之后就消失在名录中。另外，每年也有大量新企业补充到名录中，企业更迭频繁。第二，多数ICT企业为了占据国内市场，强调生产和市场运作，较少关注研发而是选择购买成熟的技术（Jian Cheng Guan，2006），申请专利的积极性较低。分析本章14596家样本企业的专利数据发现，大约70%的企业每年只有1~2件授权专利。这些因素使前期知识积累不但未对企业创新绩效产生积极影响，反而出现负效应。

第六节　结论与政策建议

利用中国国家知识产权局1999~2015年信息与通信技术产业（ICT）的专利数据构建产学研合作创新网络，并提取14596家企业的大样本面板数据，使用负二项式回归模型验证分析表征知识转移效果的网络结构性指标：聚簇系数和到达率等对企业创新绩效的影响。得到以下主要结论：

（1）合作网络的聚簇系数对企业创新绩效有显著的正向影响。到达率在存在交互作用的模型中，具有统计显著性，即到达率只有在一定的取值下，才会对企业创新绩效产生正影响。

（2）聚簇系数和到达率具有负向的交互作用，即当CC取值变小，Reach对被解释变量的影响会变大；反之亦然。这一结论与Schilling和Phelps（2007）的基于开放市场、自由竞争的美国成熟经济体的研究结果正好相反。究其原因，主要在于：现阶段中国ICT产业产学研合作网络不完善的网络结构，导致网络中知识转移效率低且缺乏多样性。

（3）结构洞对企业创新绩效有显著的正向影响。一方面，占据“结构洞”的企业可以接触到更多非冗余的异质性知识或信息，促进企业技术创新扩散和知识流动，进而实现企业创新；另一方面，在合作网络中，企业拥有的结构洞越多，表明其所接触的彼此不相连的合作伙伴越多，可以更为准确地获知机会或威胁，从而提升企业创新绩效。

（4）研发人员投入对企业创新绩效具有显著正效应，说明研发人员投入对企业创新绩效具有积极作用。表征企业知识积累的样本前五年专利之和对企业创新绩效呈显著负效应，这一结果与以往经验不符。主要是由于中国ICT产业具有较高的企业淘汰率，大量企业的存续期较短。很多企业倾向于购买成熟技术而不是自主研发。企业申请专利积极性较低，知识积累程度不高，这些使前期知识积累不但未对企业创新绩效产生积极影响，反而出现负效应。

本章的政策含义在于：第一，面向产业技术创新，从国家层面建设和培育知识协同创新共享平台。中国ICT产业产学研合作网络中，大量节点三三两两相连，整个网络连接松散、聚簇程度不高，导致知识转移和共享受限。知识在合作组织间转移、吸收、消化、共享、集成、利用以及再创造，本质上是企业、大学和科研机构各自拥有的隐性与显性知识的相互转化过程。但是，企业之间由于利益竞争，相互之间技术壁垒严重，缺少研发合作；企业与高校、科研院所之间的合作大多也是独立分散进行。因此，政府应通过战略导向，建立和培育知识协同创新共享平台，调动各创新主体的积极性和创造性进行跨组织、跨学科、跨领域的资源共享，形成广泛连通的凝聚知识网络，促进知识的转移与共享，进而实现知识的增值和创新绩效的提升。

第二，重点扶持处于“桥梁”地位的创新平台组织者，积极构建广泛的产学研合作创新网络。由于结构洞对企业创新绩效有显著正向影响，说明中国ICT产业产学研合作创新网络中起着承上启下重要作用的创新平台组织者能够像“桥梁”一样将不能直接联系的组织联系起来，消除创新网络中的“孤岛”，使拥有不同资源的组织与创新体系中的其他组织轻松实现合作。如：美国“硅谷”中遍布的这样的组织者，他们将创新型企业、研究型大学、研究机构、行业协会等紧密联系起来，成功打造一条创新价值链。因此，政府应重点扶持这样一批有实力的创新平台组织者，充分发挥其在技术创新中的引领作用，促使更多的网络成员与网络中具有丰富产学合作经历的大学或企业积极合作，联合起来攻克技术难关，提高中国 ICT 企业的整体技术水平和竞争能力。

第八章　产学研合作网络的“小世界性”对企业创新绩效的影响

小世界网络是指同时具有较高集聚程度和较低全局分离度的网络。现实生活中的许多网络都呈现出小世界性特征。小世界性能够“拉近”网络中节点之间的距离，加快知识在网络中的流动和扩散，并且通过分散风险、建立信任来增强知识扩散的效率，进而实现知识增值和创新绩效的提升。本章将从产学研合作网络的小世界性入手，研究其对企业创新绩效的影响。

第一节　小世界性与企业创新绩效研究假设

1967 年，哈佛大学社会心理学家 Stanley Milgram（1969）通过实验提出“六度分离理论”（Six Degrees of Separation），并首次提出网络的小世界性。小世界网络是指同时具有较小的平均路径长度和较大的集聚系数的网络；研究发现现实中的各种经济、社会关系如专利合作网络（陈子凤、官建成，2009）、汽车制造业合作网络（张丽娟、李常洪，2007）、融资风险传导网络（刘纳新等，2015）等都呈现出小世界性。较高的集聚程度会促进知识传递，形成合作惯例，降低交易成本；较短的平均路径长度使节点能够快速获取知识和信息，提高产学研创新网络的运作效率。除此之外，网络的小世界性越显著，网络内子群间的联系越频繁，这使子群内部的创新知识可传播扩散至整体网络，能够提高集聚间的知识扩散效率（Uzzi 等，2005），分散风险和建立信任（Granovetter M.，1985）。因此小世界性能够加快知识在网络中的扩散并且提高网络内创新知识扩散量（孙耀吾、卫英平，2011），进而提高网络内成员的创新绩效。

网络的小世界性在理论上能够促进节点的创新绩效，而国内外学者从宏观的国家层面，中观的区域层面以及微观的企业和个人层面对小世界性的影响进行实证研究（Schilling M. A. 和 Phelps C. C，2007；Uzzi B. 和 Spirro J.，2005；陈子凤、官建成，2009；Zifeng Chen 和 Jiancheng Guan，2010；赵炎、王琦，2013），得到的结论不尽相同，大致可分为以下三类：一是小世界性对创新绩效有正向促进作用；二是小世界性对创新绩效无显著影响；三是小世界性与创新绩效之间呈现倒 U 形关系，即只有当小世界性处于适当的水平时才对创新绩效有促进作用，超过某一临界值，就会阻碍创新。

另外，小世界效应不仅需要网络在结构上具有小世界性，还需要多种因素的共同作用，如：网络的发展阶段，网络内节点的开放程度，网络成员之间的知识距离以及网络内是否存在高产发明者等。研究发现创新绩效同创新网络小世界性的倒 U 形关系，只在特定开放度下的创新网络演化到特定阶段才会显现（张古鹏，2015）。低度、中度和高度开放的创新网络在创新集群创立和解体的动态演化过程中，其表现出的小世界性对创新绩效的效应有着较大差异。除此之外，只有在合作创新主体之间的知识距离处于合理水平时，小世界网络才能够有效地促进知识扩散。因为网络成员的知识结构越相似，知识传播所经历的中间环节越少，知识扩散的速度和准确性越高（Piergiuseppe Morone 和 Richard Taylor，2004）。此外，构成小世界性的一个重要指标是网络的集聚程度，其功能发挥也直接影响着小世界性对创新绩效的影响。有研究表明：集聚程度对企业创新绩效的影响也取决于多方面的因素（Lee Fleming 等，2007），如：技术创新难度、知识转移和创造模式、结构演化阶段、网络规模以及合作模式等；还有研究表明（Gupeng Zhang 等，2014）：不存在高产发明者的网络，集聚程度的提高对创新绩效无显著作用；而以高产发明者为中心的网络中，集聚程度越高，网络中扩散的、对创新有益的知识越多，从而越有利于创新。

基于以上分析，本章认为对于向创新驱动型经济转变的后发国家而言，尚未形成成熟的产学研合作体系，企业、大学与研究所之间缺乏合作经验，此时网络的小世界性与创新绩效之间可能呈现 U 形关系。主要原因在于：在产学研合作初期，企业、大学和研究所之间虽然建立了合作关系，但是各主体之间需要一段时间的适应期后，才能进入知识交流的实质性阶段。此时，产学研各主体的合作经验较少，缺乏合作默契且知识距离较远，企业的知识技术需求与大学的知识供给无法有效对接，企业的研发活动与大学、研究机构的科研项目难以相互协调，使合作成本较高，难以有效促进创新。在产学研合作网络发展初期，合作网络规模较小，网络结构分散，网络内节点获取的信息和知识数量有限，知识或信息传递失真的风险较大。随着合作网络的不断发展，参与产学研合作的企业、大学和研究所日益增多，其科研成果积累和合作创新经验的提升，知识或信息传递更准确、及时，信息传递效率变得高效。合作网络的小世界特征逐渐凸显，并且对企业创新绩效的影响力达到某一临界点。越过该临界点后，网络的小世界性对企业创新绩效具有显著的促进作用。因此，本章提出如下假设：

H8-1：网络的小世界性与企业创新绩效呈 U 形关系。

第二节　研究设计

一、变量选取

（一）被解释变量

专利申请数（$Patents_{it}$）：本章选取企业专利授权数作为被解释变量，滞后二期的结果与滞后一期一致，因此本文仅列出企业专利授权数滞后一期（$Patent_{it1}$）的回归结果。

（二）解释变量

小世界商数（Q）：Watts 和 Strogatz（1998）将小世界性定义为网络具有较短的全局分离（Global Separation）和较高的局部集聚（Local Clustering），为判断一个网络是否具有小世界性，在 1998 年提出了小世界商数（Small World Quotient），反映网络的局部集聚和全局分离特征。其中全局分离程度用平均路径长度计量，局部集聚程度用集聚系数计量。参考 Watts 和 Strogatz（1998）的方法，首先建立与实际网络同等规模的随机网络，其次将实际网络和随机网络的 PL 和 CC 进行比较，最后得到小世界商数。其计算公式如下：

$$Q=\frac{CCratio}{PLratio}=\frac{CC/bCC_r}{PL/bPL_r} \tag{8-1}$$

其中，Q 表示小世界商数；CCratio 表示网络实际集聚系数 CC 与二分随机网络集聚系数 bCC_r 的比值；PLratio 表示网络实际平均路径长度 PL 与二分随机网络平均路径长度 bPL_r 的比值。由于随机网络的 PL 和 CC 均较小，因此 PL 比值（实际网络的 PL/随机网络的 PL）越接近于 1.0，同时 CC 比值（实际网络 CC/随机网络 CC）越大于 1.0，即同时具有较短 PL 和较高 CC 的网络；或小世界商数 Q（CC 比值/PL 比值）远大于 1.0 的网络，具有显著的小世界特性。

本章引入小世界商数，并且在计算时利用 Newman、Strogatz（2001）的方法，不再将产学研合作网络视为简单的一分网络，而是将其视为二分网络进行计算。由于本章构建的产学研合作网络是由一个二分网络（Bipartite Network）经过映射获得的。二分网络具有一种特殊结构，即同一团队中的成员之间会构成完全连通的派系（Fully Linked Clique）（Uzzi B. 和 Spirro J.，2005）。如本文构建的网络中，共同申请某一专利的 n 个产学研创新主体之间两两联系，最终构成完全连通的派系。由大量此类派系通过共同成员相联系，进而形成复杂的产学研合作网络。当二元网络映射为一元网络时，由于存在大量完全连通的派系，会显著高估网络的实际集聚水平，同时低估网络的实际路径长度（Newman 等，2001）。针对以上问题，本章采用 Newman、Strogatz（2001）提出的模型，以修正计算随机二分网络的 CC 和 PL 的方法。具体计算过程如下：

首先构造 f 和 g 函数：

$$f_0(x) = \sum_j p_j x^j,\ g_0(x) = \sum_k q_k x^k \tag{8-2}$$

其中，p_j 表示一个专利申请者申请 j 项专利的概率，q_k 表示一个专利拥有 k 个申请者的概率。我们通过统计本章所构建的三年时间窗的产学研合作网络中，每个企业申请 j 项专利和每个专利拥有 k 个申请人的数据，然后再计算相应概率值计算得出。由式（8-2）得出：

$$G_0(x)=f_0(g'_0[x]/g'_0[1]) \tag{8-3}$$

其次计算随机二分网络的集聚系数 bCC_r 和平均路径长度 bPL_r，其计算公式如下：

$$bCC_r=\frac{M}{N}\frac{g'''_0(1)}{G''_0(1)} \tag{8-4}$$

$$bPL_r=\ln(n)/\ln[f'_0(1)\cdot g'_0(1)] \tag{8-5}$$

其中，M 表示申请者总数，N 表示专利申请总数。我们利用 MatLab、Access 等软件，针对每个网络计算其二分随机网络的集聚系数 bCC_r 和平均路径长度 bPL_r。

集聚系数比（CCratio，CCr）：指实际网络 CC 与随机网络 CC 之比，其公式为：

$$CCratio=\frac{CC}{bCC_r} \tag{8-6}$$

其中，CC 指网络实际集聚系数，bCC_r 指二分随机网络集聚系数。节点的集聚系数指节点 i 的邻接点之间存在的联系数占可能存在联系数的比值，网络的集聚系数是指网络内所有节点集聚系数的平均值。其公式如下所示：

$$C_i = 2e_i/k_i(k_i - 1);\ C_t = \frac{1}{N}\sum_{i=1}^{N} C_i \tag{8-7}$$

其中，C_i 表示节点 i 的集聚系数，C_t 表示整体网络的集聚系数，k_i 表示节点 i 的邻接点数量，e_i 表示节点 i 的邻接点之间实际存在的联系数。集聚系数比接近 1.0 时，表明实际网络中，集聚内部联系紧密，而集聚之间的联系较少；当集聚系数超过 1.0 时，表明实际网络中，集聚之间的联系数量逐渐增加从而将网络内相互孤立的集聚或节点联系起来，提高信息在网络内的扩散范围和速度。

平均路径长度比（PLratio，PLr）：指实际网络 PL 与随机网络 PL 之比，其公式为：

$$PLratio = \frac{PL}{bPL_r} \tag{8-8}$$

其中，PL 指网络实际平均路径长度，bPL_r 指二分随机网络平均路径长度。平均路径长度，即网络中所有可联系的节点对之间距离的平均值。

$$PL = \frac{1}{N(N-1)}\sum_{i \neq j} d_{ij} \tag{8-9}$$

其中，PL 表示平均路径长度，d_{ij} 表示节点 i，j 之间的距离，N 表示网络内节点总数。平均路径长度比越大表明网络内节点间的平均距离越远，从而使信息的传递需要经过多个中介，影响知识扩散的速度和质量。

（三）控制变量

本章在回归中去除了不显著的控制变量：中介中心性（Betweeness $Centrality_{it}$）、结构洞（Structure $Hole_{it}$）等，仅保留样本前专利数、研发人员投入，并加入网络密度（Network Density，ND）作为控制变量。

网络密度（Network Density）：指网路内节点之间实际存在联系数占可能存在的联系数的比率。其计算公式如下：

$$Network\ Density = \frac{L}{N(N-1)/2} \tag{8-10}$$

其中，L 表示网络内实际存在的联系数，N 表示网络的节点个数。网络密度介于 0 和 1 之间，越接近 1，意味着在网络整体层面，节点之间的联系越多；越接近 0，表明节点之间的联系越少。网络密度是在整体层面测度节点之间的联系紧密程度，而集聚系数测度围绕单个节点的局部联系紧密程度。网络密度越高，意味着整体网络的创新资源获取渠道越多，有利于企业获得创新知识和信息。

表 8-1 给出了本章模型中各变量的含义及测度方法。

表 8-1　模型变量含义及测度方法

变量类型	变量名称	变量代码	含义	测度方法
被解释变量	专利申请数	$Patents_i$	企业创新绩效	企业当期专利申请数量
变量类型	变量名称	变量代码	含义	测度方法
解释变量	小世界商数	Q	整体网络的小世界特征	集聚系数比和平均路径长度比的比值
	集聚系数比	CCr	网络的集聚程度	实际网络与随机网络的集聚系数的比值
	平均路径长度比	PLr	网络中节点的分离程度	实际网络与随机网络的平均路径长度的比值

续表

变量类型	变量名称	变量代码	含义	测度方法
控制变量	发明者人数	LnInven-tors	企业的研发人员投入	样本期及前4年的发明者人数之和取对数
	样本期前专利数	LnPre-Patent	企业前期知识积累	样本期前5年专利申请数之和取对数
	网路密度	ND	整体网络的联系紧密程度	网络中实际存在的联系数占可能存在的联系数的百分比

二、模型设定

与前文同理，由于被解释变量是专利申请数量，为计数型数据，因此使用负二项回归模型。根据 Hausman 检验，在固定效应与随机效应负二项回归之间进行选择时使用 Hausman 检验，我们对每个模型进行检验后的结果均在 $p<0.0001$ 的显著性水平下拒绝了随机效应模型。因此，本章仍使用固定效应负二项回归模型进行回归分析。本章总体回归模型建立如下：

$$Patents_{i,t+a}=f(\beta_0+\beta_1 LnInventors_{it}+\beta_2 LnPrePatents_{it}+\beta_3 NetworkDensity_t+\beta_4 LnCCratio_t+\beta_5 (LnCCraito)_t^2+\beta_6 LnPLratio_t+\beta_5 (LnPLraito)_t^2+\beta_7 Q_t+\beta_7 Q_t^2)+\varepsilon_{it} \tag{8-11}$$

其中，$Patents_{i,t+a}$($a=1$)表示企业 i 的期望专利数量，a 表示时滞，i 表示企业，t 表示年份。

第三节　小世界性对企业创新绩效的影响

一、描述性统计

表 8-2 给出了本章所有变量的描述性统计，从表中可以看到，小世界商数最小值为 19.534，最大值为 336.987，可知在样本期内合作网络的小世界特征有较大的变化。需要说明的是，网络密度在 2001 年为最大值 0.363，逐年下降，到 2008 年为最小值 0.077；随着合作网络规模从 2001 年的 382 迅速增大到 2008 年的 2226，网络内部产学研创新主体之间联系的紧密程度不断下降。网络密度的降低与合作网络中大量存在三两节点合作子群的松散结构密切相关，反映出创新主体之间的合作程度仍然较低。由于网络整体呈现出松散的结构，这也导致网络的平均路径长度在样本期内无明显变化。

表 8-2　变量的描述性统计（N=2603）

变量	均值	标准差	最小值	最大值
$Patents_{i,t+1}$	18. 946	163. 363	1. 000	5728. 000
Small World Q	180. 000	117. 424	19. 534	336. 987
CCratio	376. 063	251. 963	28. 796	784. 573
PLratio	2. 095	0. 254	1. 474	2. 372
Network Density	0. 143	0. 071	0. 077	0. 363
LnInventors	2. 198	1. 316	0. 000	9. 648
LnPre-Patents	1. 088	1. 342	0. 000	9. 730

表 8-3 是本章回归模型中所有变量的相关系数表。由表 8-3 可知 CCratio 与小世界商数 Q 相关系数较高，为避免由于多重共线性导致回归结果非有效，我们参考前人研究（陈子凤、官建成，2009）在回归分析时将小世界商数单独引入模型中进行回归。

表 8-3　变量的相关系数（N=2603）

变量名称	（1）	（2）	（3）	（4）	（5）	（6）	（7）
（1）$Patents_{i,t+1}$	1. 000						
（2）LnSmall World Q	-0. 035	1. 000					
（3）LnCCratio	-0. 034	0. 988	1. 000				
（4）LnPLratio	0. 005	0. 356	0. 192	1. 000			
（5）Network Density	0. 029	-0. 387	-0. 487	-0. 685	1. 000		
（6）LnPre-Patents	0. 344	0. 040	0. 059	0. 128	-0. 190	1. 000	
（7）LnInventors	0. 395	0. 043	0. 051	0. 063	-0. 115	0. 809	1. 000

二、实证结果与分析

利用 2001~2010 年 ICT 产业专利数据，构建企业层面的非平衡面板数据进行固定效应负二项回归，以检验产学研合作创新网络的小世界性对企业创新绩效的影响，结果如表 8-4 所示。在依次加入解释变量 CCratio、PLratio、Q 的一次项时结果均不显著，因此在回归结果中并未展示含有解释变量一次项的模型，而是列出了同时含有一次项和二次项的模型。本章仍采取逐步回归的方法，首先仅引入三个控制变量（模型 1）。其次加入 PLratio 及其二次项（模型 2），CCratio 及其二次项（模型 3），在模型 4 中同时加入 PLratio、CCratio 及其二次项。最后在模型 5 中引入小世界商数 Q 及其二次项。

表 8-4 模型估计结果

变量	模型 1	模型 2	模型 3	模型 4	模型 5
LnInventors	0.112* (1.85)	0.112* (1.86)	0.112* (1.85)	0.113* (1.87)	0.113* (1.87)
LnPre-Patents	-0.151*** (-3.77)	-0.143*** (-3.51)	-0.154*** (-3.84)	-0.148*** (-3.65)	-0.153*** (-3.79)
Network Density	-2.923*** (-4.51)	-2.371** (-2.59)	-3.459*** (-4.86)	-3.100*** (-2.99)	-3.376*** (-4.88)
LnPLratio		1.546 (0.54)		0.069 (0.02)	
LnPLratio squared		-0.929 (-0.45)		0.150 (0.07)	
LnCCratio			-0.735** (-2.03)	-0.769** (-2.04)	
LnCCratio squared			0.064** (1.98)	0.068** (2.01)	
LnSmall World Q					-0.834** (-2.02)
LnSmall World Q squared					0.084** (1.98)
constant	1.431*** (5.36)	0.700 (0.65)	3.589*** (3.31)	3.453** (2.00)	3.521*** (3.36)
loglikelihood	-2293.208	-2292.511	-2291.081	-2290.469	-2290.991

注：括号中为 t 值。*、**、*** 分别表示 10%、5%、1%的显著性水平。

回归结果显示，小世界商数一次项系数在 5%的显著性水平下显著为负，其二次项系数在 5%的显著性水平下显著为正，可知，小世界商数与企业创新绩效在 5%的显著性水平下呈 U 形关系，本章提出的假设得到验证。说明小世界商数对企业创新绩效的影响存在一个临界点，超过该临界点，网络的小世界性对企业创新绩效具有促进作用。

Uzzi Spiro（2005）、Jiancheng Guan（2013）、Zifeng Chen（2010）的研究中，小世界性与企业创新绩效呈倒 U 形关系，并指出：小世界性只有在适当的水平下才能促进创新绩效的提升，超过某一临界值则会阻碍创新绩效。然而，本章的研究结果正好与之相反，即小世界性与创新绩效呈显著的 U 形关系。对于这一现象可能的解释是：首先，以上研究均基于西方国家的合作网络进行研究，而不同国家的政策环境、产学研合作成熟程度以及企业研发投入不尽相同，使小世界性对企业创新绩效的影响呈现出不同的形态。其次，中国产学研合作大多还停留在单部门单链合作的初级阶段，达到跨部门多链合作阶段的不多，演进成为复合部门多链合作的更是凤毛麟角（彭锐、杨芳，2008）。合作网络正在从协调磨合期向规范发展期演进。合作初期由于创新主体间知识距离较远，缺乏合作经验，使知识传递和扩散的有效性不高，小世界性促进效应受限。随着产学研合作的不断发展，创新主体之间联系逐渐增多，合作规范逐渐形成，学习能力不断提高，网络小世界性对创新绩效的促进作用变得显著。

控制变量中，研发人员投入对企业创新绩效具有显著正效应；而表征知识积累的前五年专利数对创新绩效具有显著负效应，这与上一章的回归结果一致。网络密度对企业创新绩效的影响在 1%的显著性水平下显著为负。这表明产学研合作网络的密度降低不利于提升企业创新绩效。本章所构建的合作网络呈现整体分散、局部紧密的结构特征，网络密度很低，且在样本期内逐年降低。网络密度表征合作网络整体层面的联系紧密程度，网络密度低意味着网络内知识分享和传递的途径较少，无法充分利用网络内的创新资源，因而对创新绩效具有负效应。

第四节　结论与政策建议

产学研合作是国家体系中重要的创新模式，是产学研协同创新的基础。产学研合作网络的小世界性对企业创新绩效具有重要影响。本文利用中国国家知识产权局 1999~2010 年信息与通信技术产业（ICT）的专利数据构建产学研合作创新网络，并提取 2603 家企业的大样本面板数据，使用负二项式回归模型验证分析小世界商数对企业创新绩效的影响。得到以下主要结论：

第一，产学研合作网络的小世界性对企业创新绩效具有 U 形影响。这一结果与以往研究结果不同，究其原因主要在于：与发达国家成熟的产学研合作体系相比，中国 ICT 产业产学研合作仍处于逐步完善的阶段。合作网络规模较小，网络结构分散，网络内节点获取的信息和知识数量有限。产学研各创新主体缺乏合作经验，知识距离较远，合作网络的小世界性对企业创新绩效正影响可能不显著；随着产学研合作主体合作经验的积累，学习能力和协调能力的提升，合作各方的知识距离缩短，知识交易成本下降，信息传递变得高效。网络小世界性对企业创新绩效的促进作用逐渐显著。

第二，表征企业知识积累的样本前五年专利以及网络密度对企业创新绩效均具有显著负效应。ICT 产业具有较高的企业淘汰率，大量企业的存续期较短；多数 ICT 企业较少关注研发而是选择购买成熟的技术，申请专利的积极性较低。产学研合作创新网络较稀疏，联系不够紧密。这种松散的网络结构不利于知识或信息的交流，有碍于企业创新绩效的提升。以上这些因素使前期知识积累以及网络密度对企业创新绩效出现显著的负效应。

本章研究结论有助于进一步完善开放式创新的相关理论，对于指导优化产学研合作网络结构，促进产学研深度融合以提升企业创新绩效具有重要意义。

首先，建设和培育知识协同创新共享平台。产学研合作的本质是各创新主体通过构建一个具有层次性的跨组织知识网络，进行隐性知识和显性知识的交流、共享与转移，以弥补组织的知识缺口以及创造新的知识，进而实现知识增值、提升其创新绩效。从我国 ICT 产业产学研合作网络来看，大量节点三三两两相连，整个网络连接松散、聚簇程度不高，导致知识转移和共享受限。因此，政府应通过战略导向，建立和培育知识协同创新共享平台，调动各创新主体的积极性和创造性进行跨组织、跨学科、跨领域的资源共享，形成广泛连通的凝聚知识网络，减少信息的不对称，促进知识的转移与共享，提高知识转移的效率和效益。

其次，积极构建创新生态系统。合作网络的"小世界性"是创新系统在动态演化过程中所表现出的一种自组织特征。创新系统自身的发展，越来越强调创新要素之间的协调整合形成创新生态。创新生态系统中各个要素相互联系、相互制约，要求各个创新主体的共生共荣，导致了创新生态系统具有自维生、自发展的鲁棒性，并保持不断演化、不断促进优势新物种的成长、不断自我超越的能力。只有在完善的创新生态系统中，合作网络的"小世界性"才能充分释放其对创新绩效的促进作用。因此，政府要着力于我国创新生态体系的建设，积极推动政产学研用结合、"科技+X"（产业、金融、文化等）的协同乃至融合，建立相应的促进创新生态形成的战略谋划和政策支撑体系。

第九章　双重网络与企业二元式创新绩效

企业二元式创新不仅内嵌于由知识元素耦合构成的知识网络中，还内嵌于由组织合作关系形成的社会网络中。本章探究两种网络结构特征分别对企业利用式和探索式创新作用机制以及对二元式创新绩效的影响，以期能够丰富开放式创新的理论，同时对制定促进中国 ICT 企业产学研深度融合的科技政策提供参考和帮助。

第一节　研究背景

在知识经济时代，创新的复杂性和环境的不确定性日益增加，知识获取、外部知识合作、知识转移和吸收成为企业创新的重心。随着产学研合作创新的深入开展，各创新主体间进行紧密交流互动，合作关系密切，从单一二元合作模式自发地向相互依存的网络模式转变（高霞、陈凯华，2015）。合作创新网络作为知识和信息的沟通渠道，创新主体间进行隐性知识和显性知识的交流、共享与转移，以弥补组织的知识缺口以及创造新知识，进而实现知识增值。各组织的创新受其社会关系及其网络中获取、转移、吸收、应用知识和信息的影响。然而，实际上各组织创新不仅内嵌于社会网络中还内嵌于知识网络中，知识元素（Wang 等，2014；徐露允等，2017）在创新过程中彼此形成关联关系，丰富的知识交流重组使这种关联关系日趋紧密，从而形成知识网络。因此，社会网络和知识网络对于提升企业创新绩效发挥的不同关键作用，需要得到充分的认识和分析。因此，有必要对复杂组织系统中的创新过程以及其对社会网络和知识网络的作用进行深度地分析和鉴别。

“十三五”国家科技创新规划中明确提出创新活动呈网络化发展，中国当前科技创新能力尤其是原创能力较为薄弱，如何促进巨变式的知识创造无疑有积极的现实意义。随着科技进步和经济发展，企业发展由以劳动力及资金为主要推动力转变成知识和技术为主要推动力，作为创新主体，在进行研发活动并提升自身竞争力过程中，知识创造和科技创新显得尤为重要。企业不仅需要对现有知识进行利用和改良，还需要对现有知识进行颠覆式创新。在相关文献中，前者往往被称为利用式创新，后者往往被称为探索式创新，二者统称为“二元式创新”。

当前，中国产学研合作的关键是要强化和突出企业的技术创新主体地位，加快建立以企业为主体、市场为导向、产学研深度融合的技术创新体系。这就迫切需要深层次把握产学研合作过程中形成的合作网络与知识网络的结构特征，充分利用优良的网络结构所形成的功能倍增器作用，促进产学研深度融合，加快解决中国科技与经济“两张皮”问题。本章拟将产学研合作网络与知识网络整合在同一研究框架下，实证分析两种网络的结构特征对企业二元式创新绩效的影响，从而提出有针对性地促进我国产学研深度融合的培育政策。

第二节 知识网络、合作网络相关研究假设

在产学研合作网络中，组织将拥有社会资本，使得或者能够约束它们在创新过程中搜索、获取、转移和应用其他组织拥有的相关知识和信息。在知识网络中，知识库结构在一定程度上代表创新活动中知识元素间相互作用产生的组合机会、潜在和制约因素等。绝大多数创新是建立在现有知识基础之上的，表现为现有知识元素间的组合或重构。因此产学研合作网络突出社会关系搜索的重要性，而知识网络突出知识元素搜索的重要性（Guan J 和 Liu N.，2015）。这两个网络可能在以下三个方面对利用式创新绩效和探索式创新绩效有影响：第一，产学研合作网络中焦点组织保持的直接联系数量，以及知识网络中焦点组织拥有的知识元素保持的直接联系数量。节点的直接联系是其在网络中能直接连接到其他节点的数量。第二，产学研合作网络中焦点组织维持的间接联系数量，即组织在网络中可以通过其合作伙伴以及它们的合作伙伴所产生联系的合作伙伴数量。在知识网络中焦点组织拥有的知识元素维持的间接联系数量与产学研合作网络中间接联系数量的含义相似。节点的间接联系反映出其在网络中的可达性。第三，产学研合作网络中焦点组织直接合作伙伴相互联系程度，即无冗余联系程度。本章采用网络效率，即组织自我网络中无冗余连接数量与总连接数量之比来衡量无冗余联系。知识网络中知识元素的无冗余联系也有类似的含义。

一、知识网络中的直接联系

知识网络中知识元素的直接联系代表它与其他知识元素相结合的潜能，不论是在过去与之结合的知识元素还是没有结合过的新的知识元素。因此，知识网络中企业拥有的知识元素的直接联系可能与其利用式创新绩效和探索式创新绩效有关。Wang 等（2014）认为影响知识元素组合潜能的因素有以下三个方面：①当

寻找组合机会时，企业偏向在已拥有的知识元素库中搜寻与目标相关的知识元素。②知识元素组合潜能建立在对于其他知识元素组合路径依赖的便利性和意愿。对于路径依赖程度越强，知识元素接触到组合机会的资源越多。③全方位理解以前知识元素的组合经验会增加其未来的组合潜力。因为企业在熟知的知识领域进行知识组合重构时，研发路径、研发标准、研发模块等都有经验支撑，因此企业的创新效率会得到提高（LEE J. J，2010）。而知识元素的直接联系可能是上述三个方面的综合反映。

因此，当企业知识元素直接联系太少时，知识元素与其他知识元素的组合潜力往往较低。在这种情况下，企业需要花费很大精力和较高的学习成本来搜索并组合现有或新颖的知识，而这些具有差异化、多样化的知识有利于企业提升利用式和探索式创新绩效（周长辉、曹英慧，2011）。另外，较少的直接联系可能会降低知识元素相互组合重构的可能性，从而对企业利用式和探索式创新均有不利影响。企业知识元素的直接联系越多，表明企业知识基础宽度越大、熟知的知识源种类越多（马艳艳等，2014），也代表该知识元素为企业主流的技术或者创新活动的核心技术领域（刘岩、蔡虹，2012）。然而，当企业知识元素的直接联系数量过多时，其组合潜力也可能很低，因为任何知识元素的组合潜力都有将被耗尽的上限，当达到这个上限时，它与其他知识元素组合将不再具有创新价值，组合重构机会也符合边际报酬递减规律（Wang 等，2014），由此推之，过多的直接联系也对企业二元式创新产生不利影响。因此，本文提出如下假设：

H9-1：知识网络中知识元素的直接联系对企业利用式创新绩效具有倒 U 形影响。

H9-2：知识网络中知识元素的直接联系对企业探索式创新绩效具有倒 U 形影响。

二、产学研合作网络中的直接联系

在产学研合作网络中，与企业直接联系的合作伙伴将会与其直接进行知识交流与信息共享，使企业更容易获取并利用与创新相关的信息，进而增强企业的创新绩效。Wang 等（2014）在个人层面的合作研究中得出三类主要信息类型：一是与发明人之间知识分布相关的信息，二是与最新研发趋势相关的信息，三是发明人掌握或相互交流的信息。在产学研合作网络中，企业、大学和研究所拥有或掌握着不尽相同的资源、信息和异质性知识，其中企业更加注重对市场把握和技术商业化，大学和研究所作为新思想、新技术创造的活跃组织，更加侧重于科学研究和人才培养并且拥有较丰富的知识及人才资源（喻科，2011）。因此，企业通过直接开展跨组织研发合作，可能会获取到企业不具备的或互补性的知识、技术与能力等。另外，在产学研合作创新活动过程中，合作伙伴共担风险和成本，共同拥有新的研究成果，也有助于企业利用直接合作伙伴所拥有的异质性知识与技术。而且，企业的直接合作伙伴越多，代表着其有更多途径与其他企业、大学和研究所进行联系和交流，更易知道和了解网络中流动的资源，对于新知识或者现有知识的学习、深入理解和利用方面有更多机会（陈伟等，2012），有利于提高利用式和探索式创新。

然而，企业直接联系的合作伙伴数量并非越多越好，过多的直接合作将给企业带来负面效应。合作意味着在创新过程中合作伙伴们共同付出迎接挑战，需要交换或共享专属的信息和资源，因此随着合作伙伴数量的增多，更可能会出现搭便车行为或产生意外风险（Wu W. P，2008）。而且，产学研合作过程中，各方在信息和控制体系以及决策过程中存在一定差异，企业需要花费更多的时间和精力来协调、管理和控制其合作关系以及研发活动（Dyer J. H 和 Singh H，1998）。诸如此类交易成本的增加将会抑制企业创新绩效的提升。此外，当企业的直接合作伙伴超过一定数量时，企业接收到的新知识将超过自身的吸收能力，也可能会有许多冗余信息，出现信息量过载和规模不经济的情况（Gulati R 等，2012），不利于其利用式和探索式创新绩效的提高。因此，本章提出如下假设：

H9-3：产学研合作网络中的直接联系对企业利用式创新绩效具有倒 U 形影响。

H9-4：产学研合作网络中的直接联系对企业探索式创新绩效具有倒 U 形影响。

三、知识网络中的间接联系

知识网络中的间接联系指的是知识元素通过一个或多个知识元素作为桥梁才能链接到的一种知识元素间关系。一般而言，知识元素的间接联系越多，它能搜索到的知识元素越丰富。在知识网络中，企业拥有知识元素的间接联系构成一种类似雷达的结构，对于知识多样化特别有益，并提供大量的知识组合机会。通过这种联系，企业可以更好地了解知识元素间的组合，进而激发知识重构或产生新的知识。对企业而言，重构代表重新利用和完善其知识组合去发展新的技术或者解决新的问题，有利于其对问题的识别以及困难的解决，进而推动其利用式创新（周长辉、曹英慧，2011）；而新知识代表企业从未结合过的知识元素，包括网络现存的知识元素和新知识元素，当企业拥有的知识元素与新知识元素组合重构时，企业将拥有新的知识资源与技术，有利于促进其探索式创新。另外，通过知识元素间接联系的搜索可能会促发一些不同想法或者知识组合规则的相互碰撞（Guan J和Liu N，2015），进而激发新的灵感、发现新的机会（周长辉、曹英慧，2011），也有利于企业提升探索式创新绩效。因此，本章提出如下假设：

H9-5：知识网络中的间接联系对企业利用式创新绩效具有正向影响。

H9-6：知识网络中的间接联系对企业探索式创新绩效具有正向影响。

四、产学研合作网络中的间接联系

产学研合作网络中的间接联系是指组织与其他创新主体间没有直接联系，必须通过一个或多个组织作为桥梁才能构成的合作关系。最早有关间接联系的论述可以追溯到1973年Granovetter的弱联系研究，他认为间接联系可以作为企业与其间接合作伙伴的信息交流渠道，企业通过间接联系可获取在直接联系中所不能获得的信息、资源和机遇。在产学研合作网络中，由于各创新主体掌握着差异化的技术、信息和资源，企业的间接联系也可能会构成一种雷达的结构，增大信息的涉猎范围，与更远距离的创新主体进行信息交流，并提供企业所需的新鲜且有效的信息和互补性知识与技术，在一定程度上可能有利于其利用式和探索式创新绩效。

有些学者认为：间接联系有利于企业通过产学研合作渠道搜集更多本研究领域技术知识、研究前沿或经验教训，并对这些信息进行深层次的挖掘，支持和刺激企业的创新活动，有利于企业提升利用式创新绩效。另外，间接联系还充当过滤器或信息处理的角色，企业可筛选、吸收来自其他企业、大学和研究所的新技术发明，通过间接联系获取到不同技术领域的相关信息和新的创新机遇，有利于企业提升探索式创新绩效（Salman N，2005；钱锡红等，2010）。

然而有些学者认为：间接联系也可能对企业有不利影响。产学研合作中的间接联系倾向于在企业不熟知的领域提供研究前沿或新的市场信息，这似乎有利于企业探索式创新。但是在产学研合作中，由于企业认知能力有限并且倾向于以自己擅长的方式收集信息，可能会曲解或误解信息，导致一些真实可信的信息可能不会通过间接联系传递到企业，而且检验信息的真实性和消除信息“噪音”的成本较为昂贵（Guan J和Liu N，2015）。再者，对于隐性知识、复杂知识或者新鲜的想法的传播方面，只有在紧密合作的情况下企业才有意愿花费更多时间与精力去深入了解（周长辉、曹英慧，2011），因此企业在间接联系中可能无法获得这些极其有助于创新的知识。而且，从间接合作伙伴获得的信息可能在信息传递或转移过程中发生扭曲、失真的情况（Wim Vanhaverbeke等，2007）。因此这类信息可能会不利于企业利用式和探索式创新。此外，间接联系可能会将企业的一些特别的、具有竞争力的信息传递给其间接合作伙伴甚至是竞争对手，这种反向扩散可能造成难以监测或阻止的溢出效应（Wim Vanhaverbeke 等，2007；Gulati 等，1997）。本章认为，由于企业对于本领域的相关技术与信息较为熟悉，而对于新领域的技术与信息的识别判断能力较弱。因此，在利用式创新方面，产学研合作网络中企业的间接联系会带来更多潜在收益；而在探索式创新方面，间接联系带来更多的风险。综上，本章提出如下假设：

H9-7：产学研合作网络中的间接联系对企业利用式创新绩效具有正向影响。

H9-8：产学研合作网络中的间接联系对企业探索式创新绩效具有负向影响。

五、知识网络中的无冗余联系

在知识网络中，与一个知识元素有直接连接关系的知识元素间相互没有组合连接时，该知识元素的自我网络为无冗余或稀疏的网络结构，知识元素间彼此冗余联系最少。如果企业的知识元素冗余联系较少时，其与其他知识元素的组合效率较高，因此有利于现有知识元素间进行组合，知识元素组合重构机会较多，在创新过程中企业可能会注重开发自身知识资源而缺乏探索新知识资源（Carnabuci G 和 Bruggeman J.，2009）。企业的知识元素冗余联系较多时，代表其在现存的知识元素中组合机会较少，企业可能有危机感或者问题意识，刺激探索行为的发生，因此企业倾向于寻找和探索新的知识元素和新的组合机会。另外，在知识网络中知识元素有较多冗余联系时，还表明创新主体对现有的知识领域中相关的知识元素有一定的了解和研究，由于学习具有累积性和惯性，可促使企业更加有效地探索新知识（Kilduff M 和 Brass D J，2010）。因此企业知识元素的无冗余联系较多时，企业在探索式创新方面将趋于弱化。综上，本章提出如下假设：

H9-9：知识网络中的无冗余联系对企业利用式创新绩效具有正向影响。

H9-10：知识网络中的无冗余联系对企业探索式创新绩效具有负向影响。

六、产学研合作网络中的无冗余联系

当焦点组织的直接合作伙伴互相没有合作关系时，它们就形成一个无冗余网络结构，使它们之间的冗余联系最少。企业在产学研合作网络中冗余联系最少时，表明其可以更加便利地获得一些新颖的信息，例如最新研发趋势、各创新主体拥有的科技信息分布情况、合作伙伴以及它们的合作特点等（Wang 等，2014）。由于大学以基础研究为主，企业以产品开发为主，科研机构兼顾基础研究和产品开发，三者拥有的知识、技术与信息具有较强的异质性、互补性（陈劲，2012）。因此，在产学研合作网络中，企业的无冗余联系越多，在信息获取与控制方面的优势越大，能够获得更为丰富、非重叠、跨边界的“信息收益”（辛晴、杨蕙馨，2012；Zaheer A 和 Bell G G，2005）。而且在这种情况下，无效连接数量较少，提高了信息传递效率，企业能够及时地获取到信息，便于信息的接收和发送，快速捕捉到新的机遇，识别新的挑战（Burt R S，1992），从而更加快速地进行资源整合和产品更新。此外，企业的无冗余网络结构可能受益于在合作创新活动中的结构自主性，表明它可以免受合作伙伴间关系的牵制，从而在发明创新活动中获得更多自主权。这些因素对于企业利用式创新和探索式创新均产生有利影响。另外，在冗余联系较多的网络中，一方面企业可能会受到意见领袖和主流认知模式的影响，另一方面企业可能为了降低研发和决策时的认知成本而养成认知懒惰，从而降低企业创新能力（Wang 等，2014），对于利用式和探索式创新绩效均产生不利影响。因此，本文提出如下假设：

H9-11：产学研合作网络中的无冗余联系对企业利用式创新绩效具有正向影响。

H9-12：产学研合作网络中的无冗余联系对企业探索式创新绩效具有正向影响。

第三节　数据处理与模型构建

利用具有权威性的 OECD 专利统计公报（2010）中界定 ICT 各子领域的国际专利分类（International Patent Classification，IPC）代码下载所需数据（见表 2-1）。此外，考虑到发明专利为 ICT 产业主要申请类别，申请过程较为复杂且授权率不高，因此，为保证专利数据质量，采用 SIPO 中 ICT 产业申请并被授权的专利数据。借助 SIPO 开发的“专利信息分析”软件和内蒙古专利大数据综合服务平台（SIPO 设立的内蒙古专利信息服务中心开发的专利检索平台），检索下载 1996~2015 年我国 ICT 领域所有授权专利数据，共计 1128669 项，检索下载的时间为 2017 年 3 月 1 日至 3 月 7 日，从中提取申请人国别为中国 31 个省、市、自治区的专利（即不包括国外及港澳台地区）；进一步，提取大学、企业和研究机构独立申请或联合申请的专利（即剔除申请人包含国外、个体、医院、政府部门等参与的专利数据），并对专利申请日进行截取，精确到年份。

基于以上专利数据，分别整理筛选出本章所需的三类数据：①用于构建知识网络的数据。由于世界知识产权组织（World Intellectual Property Organization，WIPO）界定的 IPC 分类号或 USPTO 界定的技术类别被认为是知识元素的有效代理，本章考虑到数据的可用性，采用 IPC 代码代表知识元素。许多学者认为前四位 IPC 分类代码实际上可以充分代表专利的技术或知识特征，前四位 IPC 分类代码不同则表示技术类别的知识元素不同（徐露允等，2017；Guan J 和 Liu N，2015）。因此本章沿用前四位 IPC 分类代码来表示 ICT 领域中的知识元素，并根据分类号信息进一步提取 1999～2015 年拥有两个及以上不同知识元素的专利数据，用以构建知识网络（具体构建方法将在下文详述），计算相关指标。②用于构建产学研合作网络的数据。由于在联合申请专利过程中，各组织间自发形成非正式的合作网络，进行较为重要的创新知识的交流、共享与转移，因此专利联合申请是被广泛采用的合作创新实证指标之一（Levy R 等，2009；陈伟等，2012）。因此，本章根据申请人信息进一步提取 1999～2015 年联合申请并授权的专利数据，用以构建产学研合作网络（具体构建方法将在下文详述），计算相关指标。③用于计算企业相关指标的数据。匹配上述知识网络与产学研合作网络共同包含的企业名称（共 6832 家企业），提取 1996～2015 年申请人包含这些企业的专利数据，计算企业利用式和探索式创新绩效、发明者人数、样本期前专利数等相关指标。专利筛选及整理流程如图 9-1 所示。

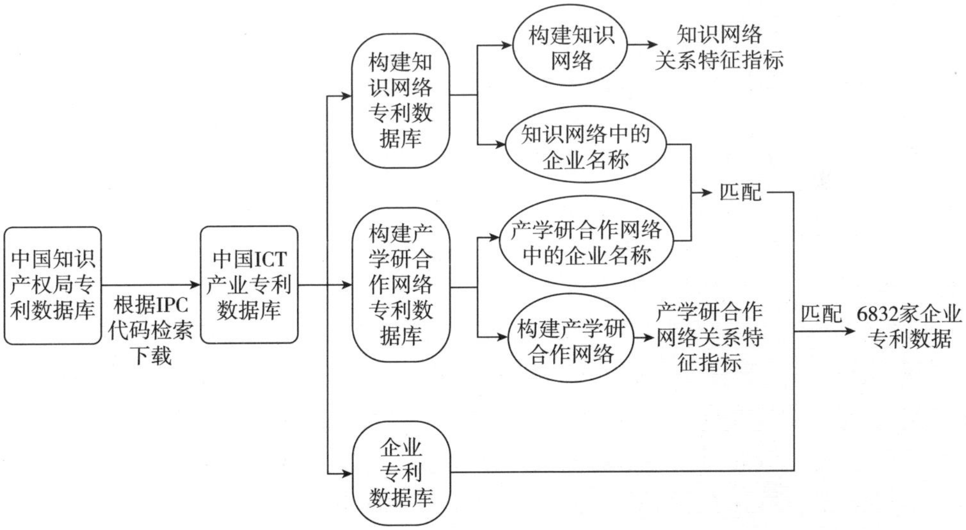

图 9-1 专利数据筛选整理流程

第四节　构建知识网络与产学研合作网络

一、知识网络的构建

本章使用 1999~2015 年的 ICT 产业 SIPO 授权专利数据来构建知识网络，具体用到的信息有：①申请日；②公开号；③前四位 IPC 代码；④申请人。如果一项专利拥有多个不同的前四位 IPC 代码（且专利申请人属于企业、大学或研究所），则认为这些前四位 IPC 代码所代表的知识元素得到共同应用，从而产生联系。设计网络邻接矩阵自动提取算法，以三年时间窗口，通过该系统生成知识网络邻接矩阵（即 1999~2001 年，2000~2002 年，2001~2003 年，……，2013~2015 年）。以构建 1999~2001 年知识网络为例，构建过程如下：①筛选出 1999~2001 年申请人为企业、大学或研究所中一个或多个的专利数据，构建成专利子数据库。②提取每件专利的前四位 IPC 代码和与之对应的专利公开号构成若干二元组。所有专利的二元组即生成一个前四位 IPC 代码—公开号关系数据库。③基于此数据库和网络提取算法，就可生成我国 ICT 产业无向知识网络（包括重边）。然后利用网络分析软件 Pajek 和 Ucinet 计算各网络指标。

二、产学研合作网络的构建

本章同样使用 1999~2015 年的 ICT 产业产学研合作授权专利来构建合作创新网络，具体用到的信息有：①申请日；②公开号；③申请人。同样设计网络邻接矩阵自动提取算法，以三年时间窗口，通过该系统生成专利合作网络邻接矩阵（即 1999~2001 年，2000~2002 年，2001~2003 年，……，2013~2015 年）。以构建 1999~2001 年合作创新网络为例，其构建过程为：①挑出 1999~2001 年的产学研合作专利，构建一个联合专利子数据库。②提取每件联合专利的专利号和与之对应的申请单位（大学、企业、研究机构）构成若干二元组。所有专利的二元组即生成一个专利号—申请单位关系数据库。③基于此数据库和网络提取算法，就可生成中国 ICT 产业产学研合作创新的无向网络（包括重边）。然后利用网络分析软件 Pajek 和 Ucinet 计算各网络指标。

第五节　变量与模型

一、被解释变量

基于专利衡量创新产出尽管有一些明显的局限性，但是仍被学者们广泛使用。本章用于衡量二元式创新绩效的两个被解释变量，即利用式创新和探索式创新，是利用中国 ICT 企业的授权专利数据计算出来的。为了比较客观的测度二元式创新绩效，有些学者利用专利引用信息，有些学者利用专利分类号信息。因为中国公开的专利数据中暂无专利引用信息，基于数据的可获得性和可靠性，本章采用基于专利分类号的测度方法。借鉴 Vanhaverbeke（2007）、Gilsing 和 Guan 等（2015）的测度方法，本章利用专利数据中 IPC 分类代码的前四位来判别企业的技术类别，并判断企业当年的技术类别属于利用式创新还是探索式创新。具体的方法如下：首先，根据专利数据中 IPC 分类代码的前四位分别计算出企业样本期当年和样本期前五年的技术概况，即罗列出企业在这两个时间段中所有的技术类别。其次，对比这两个时间段的技术类别，如果样本期当年的技术类别在前五年中出现过，则该技术类别被标记为利用性的；如果样本期当年的技术类别在前五年中没有出现过，则该技术类别被标记为探索性的。如果一项专利全部为利用性的技术类别，则该项专利被称为企业的利用式创新专利；如果一项专利中出现探索性的技术类别，则该项专利被称为企业的探索式创新专利。因此，本章的两个被解释变量的衡量方法如下。

利用式创新（Exploitative Innovation）：企业每年申请并授权的利用式创新专利数量。

探索式创新（Exploratory Innovation）：企业每年申请并授权的探索式创新专利数量。

二、解释变量

本章的解释变量是知识网络和产学研合作网络中表征关系特征的直接联系、间接联系和无冗余联系。本章利用 Pajek 和 Ucinet 计算出这些变量。由于一个企业往往拥有多种知识元素，因此在知识网络中计算关系特征时，采用 Wang 等（2014）和 Guan J 等（2015）的方法，取企业拥有所有知识元素的平均值。各解释变量的具体含义及测度方法如下。

知识网络中的直接联系（Kdirect-ties）：该变量表示知识网络中企业拥有的

所有知识元素的直接联系平均数。具体计算步骤如下：第一，计算出知识网络中每个知识元素直接连接了多少个知识元素，即每个知识元素的去重边节点度值；第二，汇总企业拥有的所有知识元素的直接联系数量，即汇总企业拥有的所有知识元素的去重边节点度值；第三，对企业拥有的所有知识元素的直接联系取平均数。为了检验该变量对创新绩效是否有倒 U 形的影响，本章还引入了它的平方项。

知识网络中的间接联系（Kindirect-ties）：该变量表示知识网络中企业拥有的所有知识元素的间接联系平均数。知识元素间接联系的数量将赋予 1/k 的距离权重进行加权平均。其公式为：

$$\text{Kindirect} - \text{ties} = \sum_{k=2}^{m} \frac{N_k}{k} \tag{9-1}$$

其中，k 表示知识元素 i 可以连接到其他知识元素的步数，m 表示知识元素 i 可以达到的最远路径长度，N_k 表示知识元素 i 于 k 步的间接联系数量。

知识网络中的无冗余联系（Knon-redundancy）：该变量可通过企业的每个知识元素的网络效率（Network Efficiency）平均值计算得出。本文选择网络效率来对知识网络中的无冗余联系进行测量。知识网络中知识元素的网络效率代表与其有直接连接关系的知识元素间相互没有连接的平均程度，可通过其有效规模除以实际规模计算得出。知识网络中知识元素 i 的网络效率的计算公式为：

$$\text{Network Efficiency} = \frac{\sum_j \left(1 - \sum_q p_{iq} p_{jq}\right)}{C_i}, \ q \neq i, j \tag{9-2}$$

其中，j 表示所有与 i 相连的知识元素，q 表示除了 i 和 j 以外的第三个知识元素，p_{iq}表示 i 在 q 上的直接关系投资占总关系投资的比例，p_{jq}具有相似的含义，$\sum_q p_{iq} p_{jq}$ 表示 i 和 j 的冗余关系数，公式的分子部分表示 i 的有效规模，C_i 表示 i 的直接联系数量。网络效率高表示知识元素 i 拥有丰富的结构洞，即与其直接连接的知识元素间彼此没有连接。若它的自我网络没有冗余联系，则其网络效率为 1。图 9-2 是一个简单的网络效率图例，可以更直观地看出，中心节点的网络效率随冗余联系数量的增加而降低。

产学研合作网络中的直接联系（Cdirect-ties）：该变量利用企业在产学研合作网络中直接连接的合作伙伴的数量，即去重边的节点度来衡量。本章还引入了它的平方项，来检验该变量对创新绩效是否有倒 U 形的影响。

产学研合作网络中的间接联系（Cindirect-ties）：该变量采用企业在产学研合作网络中通过其合作伙伴以及它们的合作伙伴所产生联系的合作伙伴数量来衡量，利用公式（9-1）来计算该变量值。其中，k 表示企业 i 可以连接到其他组织的步

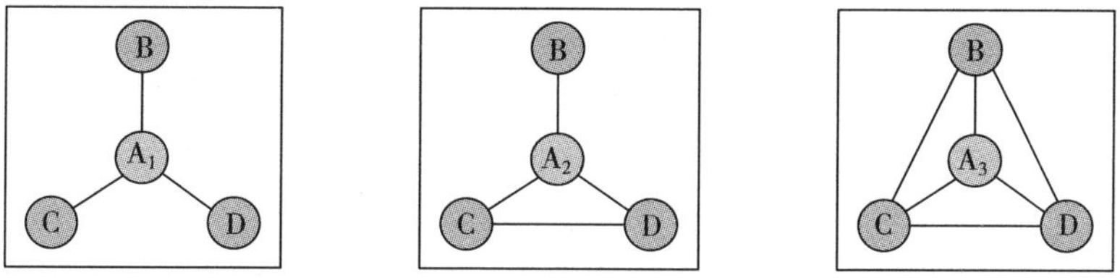

节点：	A_1	A_2	A_3
有效规模：	3	2.333	1
实际规模：	3	3	3
网络效率：	1	0.778	0.333

图 9-2 网络效率图例

资料来源：Guan J，Liu N. Exploitative and Exploratory Innovations in Knowledge Network and Collaboration Network：A Patent Analysis in the Technological Field of Nano-energy［J］. Research Policy，2015，45（1）：97-112.

数，m 表示 i 可以达到的最远路径长度，N_k 表示 i 在 k 步连接到的合作伙伴数量。

产学研合作网络中的无冗余联系（Cnon-redundancy）：该变量依旧采用网络效率作为衡量标准，利用公式（9-2）来计算该变量值。其中，j 表示所有与企业 i 相连的组织，q 表示除了 i 和 j 以外的第三个组织，p_{iq}表示 i 在 q 上的直接关系投资占总关系投资的比例，p_{jq}具有相似的含义，$\sum_q p_{iq}p_{jq}$ 表示 i 和 j 的冗余关系数，公式的分子部分表示 i 的有效规模，C_i 表示 i 的直接联系数量。如果企业 i 的网络效率较高，则说明其占据着丰富的结构洞。如果企业 i 的直接合作伙伴互相没有合作关系时，那么它的网络效率值为 1，表明与其直接合作伙伴间的冗余关系最小化。

需要特别说明的是，考虑到无冗余联系的取值范围为 0~1，与直接联系和间接联系不同。因此，本章在进行回归检验之前，对于知识网络和产学研合作网络中的直接联系和间接联系进行标准化处理，公式如下：

$$I=\frac{X-\min(X)}{\max(X)-\min(X)} \tag{9-3}$$

其中，I 为标准化处理后的指标数值，X 为标准化处理前的指标数值。

三、控制变量

为了有效控制其他重要影响因素对企业二元式创新绩效的潜在影响，本章引入发明者人数、样本期前专利数、利用性学习以及探索性学习作为控制变量。

发明者人数（Ln Inventors）：现有研究（Wang 等，2014；陈立勇等，2016）

表明企业的研发人员对创新绩效有重要的影响，但是考虑到数据的可得性，而发明者是企业研发专利、进行一系列相关创新活动的直接参与者，因此本文将企业专利信息中的发明者人数作为研发人员的代理指标。具体方法如下：首先，利用 Access 软件筛选出专利申请人包含企业的专利；其次，只保留专利信息中的申请日、公开号、发明人和申请人四项信息并将申请人和发明人分列和整理，通过公开号进行匹配，再根据申请日信息剔除每年各企业重复的发明人；最后，对每年各企业的发明人进行计数，将样本期及前 4 年的发明者人数之和取对数作为该控制变量的数值。

样本期前专利数（LnPrePatents）：研发支出亦为影响企业创新绩效的重要变量，但是大多数企业的研发数据并未公开。基于数据的可得性，本文采取前人研究的方法（Guan J 和 Liu N，2015；Schilling M A 和 Phelps C C，2007），用企业样本期前 4 年专利申请数之和取对数作为其代理变量。

利用性学习（Exploitative Learning）和探索性学习（Exploratory Learning）：利用式创新和探索式创新并不是相互独立的，而在一定程度上相互关联或相互依存，这种影响关系可能是正向的或是负向的。为了控制这种可能的影响关系，本文将利用性学习和探索性学习作为控制变量引入，并分别利用企业样本期前 1 年的利用式专利数量和探索式专利数量来衡量利用性学习能力和探索性学习能力（朱朝晖、陈劲，2008）。模型中涉及的各变量含义及测度方法如表 9-1 所示。

表 9-1　模型变量含义及测度方法

变量	含义及测度方法
Exploitative Innovation	企业利用式创新绩效的测度指标，使用当期利用式创新专利授权数量来衡量
Exploratory Innovation	企业探索式创新绩效的测度指标，使用当期探索式创新专利授权数量来衡量
Kdirect-ties	知识网络中企业知识元素直接联系的知识元素的平均数，使用去重边网络中节点度的平均值来衡量（标准化变量）
Kindirect-ties	知识网络中企业知识元素间接联系的知识元素的平均数，使用去重边网络中以距离加权的近邻的平均值来衡量（标准化变量）
Knon-redundancy	知识网络中企业知识元素间联系的平均无冗余程度，使用网络中节点网络效率的平均值来衡量
Cdirect-ties	产学研合作网络中企业直接联系的合作伙伴的数量，使用去重边网络中的节点度来衡量（标准化变量）
Cindirect-ties	产学研合作网络中企业间接联系的合作伙伴的数量，使用去重边网络中以距离加权的近邻的数量来衡量（标准化变量）

续表

变量	含义及测度方法
Cnon-redundancy	产学研合作网络中联系的无冗余程度，使用网络中节点的网络效率来衡量
LnInventors	企业的研发人员投入的代理指标，使用样本期及前4年的发明者人数之和取对数来衡量
LnPrePatents	企业研发支出的代理指标，使用样本期前4年专利申请数之和取对数来衡量
Exploitative Learning	企业利用性学习能力的测度指标，使用样本期前1年利用式创新专利授权数量来衡量
Exploratory Learning	企业探索性学习能力的测度指标，使用样本期前1年探索式创新专利授权数量来衡量

四、模型设定

本章的两个被解释变量，即利用式创新和探索式创新，为计数变量且为非负整数。因此，泊松模型或者负二项模型是较为适用的模型。考虑到本文的样本是面板数据，两个被解释变量的方差都较大，不适用于泊松模型方差与均值相等的假设，因此选择负二项回归模型来矫正过度分散，以期提高拟合效果。进一步，本章对固定效应模型与随机效应模型的适用性进行 Hausman 检验，结果表明每个模型均在 $p<0.0001$ 的显著性水平下拒绝随机效应模型。因此，依据样本特点以及检验结果，本章最终使用标准负二项固定效应回归模型，并建立如下回归模型：

$$\begin{aligned}\text{Exploitative Innovation}_{it} = f(&\beta_0+\beta_1\text{LnInventors}_{it}+\beta_2\text{LnPrePatents}_{it}+\\&\beta_3\text{Exploitative learning}_{i,t-1}+\beta_4\text{Exploratory learning}_{i,t-1}+\\&\beta_5\text{Kdirect-ties}_{it}+\beta_6\text{Kdirect-ties}_{it}^2+\beta_7\text{Kindirect-ties}_{it}+\\&\beta_8\text{Knon-redundancy}_{it}+\beta_9\text{Cdirect-ties}_{it}+\beta_{10}\text{Cdirect-}\\&\text{ties}_{it}^2+\beta_{11}\text{Cindirect-ties}_{it}+\beta_{12}\text{Cnon-redundancy}_{it})+\varepsilon_{it}\end{aligned} \quad (9-4)$$

$$\begin{aligned}\text{Exploratory Innovation}_{it} = f(&\beta_0+\beta_1\text{LnInventors}_{it}+\beta_2\text{LnPrePatents}_{it}+\\&\beta_3\text{Exploitative learning}_{i,t-1}+\beta_4\text{Exploratory learning}_{i,t-1}+\\&\beta_5\text{Kdirect-ties}_{it}+\beta_6\text{Kdirect-ties}_{it}^2+\beta_7\text{Kindirect-ties}_{it}+\\&\beta_8\text{Knon-redundancy}_{it}+\beta_9\text{Cdirect-ties}_{it}+\beta_{10}\text{Cdirect-}\\&\text{ties}_{it}^2+\beta_{11}\text{Cindirect-ties}_{it}+\beta_{12}\text{Cnon-redundancy}_{it})+\varepsilon_{it}\end{aligned} \quad (9-5)$$

其中，$\text{Exploitative Innovation}_{it}$ 代表企业 i 的利用式创新专利数量，Exploratory

$Innovation_{it}$代表探索式创新专利数量，i 代表企业，t 代表年份，ε_{it}代表随机误差项。

第六节　知识网络与合作网络解耦分析

一、知识网络发展演化分析

如图 9-3 所示，中国 ICT 产业的知识网络规模逐渐增大，节点数与节点边数明显增多，代表网络内产生联系的知识元素越来越多，创新主体间或创新主体内的知识交流与共享更加频繁。进一步观察，可以发现所有知识网络均为连通网络，这表明任一知识元素通过直接或间接的方式均能与其他知识元素产生联系，网络凝聚力强，网络整合程度高，技术、知识交流密切，信息传播较快。

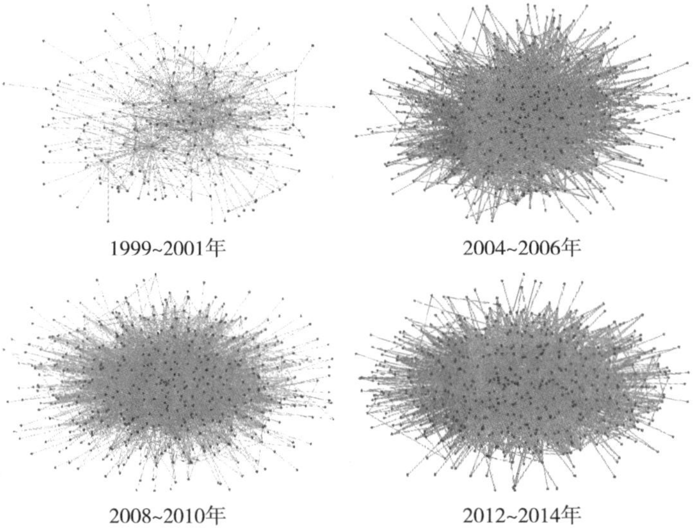

图 9-3　我国 ICT 产业知识网络演化

二、产学研合作网络发展演化分析

如图 9-4 所示，中国 ICT 产业产学研合作规模逐渐增大，网络自组织特征越来越明显，最大凝聚子群的规模显著增加而且更加稠密。从整体网络上看，由大量零星分布、两两合作子群较多的合作网络逐渐演变成为具有较明显的核心—边缘结构的合作网络，但整体网络未形成连通网络，网络集聚程度不高。这表明虽然参与合作的大学、企业、研究机构越来越多，部分创新主体的联系紧密、合作较为稳定，但尚有许多网络成员联系不紧密，合作的积极性未被充分调动，合作伙伴间的关联程度影响着知识和信息的交流共享。

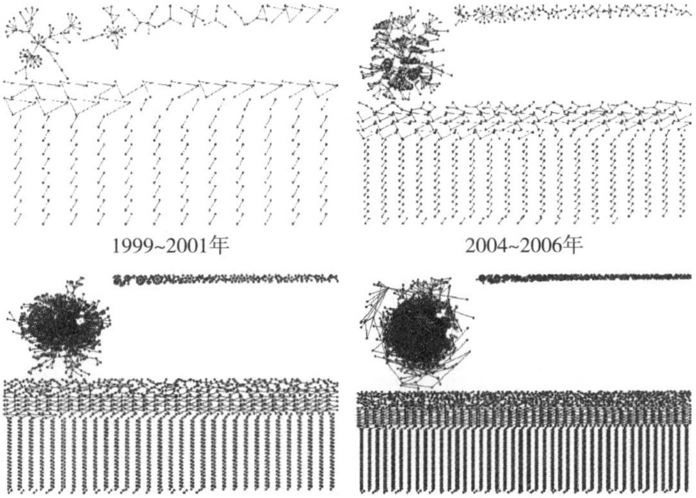

图 9-4 中国 ICT 产业产学研合作网络演化

三、知识网络与产学研合作网络的解耦特性

由图 9-3 和图 9-4 可知，中国 ICT 领域产学研合作网络整合程度较低，存在网络割裂现象，网络内分散着许多联系较少的组织，导致知识交流、信息传播和联合解决问题的机会较少；相反，知识网络有更多相互关联的网络结构，知识元素通过直接或间接的联系紧密连接在一起，因此知识元素通过持续的知识搜索为组织提供许多发现新知识或重新定义组织任务的机会。

此外，本章认为中国 ICT 领域的知识网络与产学研合作网络是解耦的，不是同构的。即在相同时间段内，组织在产学研合作网络中的位置不一定对应于其知识元素在知识网络中的位置。例如，2004~2006 年，北京星河亮点通信软件有限责任公司没有直接或间接的合作伙伴，因为它在此期间没有参与产学研合作，但其在知识网络中拥有知识元素的平均直接联系与平均间接联系分别为 140.5 和 124.58，平均网络效率为 0.81。沈阳东大传感技术有限公司在产学研合作网络中有 3 个直接合作伙伴，但是无间接合作伙伴，网络效率为 1；在知识网络中三个网络关系特征指标平均值分别为 61.5、162.75 和 0.67。中兴通讯股份有限公司在产学研合作网络中有 5 个直接合作伙伴和 80.88 个间接合作伙伴，其网络效率为 0.92；

在知识网络中三个网络关系特征指标平均值分别为 95.16、145.03 和 0.70。

参考 Wang 等（2014）、Guan 等（2015）的研究，这种解耦现象可以从以下三个方面进行解释。第一，知识元素在组织间不是均匀分布的。一般来说，大多数组织拥有不止一个知识元素而且大多数知识元素不止被一个组织拥有。第二，组织间的合作可能涉及一个或多个知识元素；两个知识元素可能通过组织间共享进行重构。第三，并非所有组织都是产学研合作网络成员。一个组织可能不参与产学研合作，但它拥有不止一个知识元素。因此，知识网络与产学研合作网络解耦不是一个特殊现象，而是一个常规现象。

图 9-5 更加直观的描述了这种解耦现象，表明中国 ICT 领域的产学研合作网络与知识网络是解耦的。图中，最上面的部分代表产学研合作网络，网络中的节点代表创新组织，节点之间的连线代表企业、大学和研究所之间的合作关系；最下面的部分代表知识网络，网络中的节点代表知识元素，节点之间的连线代表知识元素间的组合关系；中间部分的连线代表组织对知识元素的所有权。与组织 B 和 C 相比，组织 A 的中心度为 12，在产学研合作网络中位于更为中心的位置，网络效率为 0.958，表明其受到网络约束较小。然而在知识网络中，组织 B 和组织 C 的平均中心度均为 9，高于组织 A 的平均中心度 5；组织 A、B 和 C 的知识网络效率平均值分别为 0.619、0.851 和 0.807，表明组织 A 和 C 相对于组织 B 而言，受知识网络约束较小。这表明组织在产学研合作网络中的位置不一定是其拥有的知识元素在知识网络中的位置。

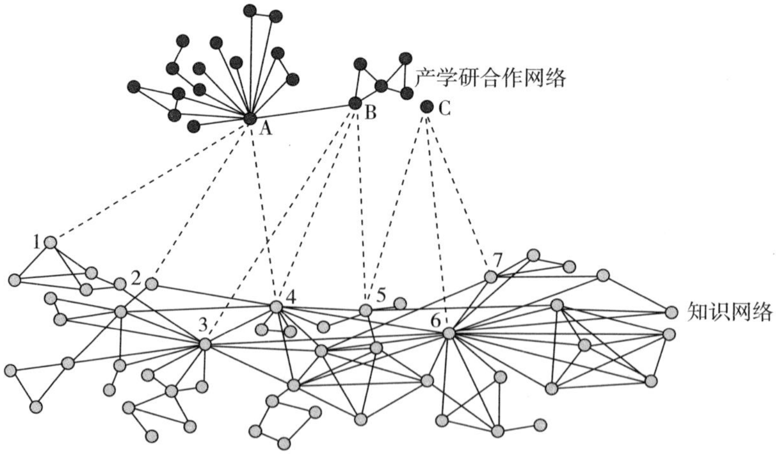

图 9-5　知识网络与产学研合作网络解耦图例

第七节　双重网络对企业创新绩效的影响

一、描述性统计分析

运用 STATA 12.0 对变量及其相关性进行统计分析，结果如表 9-2 和表 9-3 所示。根据表 9-2 可以看出，中国 ICT 企业利用式创新绩效和探索式创新绩效存在较为明显的差异。其中利用式创新专利最小值为 0，最大值为 5715；探索式创新专利最小值为 0，最大值为 581。二者的均值和方差均差距较大，呈过度分散特征。另外，知识网络和产学研合作网络中的关系特征变量也有很大差异：知识网络中的直接联系均值为 134.289，表明企业知识元素普遍有 134 个左右直接联系的知识元素；产学研合作网络中的直接联系均值为 3.515，表明企业每年普遍存在 3 个左右直接联系的合作伙伴；知识网络中的间接联系均值为 173.916，表明企业知识元素普遍有 173 个左右间接联系的知识元素；产学研合作网络中的直接联系均值为 442.468，表明企业每年普遍存在 442 个左右直接联系的合作伙伴。这也表明知识网络和产学研合作网络是解耦的，知识网络为联通网络，集聚程度很高，而产学研合作网络内存在一些凝聚子群和很多相互孤立的子网络，整体集聚程度不高。

表 9-2　变量的描述性统计（N=6832）

变量	最小值	最大值	均值	标准差
Exploitative Innovation	0	5715	16.608	144.335
Exploratory Innovation	0	581	4.096	9.097
LnInventors	0	10.903	3.020	1.526
LnPrePatents	0	9.802	2.247	1.700
Exploitative Learning	0	5715	14.712	140.695
Exploratory Learning	0	581	2.916	9.132
Kdirect-ties	5	334	134.289	48.268
Kindirect-ties	68.333	243.583	173.916	26.898
Knon-redundancy	0.254	0.966	0.691	0.097
Cdirect-ties	0	1854	3.515	28.498

续表

变量	最小值	最大值	均值	标准差
Cindirect-ties	0	1926.436	442.468	160.441
Cnon-redundancy	0	1	0.854	0.228

如表 9-3 所示，本书采用 Pearson 相关系数对变量进行相关性检验，进一步地利用方差膨胀因子（VIF）进行分析检验，结果显示各变量的 VIF 值均小于 5，可知变量间均不存在严重的多重共线性问题。

表 9-3 变量的相关系数（N=6832）

变量	(1)	(2)	(3)	(4)	(5)	(6)	(7)	(8)	(9)	(10)	(11)	(12)	VIF
(1) Exploitative Innovation	1.000	—	—	—	—	—	—	—	—	—	—	—	—
(2) Exploratory Innovation	0.145	1.000	—	—	—	—	—	—	—	—	—	—	—
(3) LnInventors	0.291	0.203	1.000	—	—	—	—	—	—	—	—	—	4.47
(4) LnPrePatents	0.344	0.158	0.744	1.000	—	—	—	—	—	—	—	—	4.00
(5) Exploitative Learning	0.753	0.074	0.285	0.362	1.000	—	—	—	—	—	—	—	1.44
(6) Exploratory Learning	0.232	0.181	0.302	0.276	0.159	1.000	—	—	—	—	—	—	1.10
(7) Kdirect-ties	-0.020	-0.020	0.036	-0.020	-0.016	-0.007	1.000	—	—	—	—	—	1.54
(8) Kindirect-ties	-0.023	-0.017	-0.007	-0.012	-0.008	0.001	-0.286	1.000	—	—	—	—	1.37
(9) Knon-redundancy	0.009	0.017	0.064	0.034	0.012	0.019	0.375	0.128	1.000	—	—	—	1.27
(10) Cdirect-ties	0.498	0.105	0.180	0.152	0.461	0.164	0.024	0.021	0.013	1.000	—	—	1.31
(11) Cindirect-ties	0.020	0.018	0.242	-0.030	0.006	0.038	0.240	0.250	0.121	0.087	1.000	—	1.72
(12) Cnon-redundancy	0.146	0.112	0.562	0.265	0.143	0.161	0.148	0.103	0.078	0.155	0.495	1.000	1.65

二、回归结果与分析

本章利用 1996~2015 年我国 ICT 产业产学研联合授权专利数据，筛选出在知识网络中和产学研合作网络中共同出现的 6832 家企业，根据各网络关系特征指标和其他相关指标构建企业层面非平衡面板数据，利用逐步回归分析法进行标准负二项固定效应回归，结果如表 9-4 所示。其中，模型 1~4 是对企业利用式创新绩效的回归结果，模型 5~8 是对企业探索式创新绩效的回归结果。模型 1 和模型 5 均代表基本模型，只包含控制变量；模型 2 和模型 6 在模型 1 和模型 5 的基础上分别引入知识网络中关系特征变量；模型 3 和模型 7 在模型 1 和模型 5 的基础上分别引入产学研合作网络中关系特征变量；模型 4 和模型 8 均代表完整的模型，包含所有的解释变量和控制变量。

表 9-4 模型估计结果

变量＼模型	Exploitative Innovation				Exploratory Innovation			
	模型 1	模型 2	模型 3	模型 4	模型 5	模型 6	模型 7	模型 8
LnInventors	0. 629*** (20. 15)	0. 599*** (19. 17)	0. 582*** (18. 24)	0. 560*** (17. 48)	0. 814*** (24. 87)	0. 817*** (24. 63)	0. 785*** (22. 51)	0. 782*** (22. 24)
LnPrePatents	-0. 162*** (-9. 22)	-0. 168*** (-9. 37)	-0. 169*** (-9. 67)	-0. 166*** (-9. 28)	-0. 655*** (-34. 74)	-0. 649*** (-33. 5)	-0. 647*** (-34. 05)	-0. 640*** (-32. 87)
Exploitative Learning	0. 001*** (5. 69)	0. 001*** (5. 45)	0. 001*** (3. 85)	0. 001*** (3. 14)	-0. 0001 (-1. 61)	-0. 001* (-1. 79)	-0. 0001 (-1. 18)	-0. 001 (-1. 32)
Exploratory Learning	0. 008*** (17. 90)	0. 008*** (18. 15)	0. 008*** (15. 74)	0. 008*** (16. 25)	0. 009*** (9. 36)	0. 009*** (9. 16)	0. 008*** (7. 51)	0. 008*** (7. 28)
Kdirect-ties	—	2. 070*** (4. 00)	—	2. 273*** (4. 36)	—	1. 466*** (2. 79)	—	1. 433*** (2. 71)
$Kdirect\text{-}ties^2$	—	-1. 379** (-2. 30)	—	-1. 925*** (-3. 13)	—	-2. 294*** (-3. 63)	—	-2. 332*** (-3. 61)
Kindirect-ties	—	0. 178** (-2. 14)	—	0. 189** (-2. 23)	—	0. 158*** (-3. 72)	—	0. 110*** (-3. 46)
Knon-redundancy	—	0. 345*** (4. 11)	—	0. 378*** (4. 24)	—	-1. 259** (-2. 12)	—	-1. 161** (-1. 96)
Cdirect-ties	—	—	4. 897*** (7. 59)	4. 867*** (7. 54)	—	—	2. 906** (2. 53)	2. 955*** (2. 59)
$Cdirect\text{-}ties^2$	—	—	-3. 556*** (-6. 74)	-3. 413*** (-6. 43)	—	—	-2. 577** (-2. 10)	-2. 587** (-2. 13)
Cindirect-ties	—	—	0. 246*** (3. 59)	0. 233*** (3. 09)	—	—	-0. 189** (-2. 32)	-0. 115 (-1. 34)
Cnon-redundancy	—	—	0. 197*** (3. 04)	0. 169*** (2. 59)	—	—	0. 252*** (3. 44)	0. 270*** (3. 67)
Constant	-1. 859*** (-18. 16)	-1. 623 (-1. 22)	-1. 930*** (-15. 72)	-2. 280* (-1. 69)	-0. 732*** (-6. 93)	-1. 594 (1. 42)	-0. 937*** (-7. 09)	1. 237 (1. 10)
Loglikelihood	-9332. 981	-9303. 908	-9298. 094	-9274. 296	-6327. 678	-6312. 762	-6318. 698	-6303. 323

注：括号内为 t 值。*、**、*** 分别表示 10%、5%、1%的显著性水平。

（一）知识网络中的直接联系对企业二元式创新绩效的影响

H9-1 和 H9-2 预期知识网络中企业知识元素的直接联系数量对其利用式和探索式创新绩效均有倒 U 形影响。根据模型 2 和模型 4，回归结果显示知识网络中企业知识元素的直接联系对利用式创新绩效的一次项系数均在 1%的显著性水平下显著为正，二次项系数在 5%和 1%的显著性水平下显著为负，H9-1 得到验证。根据模型 6 和模型 8，回归结果显示知识网络中企业知识元素的直接联系对探索式创新绩效的一次项系数均在 1%的显著性水平下显著为正，二次项系数均在 1%的显著性水平下显著为负，H9-2 得到验证。上述结果表明，随着企业知识元素的直接联系数量增加，企业利用式和探索式创新绩效均先上升后下降。这是由于在知识网络内，知识元素的直接联系越多，所能接触的外部知识元素越多，知识基础宽度越大，更容易获得能刺激企业创新活动的新知识和新思想，企业将知识元素进行重构和整合的可能性越大。但是，任何知识的组合潜能都有上限，当达到这个上限时，它与其他知识的组合将不再具有创新价值，因此直接联系过多反而会导致企业利用式和探索式创新绩效下降。

（二）产学研合作网络中的直接联系对企业二元式创新绩效的影响

H9-3 和 H9-4 预期产学研合作网络中企业的直接联系对企业利用式和探索式创新绩效均有倒 U 形影响。根据模型 3 和模型 4 的回归结果，产学研合作网络中企业的直接联系对其利用式创新绩效的回归系数符合预期，均在 1%的置信水平下显著，H9-3 得到验证。模型 7 和模型 8 的回归结果也均支持 H9-4。因此，通过实证检验，企业直接合作伙伴数量对其利用式和探索式创新绩效均有倒 U 形影响。这表明企业在产学研合作网络中的直接合作伙伴数量越多越有利于其利用式和探索式创新绩效，当达到一定值后，进一步增长可能会降低其利用式和探索式创新绩效。究其原因，在产学研合作网络中，企业的直接合作伙伴越多，其有更多机会利用合作渠道获得较丰裕的知识、技术资源，增强企业创新的动力与能力。而且，企业与大学、研究所等直接合作伙伴进行技术交流的同时，大幅度降低了产品开发的成本和风险，加快产品开发速度。但是，企业的自身吸收能力有限，直接合作伙伴过多可能导致信息量过载和规模不经济的情况，如加大筛选有效信息和资源的难度和成本，降低企业技术创新效率和创新绩效。而且，企业直接合作伙伴过多，可能会过于依赖现有的资源，较难打破现有网络合作局面，在一定程度上限制了企业在技术创新领域的扩张。

（三）知识网络中的间接联系对企业二元式创新绩效的影响

H9-5 和 H9-6 预期知识网络中企业的间接联系对其利用式和探索式创新绩

效均具有正向影响。根据模型 2 和模型 4，该变量的系数在 5%的置信水平下显著为正，支持 H9-5。根据模型 6 和模型 8，该变量的系数在 1%的置信水平下显著为正，支持 H9-6。表明企业的知识元素在知识网络中拥有更多间接联系均将有利于其利用式创新绩效和探索式创新绩效。因为在知识网络中，企业知识元素的间接联系越多，它接触到的异质性知识越丰富，并伴随着大量的知识重构机会。相比于直接联系的渠道，企业通过间接联系这种类似雷达的搜索渠道，可能会提高问题识别和解决困难的能力，还可能被激发出一些新鲜的创新灵感，有利于其利用式和探索式创新绩效的提升。

（四）产学研合作网络中的间接联系对企业二元式创新绩效的影响

H9-7 认为产学研合作网络中企业的间接联系对其利用式创新绩效具有正向影响。根据模型 3 和模型 4，该变量的系数在 1%的置信水平下显著为正，支持原假设。H9-8 认为产学研合作网络中的间接联系对企业探索式创新绩效具有负向影响。在模型 7 中该变量的系数在 5%的显著性水平下显著为负，而在模型 8 中，该变量的系数未达到最低显著性水平，表明结果是不稳定的，H9-8 未得到支持。因此，产学研合作网络中企业的间接联系数量对其利用式和探索式创新绩效有不同的影响。这可能是因为很多信息以非语言的方式进行传递与沟通，内涵丰富且微妙，其效率与效果取决于接收者接受暗示与解码的能力，对于相同知识领域的信息，接收者能力可能更高一些，而对于不同知识或技术领域的信息，其能力可能会低一些。因此，在产学研合作网络中，企业通过间接联系渠道获取到本研究领域的知识与信息等，更有能力进行深层次的挖掘、消化吸收再创新，有利于其利用式创新绩效的提升；由于各方了解并掌握着不尽相同的技术、信息和资源，并且存在信息不对称、机会主义行为等多方面不确定因素，通过间接联系传递到企业的新知识或新信息的真实性有待考证，因而对于企业探索式创新绩效的影响不显著。

（五）知识网络中的无冗余联系对企业二元式创新绩效的影响

H9-9 预期知识网络中的无冗余联系对企业利用式创新绩效具有正向影响。在模型 2 和模型 4 中，该变量的回归系数均在 1%的显著性水平下显著为正，H9-9 得到验证。相比之下，H9-10 认为知识网络中的无冗余联系对企业探索式创新绩效具有负向影响。在模型 6 和模型 8 中，该变量的回归系数均在 5%的显著性水平下显著为负，H9-10 得到验证。因此，知识网络中的无冗余联系对企业利用式和探索式创新绩效有不同的影响。知识网络中企业知识元素的无冗余联系使得企业占据着知识传播、知识转移及扩散的优势地位，能够加快知识流动和自身知识重构效率，有利于其利用式创新绩效的提升；但是，企业知识元素的无冗余联系在促进企业学习、研究相关知识领域知识的同时，也在一定程度上阻碍企业探索新知识，不利于其探索式创新绩效的提升。

（六）产学研合作网络中的无冗余联系对企业二元式创新绩效的影响

H9-11 和 H9-12 认为产学研合作网络中的无冗余联系对企业利用式和探索式创新绩效均具有正向影响。模型 3、模型 4、模型 7 和模型 8 的结果显示，该变量对企业利用式和探索式创新绩效回归的系数在 1%的置信水平下显著为正，H9-11 和 H9-12 均得到验证。在产学研合作网络中，企业的无冗余联系越多，对于企业而言的无效连接数量越少，信息传递效率越高，能够更加及时地获取到信息、捕捉到新发展机遇，从而更加快速地进行产品更新。另外，企业的无冗余联系越多，表明其可以免受合作伙伴间关系的牵制，在信息获取与控制方面的优势越大，能够获得更为丰富、非重叠、跨边界的“信息收益”，有利于企业利用式和探索式创新绩效的提升。

（七）控制变量对企业二元式创新绩效的影响

模型 1 和模型 4 检验所有控制变量对企业利用式创新绩效的影响，模型 5 和模型 8 检验所有控制变量对企业探索式创新绩效的影响。根据表 9-4 中的回归结果可知，研发人员投入对企业利用式和探索式创新绩效均有显著的正向影响，即研发人员的数量越多，越有利于提高企业利用式和探索式创新绩效。样本期前专利数是企业研发支出代理变量，该变量均在 1%显著性水平下呈负相关，这与有些学者（Gonzalez-Brambila 等，2013；郑向杰，2014）的研究结果不同。通过对本文的面板数据进行分析，发现很多企业的存续期较短，数据的连续性较差，例如新太科技股份有限公司仅在 2003～2004 年拥有专利，成都华微电子科技有限公司仅在 2007～2009 年拥有专利，北京歌华有线电视网络股份有限公司仅在 2008 年拥有专利等。这可能与 ICT 产业特征有很大关系。该产业技术开发与更新速度快，导致企业淘汰率较高、更迭频繁。另外，本文选取的样本为既参与产学研合作又参与知识合作的企业，也可能导致面板数据中的企业出现存续期较短的情况。这些原因可能导致企业的专利积累对企业二元式创新绩效有负向影响。利用性学习对企业利用式创新绩效有显著的正向影响而对探索式创新绩效无显著影响，这可能是因为企业利用性学习并没有显著地促进或抑制企业探索新知识或研发新技术，但是有利于企业利用原有知识库进行知识重构等创新活动。探索性学习与企业利用式和探索式创新绩效均有显著正向关系，表明企业探索性学习有利于企业二元式创新绩效的提高。

（八）知识网络与产学研合作网络关系特征对于企业二元式创新绩效的比较分析

为了更加直观地展示模型中自变量和因变量之间的关系，本章采用 Wang 等人的计算方法①，将回归结果进行可视化处理。在图 9-6 至图 9-8 中，左侧纵坐标轴表示企业利用式创新绩效，右侧纵坐标轴表示企业探索式创新绩效；细实线表示知识网络中的关系特征变量（直接联系、间接联系、无冗余联系）对企业利用式创新绩效的影响；粗实线表示知识网络中的关系特征变量对企业探索式创新绩效的影响；细虚线表示产学研合作网络中的关系特征变量对企业利用式创新绩效的影响；粗虚线表示产学研合作网络中的关系特征变量对企业探索式创新绩效的影响。

由图 9-6 中两条实线所示，在其他变量保持不变的情况下，知识网络中企业知识元素的直接联系数量对其利用式和探索式创新均有不同程度的倒 U 形影响。随着知识元素直接联系的增加，企业探索式创新和利用式创新呈上升趋势，继而先后达到倒 U 形曲线的峰值后呈下降趋势。换言之，随着知识网络中知识元素直接联系的不断增加，将先抑制企业探索式创新绩效，再抑制企业利用式创新绩效。从图中两条虚线可以看出，在其他变量保持不变的情况下，产学研合作网络中企业知识元素的直接联系数量对其利用式和探索式创新也均有

① 计算线性效果的公式如下：

$$Y = \exp(\beta_f X_f + \beta_0 + \sum_{i,\ i \neq f} \beta_i \overline{X_i}) \quad (1)$$

其中，Y 表示因变量（利用式创新绩效或探索式创新绩效）的期望值，β_f 表示解释变量 f 的系数，X_f 表示 f（公式内的自变量）的值，β_0 表示负二项回归中的常数项，β_i 表示解释变量或控制变量 i 的系数，i 表示除 f 以外的变量，$\overline{X_i}$ 表示 i 的均值。

这个公式可以被重新调整成以下形式：

$$Y = \exp(\beta_f X_f) \times \exp(\beta_0 + \sum_{i,\ i \neq f} \beta_i \overline{X_i}) \quad (2)$$

其中，公式的第二个组成部分是一个常量，由于 β_f 也是一个固定值，因此因变量的值只取决于自变量 X_f 的值。在其他值保持不变的情况下，通过在 X_f 的取值范围内改变其值，可以得出它对于因变量的影响。例如，在模型 4 中，解释变量——知识网络中间接联系的系数为 0.189，$\exp(\beta_0 + \sum_{i,i \neq f} \beta_i \overline{X_i})$ 的值为 1.096。当变量取 0.3 时，因变量（利用式创新绩效）的期望值为 $[\exp(0.189 \times 0.3)] \times 1.096 = 1.160$。

计算曲线效果的公式如下：

$$Y = \exp(\beta_{f1} X_f + \beta_{f2}(X_f)^2 + \beta_0 + \sum_{i,\ i \neq f} \beta_i \overline{X_i}) \quad (3)$$

其中，Y 表示因变量（利用式创新绩效或探索式创新绩效）的期望值，β_{f1} 表示解释变量 f 的一次项系数，β_{f2} 表示解释变量 f 的二次项系数，X_f 表示 f（公式内的自变量）的值。公式中其余部分的含义与公式（1）相同。

不同程度的倒 U 形影响。随着企业直接合作伙伴数量的增加，企业探索式创新和利用式创新均呈现出明显的上升趋势，先后达到最高点后呈下降趋势。即随着产学研合作网络中直接联系的不断增加，将先抑制企业探索式创新绩效，再抑制企业利用式创新绩效，这与 Yayavaram（2008）、曾德明等（2015）的研究结果一致。分别对比图中两条粗线、两条细线，可以看出，知识网络中的直接联系与产学研合作网络中的直接联系对于企业利用式创新、探索式创新都具有不同的影响。

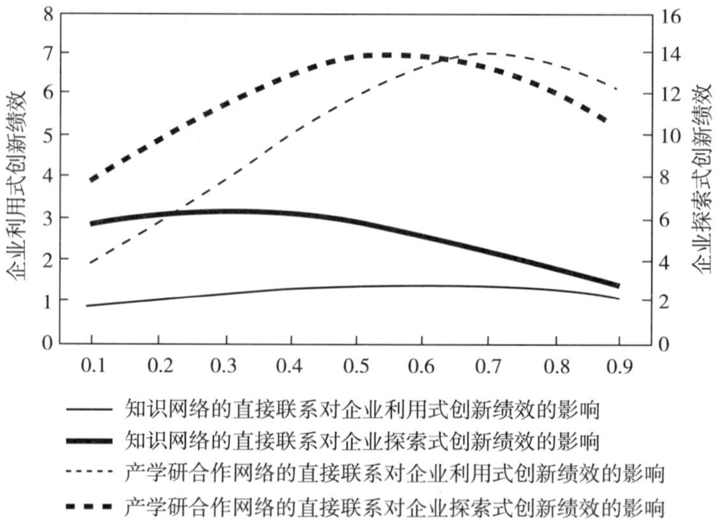

图 9-6　知识网络与产学研合作网络的直接联系对企业二元式创新绩效的影响关系

如图 9-7 所示，由两条实线可以看出，利用式创新和探索式创新均随着知识网络中知识元素间接联系数量的增加而增加，但是增长速率不同。由两条虚线可以看出，在产学研合作网络中，随着企业间接联系的增加，企业利用式创新增加而探索式创新减少。同样，分别对比两条粗线和两条细线，发现企业在知识网络和合作网络中的间接联系对于二元式创新绩效的影响是不同的。

如图 9-8 所示，由两条实线可以看出，在知识网络中，随着知识元素间无冗余联系的增加，企业利用式创新增加而探索式创新减少。由两条虚线可以看出，利用式创新和探索式创新均随着产学研合作网络中企业无冗余联系数量的增加而增加，但是具有不同的增长幅度。同样，分别对比两条粗线和两条细线，可以非常明显地看出企业在知识网络和合作网络中的无冗余联系对于其二元式创新绩效的影响是不同的。

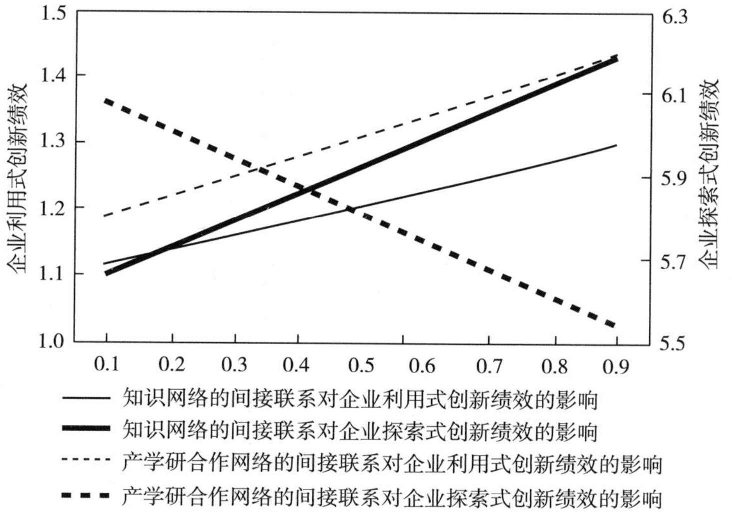

图 9-7　知识网络与产学研合作网络的间接联系对企业二元式创新绩效的影响关系

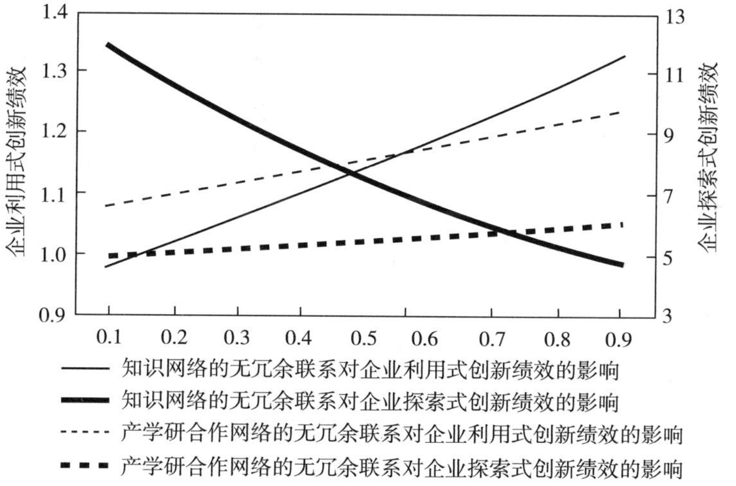

图 9-8　知识网络与产学研合作网络的无冗余联系对企业二元式创新绩效的影响关系

第八节　结论与政策建议

一、研究结论

本章利用 SIPO 的 1996~2015 年中国 ICT 产业的授权专利数据分别构建知识

网络和产学研合作网络，并提取 6832 家企业的大样本面板数据，实证分析知识网络和产学研合作网络的关系特征对企业二元式创新绩效的影响。得到以下主要结论：

第一，中国 ICT 产业的知识网络的整合程度很高，各个阶段的知识网络均为联通网络，而产学研合作网络的整合程度较低，网络内存在大量分散的子网络。另外，与 Guan 和 Liu 等（2015）研究结果相似，中国 ICT 产业的知识网络和产学研合作网络是解耦的，组织在产学研合作网络中的位置并不会相应地反映出其知识元素在知识网络中的位置，而且知识网络与产学研合作网络的关系特征对企业的二元式创新有差异化影响。

第二，知识网络中企业知识元素的直接联系数量对其利用式和探索式创新均有倒 U 形影响。企业的创新活动明显受益于其知识元素的直接联系，因为知识元素的直接联系代表知识的组合潜力，但到一个特定的点后，知识元素的直接联系增加反而会降低企业的创新能力，因为这些知识元素的组合潜力已经消耗殆尽。因此，为了促进企业的利用式和探索式创新，企业知识元素的直接联系数量应该维持在一个适度的水平上。产学研合作网络中企业的直接联系数量对其利用式和探索式创新均有倒 U 形影响。虽然随着企业在产学研合作网络中的直接合作伙伴越多，越有利于其利用式和探索式创新的提高，但是如果其直接合作伙伴过多不仅不利于其利用现有知识也不利于其探索新知识。因此为了增强企业的利用式和探索式创新绩效，企业直接合作伙伴数量也应该维持在一个适度的水平上。

第三，知识网络中企业知识元素的间接联系数量对其利用式和探索式创新有显著的积极影响。外部知识对企业具有多方面的价值，可促进企业突破专业化知识积累带来的创新刚性，改善或者改变原有的创新轨道，增强创新能力。因此，企业在创新活动中，应扩大知识的搜索范围进行远程搜索。产学研合作网络中企业的间接联系数量对其利用式创新绩效有显著的正向影响而对探索式创新绩效没有显著的负向影响。

第四，知识网络中企业知识元素的无冗余联系对于其利用式创新绩效和探索式创新绩效产生相反的影响。企业知识元素间的冗余联系越多，越促使企业探索新知识来提高创新能力，但是企业需要知识元素间冗余联系多少取决于其战略方向和企业规划。产学研合作网络中企业的无冗余联系对其利用式和探索式创新绩效均有显著的积极影响。因此，企业内嵌于开放式合作网络中，接触并控制来自大学、研究所等的非重复的知识、信息与资源，将有利于其利用式和探索式创新。

第五，表征企业研发支出的样本前四年专利数量对企业二元式创新绩效均具有显著负效应。因为ICT产业具有较高的企业淘汰率，大量企业的存续期较短；另外，本章选取的样本为既参与产学研合作又参与知识合作的企业，也可能导致面板数据中的企业出现存续期较短的情况。以上这些因素使得样本前专利数对企业二元式创新绩效出现显著的负效应。

二、政策建议

时下市场竞争越发激烈，对于提升创新速度与创新能力的要求随之加快，企业需要不断获取并利用知识以保持长期竞争优势，为企业和社会创造价值（任慧、和金生，2011）。创新的复杂性和环境的不确定性日益增加，使得企业需与大学、研究所合作，通过异质性的知识转移、共享、融合，促使更新速度加快，创新绩效提升。基于中国本土情境的实证研究对于指导中国企业如何利用网络资源开展利用式创新和探索式创新具有重要的现实意义。结合前文的研究结果，发现知识网络与产学研合作网络的关系特征对企业二元式创新绩效有差异化的影响，因此，为了促进企业创新绩效的提升，本章为政策制定者与企业管理者提出如下建议。

第一，在产学研合作网络中的位置不一定是其拥有的知识元素在知识网络中的位置，因此，企业应既注重在产学研合作网络中的合作关系又要重视其知识元素在知识网络中的组合关系。政府需积极构建良好的外部环境，完善有利于知识网络和产学研合作网络发展的基础设施建设。比如，有意识地扶持一些创新能力较强的企业，引导它们加入知识网络与产学研合作网络，加快构建产学研相结合的创新体系与知识网络体系，并建立有效的信息共享和扩散机制，帮助网络内的创新主体及时了解相关政策信息，增强网络内知识与信息的扩散速度，促进知识溢出效应。企业也应采取有效措施，积极推动网络内知识、技术、资源的传递与整合，努力实现知识的组合与重构，提升自身利用式创新和探索式创新。

第二，企业、大学和研究所拥有或掌握着不尽相同的资源、信息和异质性知识，因此，企业要有意识地拓展交往范围，加强与拥有不同技术类别和互补性知识的企业、大学、研究所的合作，并建立稳定的直接合作关系，扩大知识搜索范围并获取创新所需的差异化的、互补的知识与信息，通过知识融合、重组产生更多的创新灵感。但需要注意的是，企业不能执着于扩展直接合作伙伴数量、进行深层次的知识转移与共享，而是要择优选择研发合作伙伴，并将直接合作伙伴的数量控制在最优规模内，以避免过多合作所带来的较高的成本与潜在风险，如一些企业的“搭便车”行为等，也防止知识、时间与精力被过度消耗。为此，政府应努力建立良好有效的竞合机制，协调、规范网络中各组织的行为。一方面，可合理建立企业信用体系和企业技术创新保障机制，健全知识产权保护制度，以避免恶性竞争和技术模仿或抄袭；另一方面，充分发挥协调和服务功能，协调网络内产学研各方合作关系，促进集体解决问题意识，提升创新效率和效果。

第三，在知识经济时代和网络经济的背景下，知识成为企业重要的稀缺资产。外部知识对企业具有多方面的价值，通过间接联系获取的知识，经过企业的吸收消化、组合重构，有利于其利用式创新绩效和探索式创新绩效的提升。因此，企业在创新活动中，应扩大知识的搜索范围进行远程搜索。政府需要随着知识网络的发展，及时调整现有政策，探索如何更大范围、更广领域的集聚和优化配置知识资源，提供良好的政策支持。

第四，在知识网络中，企业应以发展战略为导向，提升知识基础规划能力，对内部知识基础的发展演化进行识别和判断，根据企业发展的阶段、内部资源状况等来明确知识元素在网络内需要冗余联系的多少，然后再制定相应的措施和策略提升创新绩效。在产学研合作网络中，企业应积极与其他企业、大学和研究所建立合作关系，构建冗余联系较少的局部合作网络，努力成为控制者和协调者，并形成稳定和谐的技术创新生态圈。政府要着力于我国创新生态体系的建设（曾国屏等，2013），积极推动产学研合作、“科技+X”（产业、文化、金融等）的协同乃至融合，建立相应的充满活力的创新生态战略谋划和政策支撑体系。

第十章　产学研合作创新网络中开放度与企业创新绩效

开放式创新是构建在新的组织网络化关系基础之上的，而且较之封闭式创新的网络在战略、过程、关系等方面更具复杂性。本章从网络视角、动态层面综合考察企业跨组织合作开放度对创新绩效的影响，能够深化开放式创新与创新绩效关系的研究。

第一节　开放度与企业创新绩效相关研究假设

一、合作广度与企业创新绩效的关系

合作开放度是企业与外部组织开展合作的程度，包括合作广度与深度两个层面。合作广度是指某企业与其他组织建立合作关系的广泛程度。企业的合作越广泛，越有利于拓宽知识基础的宽度、增加组织知识源的种类。合作广度过低时，企业无法获取足够的异质性信息。为满足知识需求，获取数量更多、异质性更强的创新知识，企业需要与外部组织展开更多的合作关系，构建和维持多样的知识获取渠道。从不同研究领域获取新颖的知识和信息，通过创造性的融合知识，能够提高企业创新绩效（Catherine Beaudry，2011）。然而随着合作伙伴数量的上升，其协调成本和合作风险也不断提高。企业还会面临知识吸收能力不足、研发资源配置问题（ Koput K，1997）。要构建高效的创新网络，企业必须跨越三个基本挑战：建立伙伴关系，整合合作伙伴的价值贡献，以及协调创新过程（Sven-Volker Rehm 等，2016）。韵江（2012）认为企业合作广度的确定过程实际上是对网络环境不断评估、认识，是在不断试错中培养网络战略能力的过程。因此，当企业扩大合作广度时，一方面必须提高其知识“编码”和“解码”能力，从而促进异质性知识的转移和融合，强化知识转移能力和吸收能力。另一方面企业需要逐步学习研发合作过程中的分工、协调以及运用庞杂的网络关系的技巧，从而逐步降低知识转移的成本和风险。只有当企业的学习能力和协调能力与合作广度相匹配时才能有效获取创新知识，从而促进创新绩效。

综上，我们认为合作广度在上升初期对企业创新绩效无显著促进作用。随着企业的学习能力、合作创新能力的提高，会进入合作广度与企业创新绩效关系的临界点。超过该临界点后，企业合作广度能够促进企业创新绩效的提升。因此，本章提出如下假设：

H10-1：合作广度与企业创新绩效呈 U 形关系。

二、合作深度与企业创新绩效的关系

合作深度是指企业与合作伙伴的平均合作次数。产学研合作过程中，知识转移能否高效高质的完成，受到知识距离和知识类型的影响。知识距离是指知识供方与知识受体间在知识基础上的距离，一般是指在专业背景，行业背景，研究方向等方面的知识储备的基础水平间的差距（徐国东等，2008）。由于企业、大学和研究所的经营目标、管理模式和知识水平的不同，各主体之间的知识距离较大，对知识转移造成一定的阻碍。而知识距离过近，会使异质性信息和知识相对缺乏，无法为知识的碰撞与融合提供有利条件。因此，产学研合作主体之间知识距离的存在，一方面为创新合作、知识转移提供动力，另一方面又是知识转移顺利进行的障碍。Dirk Fornahl（2011）认为合作伙伴之间存在一个最佳知识距离，使合作伙伴之间在能够进行交流的同时获取新知识和信息，从而更好地发挥知识网络对创新绩效的促进作用。根据知识可被编码化的程度可以将知识分为显性知识和隐性知识两种类型（于培友、郭继朋，2006）。在专利联合申请的过程中，企业与大学、科研机构在通过共同研发、解决实际问题等进行显性知识和隐性知识的转移。显性知识易于编码和转移，而隐性知识的转移需要以创新主体之间频繁大量的互动交流为条件（Nonaka I，1994）。隐性知识是一种创造性知识，高度个体化、难以编码化和形式化，它只存在于成员的头脑中，难以明确地被他人观察和了解（张浩，2011）。

综上所述，当企业的产学研合作次数较少时，企业与合作伙伴之间由于缺乏合作经验，知识距离较远，使知识转移的管理成本较高。合作深度较小，组织间的合作准则和相互信任、互惠意愿还未真正形成，因此主要以显性知识的转移为主。而关键性的技术创新需要在显性知识、隐性知识的共同作用下才有可能产生。因此，本章认为在企业的合作深度较小时，隐性知识难于获得，又因知识距离较远、缺乏合作经验使得知识转移成本较高，此时合作深度对企业创新绩效无显著的促进作用。

随着企业的产学研合作的深入，企业合作经验的增加，合作各方的知识距离缩短，能够有效促进创新主体之间隐性知识的转移。Nooteboom（2000）通过对比美国和德国的企业发现，只有保持稳定的、持久的关系，才能获得嵌入于个人、团体、组织结构或文化中的隐性知识。频繁的合作还有利于建立组织间的信任关系，降低网络中组织间知识转移的协调成本和交易成本，从而建立一个良好的知识传播机制（惠青、邹艳，2010）。在频繁的合作中企业可以将外部获取的信息和知识进行重新审视和加深理解，从而使信息更准确，使创新决策建立在丰富并准确的信息基础之上，从而降低创新风险。因此随着知识转移效率提高，知识交易成本下降，企业合作深度能够对企业创新绩效产生促进作用。综上，本章提出如下假设：

H10-2：合作深度对企业创新绩效具有 U 形影响。

由上可知，合作开放度与创新绩效并非简单的正相关关系，而是呈 U 形关系。据此，提出本书的综合研究假设：

H10-3：合作开放度与企业创新绩效呈 U 形关系。

第二节　变量选取与模型设定

一、变量选取

本章仍然采用企业专利授权数（$Patents_{it}$）表示企业创新绩效，指企业 i 在 t 年的授权专利数量。考虑到创新产出具有时滞效应，对被解释变量分别采取滞后一年 $Patents_{i,t+1}$、滞后 2 年 $Patents_{i,t+2}$进行回归。

合作广度（Breadth）：用企业 i 的度（去重边网络）来征。它表示与企业 i 直接相连的不同节点个数，即与企业 i 具有合作专利关系的不同组织数。度值越大表示与企业合作的组织数越多，企业掌握的知识源越广泛。

合作深度（Depth）：表示企业 i 的合作伙伴的平均合作次数，即企业 i 的总合作次数/合作广度；企业的合作深度越深，表示与合作伙伴的知识交流活动越频繁；反之亦然。

由于本章构建的产学研合作网络中，企业与外部机构至少合作过 1 次，因此合作广度和深度的取值均大于等于 1；取值越大，说明合作广度或深度越大。

在回归模型中，本章与第九章相同，为控制研发人员投入、企业知识积累、网络密度对企业创新绩效产生的影响，引入发明者人数（LnInventors）、样本前专利数（Presample Patents）、网络密度（Network Density）等作为控制变量。

表 10-1 给出了模型中各变量的含义及测度方法。

表 10-1　模型变量含义及测度方法

变量类型	变量名称	变量代码	含义	测度方法
被解释变量	专利申请数	$Patents_{it}$	企业创新绩效的测度指标	当期专利申请数量
解释变量	广度	LnBreadth	企业在产学研合作中的合作伙伴数量	去重边的网络中的节点度
	深度	LnDepth	企业在产学研合作中，与合作伙伴的平均合作次数	不去重边的网络中的节点度除以相应节点的合作广度
控制变量	发明者人数	LnInventors	企业的研发人员投入	样本期及前 4 年的发明者人数之和取对数
	样本前专利数	LnPre-Pat	企业前期知识积累的代理指标	样本期前 5 年专利申请数之和取对数
	网络密度	ND	整体网络的联系紧密程度	网络中实际存在的联系数占可能存在的联系数的百分比

二、模型设定

在固定效应与随机效应负二项回归之间进行选择时使用 Hausman 检验，我们对每个模型进行检验后的结果均在 $p<0.0001$ 的显著性水平下拒绝了随机效应模型。且固定效应负二项回归模型还可以控制那些不可观测且不随时间而变化的个体影响因素（Schilling M. A 和 Phelps C. C，2007）。因此，本章最终将使用固定效应负二项模型对我国 ICT 企业数据进行回归分析。

本章的总体回归模型建立如下：

$$Patents_{i,t+a}=f(\beta_0+\beta_1 LnInventors_{it}+\beta_2 LnPrePatents_{it}+\beta_3 Network\ Density_t+\beta_4 Depth_{it}+\beta_5 Breadth_{it}+\beta_6 Depth_{it}^2+\beta_7 Breadth_{it}^2)+\varepsilon_{it} \quad (10-1)$$

其中，$Patents_{i,t+a}$（$a=1$，2）表示企业 i 的期望专利数量，a 表示时滞，i 表示企业，t 表示年份，ε_{it}表示随机误差项。

第三节　开放度对企业创新绩效的影响

一、变量描述性统计

从表 10-2 描述性统计数据看，企业的合作广度差异较小，合作深度有明显差异。企业的合作广度均值 1.384，标准差 1.473，表明企业平均只与一两个外部机构有合作。研究发现（Jin Chen 和 Yufen Chen，2011）最佳的合作广度是8.7，即与8.7个合作伙伴进行合作时对企业创新绩效的促进作用最显著。因此中国ICT企业合作广度，在平均水平来说仍有很大的发展空间。企业的合作深度均值5.608，标准差34.532，表明企业与合作伙伴平均有5~6次合作，最高时达到1014次合作。由此显示出，中国ICT企业在进行产学研合作时倾向于与少数合作机构开展深入合作，而不是扩大合作范围，尽可能与更多的外部机构进行合作。究其原因，可能是属于高新技术产业的ICT企业来说，现阶段最需要、最有价值的是隐性知识。因为易于传达和传播的显性知识一般能够较容易地获得，隐性知识的转移则需要大量的交互作用和频繁的沟通（张朝宾等，2011）。

表10-2　变量的描述性统计（N=2603）

变量	均值	标准差	最小值	最大值
$Patents_{i,t+1}$	18.946	163.363	1.000	5728.000
$Patents_{i,t+2}$	19.306	161.294	1.000	5728.000
Breadth	1.384	1.473	0.000	37.000
Depth	5.608	34.532	0.000	1014.000
Network Density	0.143	0.071	0.077	0.363
LnInventors	2.198	1.316	0.000	9.648
LnPre-Patents	1.088	1.342	0.000	9.730

由表10-3各变量之间的相关性系数可知，本文回归模型中的各变量之间不存在严重的多重共线性问题。

表10-3　变量的相关系数（N=2603）

变量	(1)	(2)	(3)	(4)	(5)	(6)	(7)
(1) $Patents_{i,t+1}$	1.000	—	—	—	—	—	—
(2) $Patents_{i,t+2}$	0.925	1.000	—	—	—	—	—
(3) LnBreadth	0.281	0.250	1.000	—	—	—	—
(4) LnDepth	0.159	0.136	0.111	1.000	—	—	—
(5) Network Density	0.048	0.072	-0.038	0.005	1.000	—	—
(6) LnInventors	0.457	0.437	0.458	0.431	-0.078	1.000	—
(7) LnPre-Patents	0.456	0.433	0.373	0.483	-0.029	0.866	1.000

二、回归结果分析

本章利用面板负二项回归模型，对样本期内中国 ICT 产业 2603 家企业的面板数据进行固定效应负二项回归，以检验产学研合作广度和深度对企业创新绩效的影响。本章仍采用逐步回归的方法，首先加入控制变量，即样本前专利数、研发人员数和网络密度等，其次依次加入解释变量，即合作深度一次项和二次项，合作广度一次项和二次项。

表 10-4 报告以滞后一年的企业创新绩效（$Patents_{i,t+1}$）为被解释变量的回归结果。

表 10-4　模型估计结果（被解释变量：滞后 1 年 $patents_{i,t+1}$）

变量	模型 1	模型 2	模型 3	模型 4	模型 5	模型 6
LnInventors	0.112* (1.85)	0.120** (1.97)	0.124** (2.05)	0.097 (1.56)	0.082 (1.31)	0.088 (1.41)
LnPre-Patents	-0.151*** (-3.77)	-0.142*** (-3.42)	-0.153*** (-3.67)	-0.156*** (-3.84)	-0.151*** (-3.80)	-0.156*** (-3.75)
Network Density	-2.983*** (-4.51)	-2.968*** (-4.48)	-3.049*** (-4.56)	-3.011*** (-4.56)	-3.060*** (-4.59)	-3.107*** (-4.59)
LnDepth	—	-0.041 (-1.06)	-0.213*** (-3.09)	—	—	-0.239*** (-3.43)
LnDepth squared	—	—	0.038*** (3.06)	—	—	0.044*** (3.51)
LnBreadth	—	—	—	0.066 (1.11)	-0.149* (-2.45)	-0.136* (-2.31)
LnBreadth squared	—	—	—	—	0.103*** (2.66)	0.111*** (2.92)
constant	1.431*** (5.36)	1.436*** (5.38)	1.560*** (5.77)	1.477*** (5.49)	1.576*** (5.76)	1.730*** (6.22)
log likelihood	-2293.208	-2288.591	-2284.235	-2288.545	-2285.281	-2279.047

注：*、**、*** 分别表示 10%、5%、1%的显著性水平。

表 10-5 报告以滞后两年的企业创新绩效（$Patents_{i,t+2}$）为被解释变量的回归结果。

表 10-5 模型估计结果（被解释变量：滞后 2 年 $patents_{i,t+2}$）

变量	模型 1	模型 2	模型 3	模型 4	模型 5	模型 6
LnInventors	0.074 (1.28)	0.118** (2.03)	0.121** (2.08)	0.092 (1.54)	0.082 (1.38)	0.143** (2.36)
LnPre-Patents	-0.152*** (-3.68)	-0.114*** (-2.66)	-0.117*** (-2.71)	-0.155*** (-3.73)	-0.155*** (-3.76)	-0.114*** (-2.66)
Network Density	-2.076*** (-3.21)	-1.878*** (-2.92)	-1.867*** (-2.89)	-2.044*** (-3.15)	-2.123*** (-3.23)	-1.879*** (-2.87)
LnDepth	—	-0.146*** (-3.83)	-0.203*** (-2.77)	—	—	-0.200*** (-2.74)
LnDepth squared	—	—	0.012 (0.91)	—	—	0.008 (0.63)
LnBreadth	—	—	—	0.063 (-1.08)	-0.221** (-2.03)	-0.267** (-2.52)
LnBreadth squared	—	—	—	—	0.076* (1.76)	0.075* (1.85)
constant	1.433*** (5.90)	1.368*** (5.63)	1.391*** (5.69)	1.393*** (5.67)	1.471*** (5.87)	1.399*** (5.53)
log likelihood	-2204.131	-2195.062	-2194.655	-2201.831	-2200.367	-2191.357

注：*、**、*** 分别表示 10%、5%、1%的显著性水平。

（一）合作广度对企业创新绩效的影响

以 $Patents_{i,t+1}$、$Patents_{i,t+2}$作为被解释变量时，合作广度的一次项系数在 10%和 5%的显著性水平下显著为负，其二次项系数在 1%和 10%的显著性水平下显著为正。由此可知合作广度对企业滞后一期和滞后二期的创新绩效均呈现显著的 U 形效应，H10-1 得到验证。说明合作广度对企业创新绩效的影响存在一个临界点，超过该临界点，扩大合作范围能够促进企业创新绩效。

马艳艳等（2014）、Jin Chen（2011）的研究中，合作广度与创新绩效呈倒 U 形关系，并指出：企业进行研发合作能够在一定程度上促进创新绩效的提升；但随着企业合作伙伴数量增加，交易成本、协调成本以及潜在的信息泄露风险增加，会阻碍企业创新绩效的提升。然而，本章的研究结果正好与之相反，即合作广度与企业创新绩效呈显著的 U 形关系。对于这一现象可能的解释是：中国 ICT 产业产学研合作网络中企业合作广度较低（见表 10-1），企业平均只与一两个外部机构有合作。合作伙伴较少时，一方面使企业无法获得足够的异质性信息；另一方面使企业本身的知识面较狭窄，学习能力和创新能力较低，导致知识获取和知识增值的有效性不高。随着企业逐步扩大合作范围，并提高知识吸收能力、资源配置能力，合作广度能够促进企业创新绩效。

（二）合作深度对企业创新绩效的影响

以 $Patents_{i,t+1}$ 作为被解释变量时，合作深度的一次项系数在1%的显著性水平下显著为负，其二次项系数在1%的显著性水平下显著为正，由此可知合作深度对企业滞后一期的创新绩效均呈现显著的U形效应，H10-2得到验证。说明合作深度对企业创新绩效的影响存在一个临界点，超过该临界点，合作深度对企业创新绩效具有促进作用。这一发现与马艳艳等（2014）的结论一致，再次验证我国企业研发合作深度目前正处于边际合作效应递减的学习效应曲线的U形区域，还未达到这一曲线的倒U形区域。

$Patents_{i,t+2}$ 作为被解释变量时，合作深度的一次项系数在1%的显著性水平下显著为负，其二次项系数不显著，由此可知合作深度对企业滞后二期的创新绩效均呈现显著的负效应。对此可能的解释是，适当的合作深度能够提高企业的创新绩效，但当企业只注重同少数几个组织开展深入合作，而忽略合作广度时，可能会在后期阻碍企业创新绩效的提升。Catherine Beaudry（2011）认为重复合作虽然能够培养深厚的合作默契，从而传递更有价值的信息，但合作伙伴数量较少的企业进行重复合作会限制其创新知识的获取。当企业的合作伙伴数量有限，随着合作的深化，合作伙伴之间的知识趋于同质化，使合作伙伴在看待和处理问题的方式趋于一致。形成固定的群体思维模式，约束创新思想，阻碍新知识的产生。加之组织间的长期合作产生路径依赖，企业不再主动寻求新的知识和信息，有可能催生创新惰性，降低企业的创新能力。同时也造成知识需求量的减少、知识创造源的萎缩，降低知识转移的社会功能，从而对整个知识转移系统产生负面影响（许斌等，2010）。

第四节 结论与政策建议

产学研合作网络中，企业的合作广度和深度对企业创新绩效具有重要影响。本章利用中国国家知识产权局1999~2010年信息与通信技术产业（ICT）的专利数据构建产学研合作创新网络，并提取2603家企业的大样本面板数据，使用负二项式回归模型实证分析了合作网络中企业的合作广度和深度对企业创新绩效的影响，得到以下结论：

（1）合作广度对滞后一年、两年的企业创新绩效均呈现显著的 U 形效应。合作伙伴较少时，企业无法获得足够的异质性信息，学习能力和创新能力较低，导致知识获取和知识增值的有效性不高。随着企业逐步扩大合作范围，并提高知识吸收能力、资源配置能力，合作广度能够促进企业创新绩效。

（2）合作深度对滞后一年的企业创新绩效呈显著 U 形效应。说明企业的合作深度较小时，对企业创新绩效无显著的促进作用。随着企业合作经验的积累，以及合作伙伴之间信任和合作机制的建立，合作风险和交易成本得到了降低，企业合作进一步深入能够对创新绩效产生促进作用。

（3）合作深度对滞后两年的企业创新绩效具有显著负效应。当企业只注重同少数几个组织开展深入合作，而忽略合作广度时，可能会在后期阻碍企业创新绩效的提升。

（4）在合作广度和合作深度的共同作用下，企业研发合作开放度与创新绩效的关系呈 U 形。目前，中国 ICT 企业研发合作开放度正处于边际合作效应递减的学习效应曲线的 U 形区域，还未达到这一曲线的倒 U 形区域。

本章研究结论有助于进一步完善开放式创新的相关理论，对于指导企业选择合适的合作开放程度以提高其创新绩效具有重要意义。首先，企业要对自身所处成长阶段以及具备的综合合作能力进行评估，从而选择适当的合作广度，而非盲目扩大合作范围；其次，在选择有潜力的优质研发合作伙伴的基础上，要进一步深化与合作伙伴的研发合作，积累合作经验，促进合作惯例与合作能力的形成，以提升创新绩效；最后，开放式创新既是机遇，也是挑战。开放度对创新绩效的作用可能呈现螺旋式上升且循环往复的态势，这就要求企业在合作中持续地学习，保持其合作能力的动态性。至于如何确定企业的“适当开放度”，即边际合作效应递减的学习效应曲线 U 形区域的拐点，合作广度和合作深度间是如何随时间变化相互作用的，均是未来深入研究的方向。

第十一章　产学研合作模式与企业创新绩效——合作广度视角

产学研合作广度是指企业与大学和研究所不同类型主体进行合作的多样性及广泛化程度。企业通过与其他组织进行广泛合作，可以汲取跨层次跨学科的异质性知识，丰富知识获取渠道，拓宽知识源种类，增加知识存量，降低交易和信息搜寻成本。与此同时，知识来源的多元化有利于企业加快市场推广与渗透，促进学术界与产业界知识融合，及时更新产业界创新动态，提升价值创造能力，增加企业创新产出。因此，本章从合作广度视角实证分析产学研合作模式对企业创新绩效的影响。

第一节　合作广度与企业创新绩效相关研究假设

在科学技术、知识经济和互联网信息飞速发展的今天，产品生命周期不断缩短，技术创新的风险性和技术性不断增加，企业仅仅依靠自身研发资源已经无法与时俱进，跟上技术创新步伐，维持竞争优势。而同大学和研究所广泛合作能风险共担、优势互补、资源共享，提升企业研发速率。国外学者 Powell 早在 1996 年就指出企业利用网络平台广泛的和大学合作可促进企业对异质性资源的获得，双方合作有利于分散和降低研发成本，提高企业创新产出。Hanel（2006）认为对于知识密集型行业，校企频繁合作有利于企业获取新鲜、前瞻性知识和创意，实现技术突破，推动技术商业化，提高企业创新绩效。研究所侧重试验开发环节，主要从事公共物品或半公共物品的试验开发，为企业进行新产品开发提供专业性指导，加快企业研发速度，甚至将新技术直接输送至企业，助力企业开拓市场、提高产出。企业与研究所广泛合作过程中，研究所拥有的研究方法和专业技术人才与企业创新投入的试验基地有效对接，有利于跨组织间异质性创新资源转移和融合。企业同企业之间往往处于同一市场，拥有相似的知识来源和知识存量，企业在发展过程中遇到的技术难题同样存在同质性，彼此广泛合作有利于技术知识共享和转移，强化企业知识吸收和破解难题能力，补齐企业技术短板，突破技术瓶颈，实现技术创新，进而提高创新绩效。Ritala（2009）指出对于高技术产业来说，企业之间合作是一种创建知识增量的有效方式，有利于企业获取新颖知识、创意和创新市场技术，推进原始性创新，创造集体价值。Arranz（2008）实证研究对于高技术产业而言，企业与企业合作对于创新产出有积极促进作用。综上，本章提出如下假设：

H11-1：企业与企业合作广度对企业创新绩效有显著正向影响。

H11-2：企业与大学合作广度对企业创新绩效有显著正向影响。

H11-3：企业与研究所合作广度对企业创新绩效有显著正向影响。

第二节　变量选取与模型设定

一、变量选取

本章共涉及三类变量：①被解释变量：用专利数测度企业创新绩效；②解释变量：具体为企业与企业合作广度、企业与大学合作广度和企业与研究所合作广度；③控制变量：具体指发明者人数、企业专利积累、中介中心性和结构洞，这四个控制变量对企业创新绩效均有一定影响，但非本研究所重点关注对象。因此，为了降低上述变量对研究结果的影响，进一步突出解释变量对企业创新绩效的影响，本章将其列为控制变量。

（一）被解释变量

专利数（Patents）：我国专利分为发明、实用新型和外观设计三种类型，通过整理发现我国 ICT 产业专利包含发明和实用新型两种，专利被认为是最具创新性和价值性的创新成果。高技术行业中企业创新行为较为频繁，通常会通过申请专利来保护新产品或新技术。Arundel 和 Kabla 指出专利是高技术行业中衡量创新产出最合适的指标（Arundel A 和 Kabla I，1998）。许多学者使用专利数代表创新产出（魏守华等，2013；Schilling M. A 和 Phelps C. C，2007；郑向杰，2014）。因此，本书采用企业每年申请并授权专利数来测度企业创新产出。鉴于创新产出的滞后效应，本书对被解释变量采取当年和滞后一年进行回归。

（二）解释变量

企业与企业之间合作广度（IBreadth）：为度量企业与企业之间合作的广泛程度，本章采用企业与企业合作广度指标，具体来说，采用企业与企业合作网络中去重边的节点度来衡量。网络中节点 i 的度表示与节点 i 连接的其他节点数目，度值越大，则表明节点 i 连接其他节点数越多，越占据网络中至关重要的位置。在企业与企业合作网络中，与某一企业连接的合作企业数越多，即 IBreadth 越大，则说明企业与企业之间合作越广泛。

企业与大学之间合作广度（UBreadth）：为度量企业与大学之间合作的广泛程度，本文采用企业与大学合作广度指标，具体来说，采用企业与大学合作网络中去重边的节点度来衡量。在企业与大学合作网络中，与某一企业连接的大学数量越多，即 UBreadth 越大，则说明企业与大学之间合作越广泛。

企业和研究所之间合作广度（RBreadth）：为度量企业与研究所之间合作的广泛程度，本文采用企业与研究所合作广度指标，具体来说，采用企业与研究所合作网络中去重边的节点度来衡量。在企业与研究所合作网络中，与某一企业连接的研究所数量越多，即 RBreadth 越大，则说明企业与研究所之间合作越广泛。

（三）控制变量

企业专利积累（Presample Patents）：即样本前专利数，表示企业在前五年内申请并授权专利数总和，用于衡量企业先前创新产出和创新积累对后续企业创新产出的影响。企业专利积累客观上反映企业既有的创新知识和研发能力，在一定程度上用于控制未观测到的公司在专利申请上的异质性（Schilling M. A 和 Phelps C. C.，2007）。因此，本章采用企业专利积累来控制企业先前研发能力对创新绩效的影响。

发明者人数（Inventors）：邓路和高连水（2009）指出研发人员投入有利于提高企业创新产出，囿于样本数据中企业研发人员投入数据不可获得，而发明者是企业在申请发明专利中直接参与并做出贡献的人员，因此，本章将发明者人数作为研发人员投入代理指标计入模型，用于控制研发人员投入对创新绩效的影响。

中介中心性（Betweeness Centrality）：是指网络中一个节点位于其他节点中心的程度，其具体公式为：

$$\text{Betweenness Centrality}_{it} = \sum_{j<k} g_{jk}(n_i) / g_{jk} \tag{11-1}$$

其中，$g_{jk}(n_i)$表示节点 j 和节点 k 经过节点 i 的最短路径数量，g_{jk}表示节点 j 和节点 k 间最短路径总数（2007）。网络中节点中介中心性越高，则表明该节点处于网络中心位置。在合作网络中，占据中心位置的成员充当“信息枢纽”角色，能通过不同渠道吸收、传输知识和信息，进而在知识的摩擦、碰撞下迸发新知识、新思想，提高创新产出。因此，为了控制处于中心位置成员相对外围成员获取更多创新知识和信息，我们采用中介中心性作为控制变量。

结构洞（Structure Hole）：《蜘蛛：社会网络分析技术》一书中指出，结构洞就是指在社会网络中节点间无直接联系的现象，在网络图中观察就像整体结构产生断裂、出现洞穴，故称为结构洞。根据结构洞理论，结构洞关注与自身联系成员之间的关系模式。例如，企业甲同时和企业乙、企业丙有联系，但企业乙和企业丙互不相识，那企业甲所处的位置就被称为结构洞。Burt（1992）认为，处于结构洞位置的成员可获得新鲜、非冗余的信息，拥有非重复的异质性联系。在合作网络中，占据结构洞位置的成员充当“中间人”角色，在互不联系成员间搭建桥梁，避免信息和知识在传递中出现断裂，促进异质资源传播，减少无效连接，提高知识传递与运行效率，增加创新产出。

测量结构洞指标包含四个方面，本章选用限制度来衡量结构洞，表示节点 i 与其他节点直接或间接联系的紧密程度，节点 i 的限制度的计算公式为（陈伟等，2012）：

$$Structure\ Hole_{it} = \sum_{j}(P_{ij} + \sum_{q} P_{iq} m_{qj})^{2} \quad (11-2)$$

其中，P_{ij}表示节点 i 对与其有直接联系的节点 j 的资源投入；P_{iq}表示在节点 i 投入节点 p 的关系占节点 i 投入总关系的比重；m_{qj}是一个边际量，表示节点 j 到节点 q 关系的边际强度，等于节点 j 到节点 q 的关系值除以节点 j 到其他节点关系取值的最大值。节点的限制度越小表明限制性和约束性越低，越有利于知识和信息传递。表 11-1 给出了模型中所涉及的变量含义及测度方法。

表 11-1　模型的变量含义及测度方法

变量类别	变量名称	变量含义	测度方法
被解释变量	专利数（Patents）	测度企业创新绩效	当期专利申请并授权数量
解释变量	企业与企业之间合作广度（IBreadth）	企业与企业的合作伙伴数量	去重边的网络中企业与企业的节点度
	企业与大学之间合作广度（UBreadth）	企业与大学的合作伙伴数量	去重边的网络中企业与大学的节点度
	企业与研究所之间合作广度（RBreadth）	企业与研究所的合作伙伴数量	去重边的网络中企业与研究所的节点度
控制变量	企业专利积累（LnPre-Patents）	测度企业前期知识积累	样本期前 5 年专利授权数总和取对数
	发明者人数（LnInventors）	企业研发人员投入的代理指标	样本期及前 4 年发明者人数总和取对数
	中介中心性（BC）	网络中某节点位于网络中心位置的程度	包含节点 i 的最短路径占所有最短路径的比例
	结构洞（SH）	节点占据“中间人”位置的程度	网络内某一节点的限制度

二、模型设定

在本章的研究中，被解释变量是企业每年授权专利数据，属于非负整数。采用线性回归模型处理易导致残差出现非一致、无效和有偏估计（James Jaccard 和 Robert Turrisi，2003），所以本文不采用线性回归模型。泊松模型能较好地处理计数型数据，其具体形式如下：

$$p(n_{it})=f(n_{it})=\frac{e^{-\lambda_{it}}\lambda_{it}^{n}it}{n_{it}!} \tag{11-3}$$

$$E(n_{it}\mid X_{it})=\lambda_{it}=e^{X_{it}\beta} \tag{11-4}$$

但是，应用泊松模型要求方差和均值相等，而从表 11-2 中看出，数据的方差远大于均值，呈现过度离散特征，不适用泊松模型。鉴于这种情况，本章参照前人研究（Schilling M. A 和 Phelps C. C，2007；郑向杰，2014；赵炎、王琦，2013），选用广义的泊松回归，即负二项回归模型，它常用于处理超方差事件。因此，本章选用负二项回归模型，以期提高离散数据拟合效果。

表 11-2　变量的描述性统计（N=3571）

变量	最小值	最大值	均值	标准差
$Patents_{i,t}$	1.000	5728.000	15.855	143.956
$Patents_{i,t+1}$	1.000	5728.000	16.053	140.127
LnPre-Patents	0.000	9.802	1.129	1.342
LnInventors	0.000	9.317	2.252	1.288
BC	0.000	0.001	0.007	0.005
SH	0.000	1.940	0.621	0.479
IBreadth	0.000	34.000	0.895	1.188
UBreadth	0.000	36.000	1.242	1.448
RBreadth	0.000	35.000	1.013	1.240

在固定效应和随机效应模型选取的过程中，使用 Hausman 检验，对每个模型进行检验后发现，在 $p<0.0001$ 的显著性水平下，均拒绝随机效应模型，因此，本章最终使用固定效应负二项回归模型对样本数据进行回归。最终建立如下回归模型：

$$Patents_{i,t+a}=f(\beta_0+\beta_1 LnPre\text{-}Patents_{it}+\beta_2 LnInventors_{it}+\beta_3 BC_t+\beta_4 SH_t+\beta_5 IDepth_{it}+\beta_6 UDepth_{it}+\beta_7 RDepth_{it})+\varepsilon_{it} \tag{11-5}$$

其中，$Patents_{i,t+a}$代表企业 i 授权专利数，i 代表企业，t 代表年份，a 取 0 和 1，取 0 代表当期专利数，取 1 代表滞后一期专利数，ε_{it}代表随机误差项。

第三节　合作广度对企业创新绩效的影响

一、描述性统计分析

运用 STATA 12.0 软件对变量进行描述性分析及相关统计分析，结果如表 11-2 和表 11-3 所示。从表 11-2 中可以看出，中国 ICT 企业专利授权数最小值为 1，最大值为 5728，均值和方差差距较大，呈现过度分散特征。企业与企业、企业与大学和企业与研究所合作广度均值均不到 2，这表明从整体上看，企业与大学和研究所合作并不广泛；而最小值和最大值相差较大，这说明存在某些明星企业、大学和研究所，它们在合作网络中与其他组织进行着广泛合作。

表 11-3　变量的相关系数表（N=3571）

变量	$Patents_{it}$	$Patents_{it1}$	LnPre-Patents	LnInventors	BC	SH	IBreadth	UBreadth	RBreadth
$Patents_{it}$	1.000	—	—	—	—	—	—	—	—
$Patents_{i,t+1}$	0.917	1.000	—	—	—	—	—	—	—
LnPre-Patents	0.378	0.373	1.000	—	—	—	—	—	—
LnInventors	0.313	0.331	0.753	1.000	—	—	—	—	—
BC	0.001	-0.013	0.032	0.046	1.000	—	—	—	—
SH	-0.002	-0.005	0.042	-0.051	0.162	1.000	—	—	—
IBreadth	-0.012	-0.025	0.033	0.048	0.024	0.229	1.000	—	—
UBreadth	0.160	0.148	0.328	0.289	0.125	0.368	0.192	1.000	—
RBreadth	0.019	0.004	0.184	0.167	0.004	0.097	0.544	0.113	1.000

从表 11-3 中可看出，在本次回归模型中，各变量均不存在严重的多重共线性问题。

二、回归结果分析

利用 1996~2010 年中国 ICT 产业产学研联合授权专利数据，通过计算各网络结构指标，构建企业层面非平衡面板数据进行回归。表11-4 为合作网络当年、滞后一年负二项回归结果。其中，模型 1 至模型 5 是当期回归结果，模型 6 至模型 10 是

表 11-4　固定效应负二项回归结果

变量	Patents0					Patents1				
	模型 1	模型 2	模型 3	模型 4	模型 5	模型 6	模型 7	模型 8	模型 9	模型 10
LnPre-Patents	-0. 349 *** (-16. 35)	-0. 354 *** (-16. 40)	-0. 351 *** (-16. 36)	-0. 371 *** (-15. 11)	-0. 373 *** (-15. 09)	-0. 110 *** (-3. 89)	-0. 109 *** (-3. 78)	-0. 117 *** (-4. 11)	-0. 138 *** (-4. 09)	-0. 142 *** (-4. 19)
LnInventors	0. 900 *** (23. 01)	0. 907 *** (23. 00)	0. 884 *** (22. 42)	0. 945 *** (21. 71)	0. 924 *** (20. 93)	0. 192 *** (4. 26)	0. 195 *** (4. 25)	0. 178 *** (3. 91)	0. 238 *** (4. 54)	0. 220 *** (4. 17)
BC	34. 835 (1. 17)	36. 420 (1. 21)	0. 258 (0. 01)	25. 009 (0. 76)	2. 641 (0. 08)	37. 333 (0. 87)	32. 905 (0. 76)	7. 202 (0. 17)	39. 73 (1. 60)	33. 52 (1. 26)
SH	-0. 016 (-0. 29)	-0. 036 (-0. 65)	0. 024 (0. 43)	-0. 413 *** (-4. 78)	-0. 313 (-3. 24)	0. 117 (1. 62)	0. 136 * (1. 81)	0. 146 (2. 00)	-0. 159 (-1. 25)	-0. 034 (-0. 24)
IBreadth	—	0. 025 (1. 45)	—	—	-0. 011 (-0. 37)	—	-0. 022 (-0. 98)	—	—	-0. 028 (-0. 72)
UBreadth	—	—	0. 026 *** (4. 49)	—	0. 018 *** (2. 91)	—	—	0. 037 *** (3. 86)	—	0. 027 ** (2. 44)
RBreadth	—	—	—	0. 027 (0. 65)	0. 046 (0. 79)	—	—	—	-0. 040 (-0. 68)	-0. 001 (0. 01)
Constant	-1. 131 *** (-9. 04)	-1. 148 *** (-9. 11)	-1. 085 *** (-8. 60)	-0. 802 *** (-5. 14)	-805 *** (-5. 11)	0. 432 *** (2. 92)	0. 418 *** (2. 78)	0. 471 *** (3. 15)	0. 668 *** (3. 19)	0. 616 *** (2. 90)
Waldchi2	552. 08	549. 77	613. 01	495. 08	537. 35	22. 38	23. 23	41. 12	27. 69	36. 67
Prob>chi2	0. 000	0. 000	0. 000	0. 000	0. 000	0. 000	0. 000	0. 000	0. 000	0. 000
Log likelihood	-2815. 216	-2785. 781	-2780. 739	-2065. 32	-2049. 373	-2799. 978	-2758. 933	-2771. 237	-2077. 911	-2068. 029

注：括号内为 t 值。*、**、*** 分别表示 10%、5%、1%的显著性水平。

滞后一期回归结果。在具体回归过程中，本章使用逐步回归分析法，其中，模型1和模型6中只包含控制变量，考察各控制变量对被解释变量的影响；模型2至模型4及模型7至模型9依次引入解释变量；模型5和模型10均引入所有变量，以检验解释变量的稳健性。

（一）企业与企业合作广度对创新绩效的影响

模型2、模型7和模型5、模型10引入解释变量企业与企业合作广度。结果显示，企业与企业合作广度在当期和滞后一期对企业创新绩效无显著的影响，H11-1未得到验证。对此，可能的解释有：首先，通过观察9个企业与企业合作网络图发现，网络中最大分图规模相对较小，并未形成规模较大的子群，较多由两三个节点组成的子群构成。这直接反映出企业与企业之间的联系不紧密，仅有少数企业之间进行广泛合作，而大多数企业并未通过联合申请专利来加强彼此之间的合作，合作缺乏广泛性。合作广度的偏低导致新鲜、非冗余的知识和信息资源在传递过程中受到阻碍，甚至出现断裂，进而无法使异质性知识在企业间广泛传播和共享，从而使得企业为获取知识和信息的成本增加，最终影响企业创新绩效的提高。其次，本章研究对象为我国信息通信技术产业，该产业技术更迭速度快、企业淘汰率高，因此，企业为保持持久竞争优势，不会将高价值知识和信息同合作企业交流共享，以致共享的知识质量不高，可能导致企业之间合作广度对创新绩效无显著影响。

（二）企业与大学合作广度对创新绩效的影响

模型3、模型8和模型5、模型10引入解释变量企业与大学合作广度。回归结果表明，企业与大学合作广度在当期及滞后一期对企业创新绩效均有显著的正向影响，H11-2得到验证。大学是国家和区域创新体系的重要组成部分，是知识创造及扩散的主力军，作为新思想、新技术创造的活跃群体，其拥有的丰富的人力、物力及财力资源为企业获得创新原动力提供重要的支撑保障作用。喻科（2010）在其研究中强调，大学不仅为企业提供可发掘和利用的科研创新成果、满足企业对上游技术、前瞻性技术研发需求，而且大学作为人才培养基地，为企业输入高技术人才，满足企业对于人才的需求。另外，从研发活动方面来看，大学主要从事基础研究和应用研究，侧重知识创新，而企业则主要从事试验开发，侧重技术应用（Schilling M. A 和 Phelps C. C，2007）。基于组织和知识异质性，企业和大学通过广泛的合作互动，使彼此间知识、技术资源得以共享和交流，最终实现新技术开发和产业化结合，进而提高企业创新绩效。

（三）企业与研究所合作广度对创新绩效的影响

模型4、模型9和模型5、模型10引入解释变量企业与研究所合作广度。结果显示，企业与研究所合作广度在当期和滞后一期的系数为正，但缺乏统计性意义，故 H11-3 未得到验证。对此，可能的解释有：首先，从表 11-2 可以直观看出，企业平均只与一两个研究所合作，彼此间尚未形成广泛合作关系。其次，研究所专注于高质量研究，侧重于对科学知识的挖掘和探索（王锟，2015）。而我国 ICT 企业关注生产和市场运作，侧重对技术知识的应用（Jian Chen Guan 和 Chiu Kam Mok，2006）。曹勇指出科学知识和技术知识在企业创新过程中具有截然不同的作用，相对于美国 ICT 企业而言，中国 ICT 企业为了保持竞争优势，增加市场份额，将经济重心更多投入到新技术应用环节（徐晶钰等，2016）。因此，知识侧重的差异可能导致企业同研究所合作广度对创新绩效无显著影响。

（四）控制变量对创新绩效的影响

模型 1 和模型 5 考察所有控制变量对企业创新绩效的影响，由表 11-4 中当期及滞后一期回归分析结果可知，研发人员投入对企业创新绩效均有显著的正向影响，即研发人员数投入越多，越能促进企业创新绩效的提高。具体而言，研发人员投入增长 10%，引致当期和滞后一期专利分别增长 9%和 1.92%。企业专利积累表征企业先前知识和经验累积对后续创新产出影响，在表 11-4 中，企业专利积累对创新绩效的影响均呈现显著的负相关，而在前人的研究中，企业专利积累对创新绩效的影响均具有显著的正向影响，这与前人研究不符（Schilling M. A 和 Phelps C. C，2007；郑向杰，2014）。对此，可能的原因有如下三点：首先，通过对样本数据进行分析后发现，大多数企业存续期较短，企业每年授权专利数呈现不规则分布，数据的不连续可能导致企业专利积累对创新绩效的影响呈负相关。如本书中样本企业埃森哲（中国）有限公司、安彩液晶显示器件有限责任公司等，仅在 2005~2007 年拥有授权专利。其次，我们选择的样本为 ICT 产业，该产业具有产品更换速度快、生命周期短、技术复杂程度高等特征，有些“贫民”企业跟不上技术更新的步伐，从而在激烈的竞争中被淘汰，造成其存续期较短。最后，在 3571 家样本企业中，大部分企业在存续期内申请并授权的专利数非常少，仅仅只有一两件专利，且存在某些年份为零即无专利申请状况，这些因素均造成企业前期专利积累对创新绩效不仅没有正向影响，反而出现负向影响。

中介中心性和结构洞在模型 1 和模型 5 中对创新绩效并无显著影响，说明在合作网络中，企业处于中心位置或充当“中间人”角色对企业创新绩效并无显著作用。对此，可能的解释有：首先，观察产学研合作网络阶段图发现，网络呈现出整体较为分散、局部连接紧密的分布状况，网络中主要由合作数量较多子群、合作数量较少子群和仅有两三个节点子群组成，且各子群之间相互隔离、无连接。子群之间的这种相互隔离状态造成知识无法通过“中间人”进行传递，从而使得知识在整个网络传递中出现断裂。此外，“中间人”的缺失使得大量新鲜、非冗余的信息无法得以共享，产生信息闲置状况，从而影响创新绩效的提升。其次，在产学研合作网络中，大部分企业处于边缘位置，而不是中心位置，这种较为不利的位置限制了企业获取信息与知识的能力，也意味着企业与独特新颖的信息源失之交臂，这些均导致其在整体网络中的影响及控制力较弱。最后，一些在网络中处于中心位置的大企业，他们基于资源禀赋，利用自身优势拥有大量异质性、非冗余的信息。但是，出于维护自身结构优势，增强其市场竞争力，企业有可能不会与其他合作伙伴建立高水平信任关系、进行知识共享、经验交流等，从而造成中介中心性和结构洞对企业创新绩效无显著影响。

第十二章　产学研合作模式与企业创新绩效——合作深度视角

产学研合作不仅要研究合作的广泛程度，还需要考虑企业与其他组织合作的平均次数和紧密程度，即合作深度。产学研合作深度的增加有利于创新主体之间建立紧密的信任关系，促进隐性知识的传递与共享，丰富创新主体间知识源，降低技术不确定性，进而使创新决策更加准确，减少决策风险。深层次合作亦可促进知识高效共享，降低企业资金紧张、技术锁定瓶颈，迎合市场需求，提升创新产出效益。此外，深度的增加有利于企业汲取具有针对性的知识和信息，减少知识共享过程中出现的重复性和冗余性，提升创新知识转移效率，增加企业创新产出，提高创新绩效。因此，本章从深度视角来研究产学研合作模式对企业创新绩效的影响。

第一节　合作深度与企业创新绩效相关研究假设

产学研合作过程中知识能否高效共享和吸收取决于创新主体间信任程度、吸收能力和知识类型。产学研各创新主体通过深层次合作有利于合作双方强化信任程度，建立持久信任关系，弱化知识转移风险和成本，降低信息不对称性，提升创新能力（马艳艳等，2014）。从知识类型角度看，知识按照表述方式分为显性知识和隐性知识。显性知识是正式、易于表达、系统化的，可以通过标准化形式交流和共享；而隐性知识根植于个人背景，建立于个人经验基础上，难以概念化和明晰化，是个人“专有技术知识”，不易模仿和编码化（周城雄，2004）。随着合作深度的增加，合作双方易形成合作默契和合作惯性，产生高信任关系，进而有利于隐性知识的转移、整合与共享（马艳艳等，2014）。隐性知识在转移过程中往往伴随关键技术知识的传递和扩散，对企业高度整合创新资源进行新产品研发或技术升级具有重要意义，有利于强化企业创新能力，加强企业对新知识和新技术的准确理解力，提高企业创新产出。吸收能力是指企业识别、获取和利用外部新知识，并对新知识整合、利用的能力，重点关注企业如何整合外部稀缺资源（曹达华等，2013）。企业与单一创新组织合作越紧密，平均合作次数越高，企业对自身研发所需的创新技术知识和对合作伙伴禀赋的创新资源越能深入了解，在合作过程中越能针对性的汲取创新知识，提高知识吸收和转化应用能力，减少同质性知识传播，降低创新知识搜寻成本和甄别成本，提高企业创新绩效。此外，企业与大学和研究所平均合作次数增加，合作经验不断累积，有利于企业同合作伙伴建立持久稳定的合作关系，减少信息失真风险，提升企业技术创新决策能力，保持持续竞争优势。综上，本章提出如下假设：

H12-1：企业与企业合作深度对企业创新绩效有显著正向影响。

H12-2：企业与大学合作深度对企业创新绩效有显著正向影响。

H12-3：企业与研究所合作深度对企业创新绩效有显著正向影响。

第二节　变量选取与模型设定

一、变量选取

本章所选取的被解释变量、控制变量同上一章相同，故不再赘述。仅对解释变量作如下介绍。

企业与企业之间合作深度（IDepth）：为度量企业在合作创新网络中与企业合作的平均次数，本章选取企业与企业之间合作深度指标，具体而言，我们用不去重边网络的节点度除以相对应节点的合作广度来表示。合作深度值越大，则表示在合作创新网络中，企业与企业之间平均合作次数越多，交流越频繁，关系越紧密。

企业与大学之间合作深度（UDreadth）：为度量企业在合作创新网络中与大学合作的平均次数，本章选取企业与大学之间合作深度指标。

企业和研究所之间合作深度（RDreadth）：为度量企业在合作创新网络中与研究所合作的平均次数，本章选取企业与研究所之间合作深度指标。表 12-1 为变量含义及测度方法。

表 12-1　模型的变量含义及测度方法

变量类别	变量名称	变量含义	测度方法
被解释变量	专利数（Patents）	测度企业创新绩效	当期专利申请并授权数量
解释变量	企业在合作创新网络中与研究所合作的平均数量（IDepth）	企业在合作创新网络中与企业合作的平均数量	不去重边网络的节点度除以相对应节点的广度
	企业与大学之间合作深度（UDepth）	企业在合作创新网络中与大学合作的平均数量	不去重边网络的节点度除以相对应节点的广度
	企业与研究所之间合作深度（RDepth）	企业在合作创新网络中与研究所合作的平均数量	不去重边网络的节点度除以相对应节点的广度

续表

变量类别	变量名称	变量含义	测度方法
控制变量	企业专利积累（LnPre-Patents）	测度企业前期知识积累	样本期前5年专利授权数总和取对数
	发明者人数（LnInventors）	企业研发人员投入的代理指标	样本期及前4年发明者人数总和取对数
	中介中心性（BC）	网络中某节点位于网络中心位置的程度	包含节点i的最短路径占所有最短路径的比例
	结构洞（SH）	节点占据“中间人”位置的程度	网络内某一节点的限制度

二、模型设定

与第十一章相同，本章仍选取负二项回归模型。对固定效应和随机效应模型选取过程中，采用Hausman检验，对每个模型进行检验后发现，在 $p<0.0001$ 的显著性水平下，均拒绝随机效应模型。因此，最终建立如下回归模型：

$$Patents_{t,t+a}=f(\beta_0+\beta_1 LnPre\text{-}Patents_{it}+\beta_2 LnInventors_{it}+\beta_3 BC_t+\beta_4 SH_t+\beta_5 IDepth_{it}+\beta_6 UDepth_{it}+\beta_7 RDepth_{it})+\varepsilon_{it} \tag{12-1}$$

其中，$Patents_{t,t+a}$代表企业i所申请并授权专利数，i代表企业，t代表年份，a取0和1，取0代表当期专利数，取1代表滞后一期专利数，ε_{it}代表随机误差项。

第三节　合作深度对企业创新绩效的影响

一、描述性统计

由表12-2可知，企业与企业、企业与大学、企业与研究所合作深度均值和标准差差距较大，最小值和最大值波动较大，这说明中国ICT企业更倾向于同特定的大学和研究所展开深入合作。

表12-2　变量的描述性统计（N=3571）

变量	最小值	最大值	均值	标准差
$Patents_{it}$	1.000	9.802	15.855	143.956
$Patents_{i,t+1}$	1.000	9.317	16.053	140.127

续表

变量	最小值	最大值	均值	标准差
LnPre-Patents	0.000	0.001	1.129	1.342
LnInventors	0.000	—	2.252	1.288
BC	0.000	—	0.007	0.005
SH	0.000	1.940	0.621	0.479
IDepth	0.000	804.000	4.553	31.161
UDepth	0.000	804.000	4.919	30.536
RDepth	0.000	804.000	4.767	31.544

从表 12-3 中可看出，在本次回归模型中，各变量均不存在严重的多重共线性问题。

表 12-3　变量的相关系数（N=3571）

变量	$Patents_{it}$	$Patents_{i,t+1}$	LnPre-Patents	LnInventors	BC	SH	IDepth	UDepth	RDepth
$Patents_{it}$	1.0000	—	—	—	—	—	—	—	—
$Patents_{i,t+1}$	0.917	1.0000	—	—	—	—	—	—	—
LnPre-Patents	0.378	0.373	1.0000	—	—	—	—	—	—
LnInventors	0.313	0.331	0.753	1.0000	—	—	—	—	—
BC	0.001	-0.013	0.032	0.046	1.0000	—	—	—	—
SH	-0.002	-0.005	0.042	-0.051	0.162	1.0000	—	—	—
IDepth	-0.011	-0.054	0.104	0.170	0.022	-0.007	1.0000	—	—
UDepth	0.177	0.162	0.594	0.518	-0.002	0.069	0.076	1.0000	—
RDepth	-0.012	-0.023	0.030	0.043	0.035	0.232	0.096	0.022	1.0000

二、回归结果分析

利用 1996~2010 年中国 ICT 产业产学研联合授权专利数据，通过计算各网络结构指标，构建企业层面非平衡面板数据进行回归，结果如表 12-4 所示，其中，模型 1 至模型 5 为当期回归结果，模型 6 至模型 10 为滞后一期回归结果。本章仍使用逐步回归分析法对模型进行回归分析。其中，模型 1 和模型 6 中只包含控制变量，考察各控制变量对被解释变量的影响，模型 2 至模型 4 及模型 7 至模型 9 依次引入解释变量，模型 5 和模型 10 均引入所有变量。

表 12-4　固定效应负二项回归结果

变量	Patents0					Patents1				
	模型 1	模型 2	模型 3	模型 4	模型 5	模型 6	模型 7	模型 8	模型 9	模型 10
LnPre-Patents	-0.349*** (-16.35)	-0.370*** (-18.06)	-0.356*** (-16.57)	-0.352*** (-16.35)	-0.416*** (-18.82)	-0.110*** (-3.89)	-0.099*** (-3.42)	-0.164*** (-5.32)	-0.110*** (-3.82)	-0.153*** (-4.88)
LnInventors	0.900*** (23.01)	0.882*** (22.35)	0.892*** (22.60)	0.905*** (22.98)	0.862*** (21.06)	0.192*** (4.26)	0.213*** (4.63)	0.166*** (3.65)	0.195*** (4.26)	0.189*** (4.01)
BC	34.835 (1.17)	-0.368 (-0.01)	18.068 (0.59)	35.672 (1.19)	-2.037 (-0.07)	37.333 (0.87)	37.178 (0.87)	52.472 (1.24)	34.278 (0.79)	44.572 (1.05)
SH	-0.016 (-0.29)	-0.011 (-0.21)	-0.005 (-0.08)	-0.031 (-0.55)	-0.022 (-0.39)	0.117 (1.62)	0.119* (1.67)	0.106 (1.48)	0.134 (1.79)	0.144* (1.94)
IDepth	—	0.150*** (6.14)	—	—	0.131*** (4.84)	—	0.065** (1.99)	—	—	0.075** (2.22)
UDepth	—	—	0.207*** (5.91)	—	0.162*** (4.61)	—	—	0.194** (4.07)	—	0.207*** (4.27)
RDepth	—	—	—	0.091 (1.01)	0.121 (1.36)	—	—	—	-0.100 (-0.88)	-0.193 (-1.55)
Constant	-1.131*** (-9.04)	-1.141*** (-9.24)	-1.552*** (-10.71)	-1.146*** (-9.10)	-1.430*** (-10.09)	0.432*** (2.92)	0.422*** (2.86)	0.063 (0.36)	0.417*** (2.78)	0.025 (0.14)
Waldchi2	552.08	626.43	607.04	549.07	675.58	22.38	26.72	40.02	23.06	46.95
Prob>chi2	0.000	0.000	0.000	0.000	0.000	0.000	0.000	0.000	0.000	0.000
Log likelihood	-2815.216	-2794.091	-2766.876	-2786.304	-2752.282	-2799.978	-2794.112	-2750.600	-2759.030	-2743.020

注：括号内为 t 值。*、**、*** 分别表示 10%、5%、1%的显著性水平。

（一）企业与企业合作深度对创新绩效的影响

模型 2、模型 7 和模型 5、模型 10 引入解释变量企业与企业合作深度。结果显示，企业与企业合作深度在当期和滞后一期的系数在 5%的置信水平上均显著为正，即企业与企业通过密切、深层次合作有利于提高企业创新绩效，H12-1 得到验证。合作深度越深，意味着企业愿意与其建立密切联系的企业充分共享彼此间稀缺的技术资源和内部核心技术知识。合作双方深层次、密切联系可加深彼此间行动的默契，促进合作双方关系的稳定和持久发展（黎常、徐建伟，2009）。Humphrey（1985）通过实际调查 142 家企业发现，企业间彼此高效密切的联系与沟通能有效地改善企业合作绩效。而在第十一章分析中发现，企业与企业的合作广度并未提高企业创新绩效。从知识转移角度来看，迈克尔·波拉尼按照知识能否用数学公式、文字等加以表述分为显性知识和隐性知识。显性知识即为可以通过文字、公式等方式加以表述的知识，而隐性知识作为高度个人化知识，难以规范化、不易传播，因此难以表述。当合作深度较小时，合作双方尚未建立密切的联系，彼此间只是泛泛合作，不会轻易共享核心技术，因此主要以显性知识转移为主。Jaff 等（1993）在其文章中提出，知识转移具有时间累积性，特别是隐性知识，随着时间累积而发生转移。起初，企业与企业之间广泛合作通常为短期合作，不具有可持续性，不能形成企业长期竞争优势，伴随资源共享的仅仅是显性知识的转移。随着彼此间密切、深层次合作，双方信任程度加深，逐渐将自身积累的难以于竞争对手模仿的知识即隐性知识进行交流、共享和转移，如企业的先进管理经验、独有的企业文化和企业价值等，隐性知识基于其难以模仿性成为企业核心竞争力。企业间通过密切、深度合作，为隐性知识的传播搭建桥梁，形成互惠互利关系，产生持续竞争优势，进而提高创新绩效。

（二）企业与大学合作深度对创新绩效的影响

模型 3、模型 8 和模型 5、模型 10 引入解释变量企业与大学合作深度。结果显示，企业与大学合作深度在当期和滞后一期的系数在 5%的置信水平上均显著为正，即企业与大学通过密切、深层次合作有利于提高企业创新绩效，H12-2 得到验证。结合上一章回归结果发现，企业同大学之间无论是进行广泛合作还是深层次合作均对企业创新绩效有显著影响。彼得·德鲁克在其管理系列丛书中提出“知识是关键的经济资源，甚至可能是唯一的资源”。大学作为供给方，是知识和科技创新主体，是会聚人才、提供科研成果、促进科研成果转化的重要培养基地，为知识传递、科技信息交流和创新人才流动提供了共享平台；而企业作为创新知识和人才需求方，大学独有的异质性知识和多样化信息正是企业技术创新所欠缺的，二者通过广泛和深度合作，有利于显性知识和隐性知识的共享、转移，进而实现知识增值，促进企业创新绩效的提升。唐方成（2007）等在其研究中同样指出，大学和企业彼此之间的资源具有较强互补性，在市场机制推动下，大学同企业之间密切合作，实现互惠共赢（唐方成、仝允桓，2007）。位于北京中关村的北大方正集团公司就是一个典型案例。众所周知，北大医疗和北大资源是依托北京大学和方正集团而成立的，彼此间形成了深度战略合作，北京大学将先进的技术人才、优质资源和创新的研发成果引入方正集团，与此同时，方正集团为北京大学提供研发所需资金，通过技术、异质性知识的共享、转移和传播，促进了方正集团多元化发展，促进了集团规模化扩张。这一案例强有力地佐证了大学和企业通过深度合作优势互补、互惠共赢。

（三）企业与研究所合作深度对创新绩效的影响

模型4、模型9和模型5、模型10引入解释变量企业与研究所合作深度。结果显示，企业与研究所合作深度在当期和滞后一期对企业创新绩效均无显著影响，H12-3未得到验证。结合上一章企业与研究所合作广度回归结果进行深入分析发现，企业同研究所之间合作广度和深度均对企业创新绩效无显著作用，对此，可能的解释为：首先，从研发性质层面进行分析发现，研究所从国家战略需求出发，探索科学研究前沿，主要从事半公共物品或者公共物品的研发活动，在科技创新中着重于试验开发（张大群等，2011）。而企业基于组织特点与根本目标，更侧重于应用研究。彼此研发性质差异可导致创新成果在转化过程中出现难以转化、利用率低下等问题。张炜通过国家统计局相关统计数据分析得出，中国国家创新体系资源配置不合理，研发与生产分离现象严重（张炜、杨选留，2006）。据中国经济网报道，中国科技成果转化率不到30%，折射出中国科技创新成果同企业市场需求脱节现象（沈慧，2016）。因此，研究所与企业在进行合作中，研究所虽然拥有研发核心技术、研发人才和前瞻性思想，能创造出高质量创新成果，但科技成果转化率低、研发同生产存在分离现象导致企业对创新成果的应用性不高，使得企业同研究所合作并未提高企业创新产出。其次，从知识转移角度分析，知识转移是知识共享、知识增值得以实现的平台，Korus（1998）认为，有效的知识转移有利于提高企业竞争能力。知识转移受到知识距离和企业对知识吸收能力的影响（徐国东等，2008；潘杰义，2006）。知识距离是指知识供方和知识受体在组织结构、行业背景、知识水平、价值观念等方面存在的差距（徐国东等，2008）。企业和研究所在合作过程中，由于追求目标、知识层次的差异，会对知识转移造成一定的影响。例如，从追求目标上来看，研究所往往追求技术领先；而企业往往追求成本低、实用性强、利润高的新产品或新技术。这种知识差距在一定程度上会影响双方深度合作。企业知识吸收能力是指企业对新知识进行识别、消化吸收，从而应用于商业化的能力（潘杰义，2006）。然而，中国科技成果转化率较低，表明研究所先进的科学知识同企业发展所需的技术知识仍然存在一定的差距，企业对科学知识消化吸收能力较弱，商业化应用能力较低。由此可能导致彼此之间深度合作对创新绩效无显著影响。

第四节 研究结论及政策建议

一、研究结论

在中国提出国家创新驱动发展战略，加快建立以企业为主体、市场为导向、产学研相结合的技术创新体系背景下，本章以中国ICT产业为例，结合社会网络分析方法和负二项式回归模型，深入剖析了产学研合作模式与企业创新绩效关系问题。

具体而言，本章首先对产学研合作以及产学研合作创新网络等概念进行了清晰地界定。其次，借鉴前人研究并结合本书主要研究对象——企业，将产学研合作模式选定为企业与企业合作、企业与大学合作以及企业与研究所合作三种类型。在此基础上，利用中国知识产权局中ICT产业产学研联合授权专利数据，构建合作创新网络，计算研究所需网络结构指标，建立面板数据。最后，借鉴开放式创新理论，从合作广度与合作深度两个维度深入分析各种合作模式对企业创新绩效的影响。

通过上述研究，本章主要得到如下研究结论：

（1）企业与企业合作广度对企业创新绩效无显著影响，但企业与企业合作深度无论是当期还是滞后一期对企业创新绩效均有显著的正向影响。这表明企业更愿意同其拥有深层次、密切合作的企业建立合作关系，共享技术资源和核心技术知识。企业与企业之间广泛而不深入合作，不具有可持续性，难以形成企业长期竞争优势，伴随知识传播的仅仅是显性知识。而随着彼此间密切、深层次合作，双方信任程度加深，逐渐将自身积累的难以与竞争对手模仿的知识即隐性知识进行交流、共享和转移，如企业的先进管理经验、独有的企业文化和企业价值等，隐性知识基于其难以模仿性成为企业核心竞争力。企业间通过密切、深度合作，为隐性知识的传播搭建桥梁，形成互惠互利关系，产生持续竞争优势，有利于企业创新绩效的提高。

（2）企业与大学合作广度及合作深度在当期及滞后一期对企业创新绩效均有显著的正向影响，即企业与大学通过广泛的合作和深层次的合作均可促进企业创新产出。大学是知识创造和扩散的主力军，拥有丰富的人力、物力资源，是新思想、新技术创造的发源地，作为知识供给方，源源不断地为企业输入高技术人才，满足企业对知识和技术的需求。企业和大学进行广泛而深度合作，有利于异质性知识转移、知识共享、进而实现知识增值，更为创新人才流动以及科技信息传播搭建了共享平台。

（3）企业与研究所合作广度与合作深度在当期和滞后一期对企业创新绩效均无显著影响，说明企业同研究所无论是广泛合作还是深度合作均没有提高企业创新产出。一方面，研究所专注于高质量研究，侧重试验开发环节；而企业关注生产和市场运作，侧重对技术知识应用。二者在组织结构、追求目标以及知识层面上存在差异，知识距离较远，影响知识转移效率。另一方面，中国科技成果转化率较低，企业对科学知识消化吸收能力较弱，商业化应用能力较低，这在一定程度上造成彼此之间合作对创新绩效无显著影响。

（4）研发人员投入对企业创新绩效具有显著的正向影响，说明参与研发人员的投入数越多越有利于提高企业创新产出，对企业创新绩效的提升具有积极作用。而代表企业先前知识和经验累积对后续创新产出影响的控制变量即企业专利积累对创新绩效的影响却呈现显著的负相关效应。原因在于中国 ICT 企业所创产品生命周期短、更新速度快，以致替代性企业多，使得企业存续期较短。此外，大部分企业在存续期内授权的专利数非常少，仅仅只有 1~2 件专利，且存在某些年份为零即无专利申请状况，这些因素均造成企业前期专利积累对创新绩效不仅没有正向影响，反而出现负向影响。

（5）中介中心性和结构洞在回归结果中均显示对企业创新绩效无显著影响。产学研合作网络中存在合作断裂现象，即缺乏使合作连接紧密和通畅的“中间人”角色，造成新鲜、非冗余的知识无法共享和传播，产生信息知识闲置状况。另外，大部分企业处于网络边缘位置，在网络中的影响和控制力较弱，无法接触到丰富的知识和信息。

二、政策建议

全球化和开放经济的重要特征是知识经济，在知识经济时代，知识是企业保持长期竞争优势不可或缺的元素，产学研相结合可促进异质性知识在不同主体间转移和共享，对企业的发展具有重大推动作用。另外，结合前文研究结果发现，产学研不同合作模式对企业创新绩效的提高具有差异化影响，因此，本章提出如下政策建议，旨在为政策制定者和企业管理者制定相关科技政策和企业管理战略提供一定的参考依据。

（1）企业、大学和研究所拥有异质性的资源和知识，基于资源的稀缺性及知识流动性，产学研合作有利于异质性知识转移、知识交流、知识共享，进而实现知识增值，提高创新成果产出率。因此，对于中国 ICT 企业而言，要积极寻求同大学与研究所之间的合作，通过广泛合作获取新技术和新知识，提高自身创新能力。

（2）在中国 ICT 产业产学研合作创新网络中，最大分图规模相对较小，并未形成规模较大的子群，较多由两三个节点组成的子群构成，整体网络集聚程度较低，尚未形成互联互通的凝聚知识网络。这直接反映出中国 ICT 产业产学研合作不紧密，进而对知识转移和知识传播造成一定的阻碍。因此，政府要积极发挥政策导向作用，为产学研合作搭建平台，提供资金和技术扶持，做好服务保障工作。此外，政府还需对拥有潜在合作倾向的主体进行宏观引导，防止产学研各主体合作中出现随机盲目选择合作伙伴的无序状态，凝聚产学研合作网络，促进产学研合作良性发展。

（3）随着经济全球化与知识经济时代的到来，企业在中国技术创新体系的主体地位正日益凸显。中国 ICT 产业产学研合作专利中，企业与企业合作专利占比已达到 74.18%（高霞、陈凯华，2016）。因此，为实现共同发展，发挥企业创新主体优势，企业之间需进行广泛的交流合作。贫民企业要积极主动与明星企业合作交流，明星企业如华为公司需发挥明星效应，为“贫民”企业输入新思想、新信息和新知识，鼓励“贫民”企业增加研发投入，提高创新产出。此外，企业需同其建立深层次关系的企业进一步增强信任，增加合作交流频率，促进隐性知识转移和共享，进而实现知识增值，增加双方创新产出。另外，政府作为服务保障者，需为企业之间合作搭建知识共享平台，推广企业与企业合作模式，降低技术交易壁垒，以合作双赢为原则，转竞争为合作，消除各方相互牵制所产生的消极效应，提高创新绩效。

（4）对于中国 ICT 产业而言，校企合作模式对企业创新产出仍具有促进作用。因此，企业要积极广泛地与大学进行合作，彼此交流经验、共享知识、促进新思想与新知识传递，触发新创意与新想法，强化企业基础研发能力。此外，校企广泛合作的同时，要适当扩展深度合作，彼此间增强信任，加强合作交流，畅通信息传播渠道，保证异质性知识持久传递和合作研发方案持续开展，提高企业创新绩效。

（5）研究所作为中国研发性机构之一，为中国创新体系建设提供了众多科技成果。因此，企业需同研究所进行广泛而深度合作，实现产业技术供求合理对接。知识距离和企业知识吸收能力对知识转移具有重要影响，鉴于此，企业可为研究所提供研发资金和研发基地，邀请研发方向一致的研究所进驻企业，设立研发实验室，增加企业同研究所交流频次，缩短知识距离，促进异质性知识转移和共享；与此同时，积极发挥研究所技术扩散效应，逐渐培养企业自主研发能力，提高企业创新绩效。

（6）中国 ICT 产业产学研合作创新网络中介中心性和结构洞对企业创新绩效无显著影响，表明网络中缺乏中枢节点，无法将较小子群和零星节点有效连接，难以形成广泛连通的知识网络。因此，政府应加强引导，着力培养与打造一批处于中心枢纽位置的企业，将小团体和孤立组织直接或间接地同大团体知识组织有效连接。改善结构松散局面，形成互连互通的凝聚知识网络，促进异质性知识和信息在各组织之间转移和共享，提高知识可达性，降低信息不对称风险，进而提升中国 ICT 产业整体竞争力。

第十三章 三螺旋视角下产学研协同创新关系测度研究

第一节 研究背景

随着全球知识经济的发展，创新逐渐成为世界各国关注的话题。1912 年，著名学者熊彼特首次提出“创新理论”，他将创新看作一种新生产函数的建立，即将生产要素重新组合。之后，也有学者不断提出新的创新理论，例如费里曼等学者（1987）提出的国家创新系统（NIS）理论，从制度和产业结构两个角度出发，分析了创新主体构成、系统性和国家干预在创新系统中占有的重要地位，强调在创新系统中企业的作用至关重要，其作为创新系统的核心模块，是创新的来源之一，也是技术与经济结合以及提高生产力的关键主体。随着全球知识经济的发展，创新活动日益复杂和不确定，创新已不是某个主体单独就可以实现的，而是要依靠多股力量之间的有效互动和相互合作。大学的知识是开放的，企业拥有的知识资源是封闭或独有的，研究所的知识则是半开放的，三者的知识具有较强的异质性和互补性，这种知识的差异性使得三大创新主体相互作用、产生合作关系，从而达到优势互补、优化创新资源配置的目的（陈劲，2012）。

《国家中长期科学和技术发展规划纲要（2006—2020）》中提到“建立以企业为主体、产学研相结合的技术创新体系，是提高我国自主创新能力、建设有中国特色的国家创新体系的必由之路”，由此确立了产学研合作在我国技术创新活动中的地位。2011 年 4 月 24 日，在清华大学百年校庆大会上，胡锦涛同志发表了重要讲话，明确提出“通过体制机制创新和政策项目引导，积极推动协同创新，鼓励高校和科研机构、企业进行深入合作，建立协同创新的战略联盟，促进资源共享，共同开展重大科研项目的研究，在关键领域取得实质性成果”，这一重要讲话首次把产学研合作提升到国家战略的高度（张力，2011）。

本章以 2005~2014 年，德温特专利数据库（Derwent Innovations Index）中太阳能领域授权的中国发明专利数据，以及 Web of Science 数据库收录的中国学者发表的关于太阳能产业的论文数据为研究对象，基于三螺旋理论，探讨中国太阳能产业的产学研协同创新关系，旨在丰富中国特色市场经济背景下三螺旋的理论，也将为我国政府或相关企业制定能够促进中国太阳能产业更好更快发展的科技创新政策提供参考依据。

第二节 太阳能产业及相关研究

一、太阳能产业

随着人类对不可再生资源的开采和挖掘，能源紧缺问题逐渐成为21世纪人类面临的最大问题。煤炭、石油、天然气等传统化石能源都是不可再生资源，而且伴随其燃烧产生的大量有毒气体会严重破坏生态环境。因此，对新能源的开发和利用受到了全球的重视。太阳能是一种取之不尽、用之不竭且洁净安全无污染、可持续、总量大、分布广、应用形式多样的可再生资源，可持续发展是人类社会的共同目标，从一个国家可持续发展角度出发，能够解决当前能源短缺、实现清洁环境的有效途径之一便是广泛、有效地利用太阳能。

太阳能（Solar Energy）是指太阳的热辐射能，主要表现就是常说的太阳光线。太阳能的利用主要以光热转换和光电转换两种方式为主，太阳能产业通常是指太阳能光伏产业和太阳能光热产业。太阳能是一种绿色可再生能源，它具有便利性、充足性、持久性和清洁性。而环保、无污染、利用价值高的特点，决定了太阳能是五大新能源（水能、风能、海洋能、地热能、太阳能）中最有发展潜力，也是最有希望成为传统能源替代物之一的新能源。

中国的太阳能资源储量非常丰富，有很大的发展潜力。与其他产业相比，目前太阳能产业是中国在全球范围内的优势产业之一。并且，中国目前是世界上最大的太阳能光热市场、最大的太阳能热水器生产国和销售国、最大的太阳能集热器制造中心、最大的太阳能电池生产国，同时，中国生产和安装的太阳能组件数量也居全球之首，在全球的太阳能组件制造中占绝对主导的地位。

二、太阳能产业的相关研究

英国学者 Robert Evans 从环境角度出发，指出世界各国对各种能源的需求都在不断增长，这迫使人们减少对传统化石能源的依赖，J. R. Fanchy 从改变全球能源结构的角度出发，指出全球能源结构从20世纪50年代开始发生变化，逐渐从严重依赖化石燃料的能源结构转变为能够依靠多种能源的能源结构。因此，可以看出广泛利用并发展太阳能不仅是为了应对气候变化问题提出的一个解决方案，更是意味着新一轮技术革新的开始（孙妍，2011）。要想提升现代科学技术水平，就应该抛弃以往严重依赖化石燃料的状况，大力推进对太阳能的开发和利用，这也是保护环境的一大举措。当前，能源供应日趋紧张，快速发展太阳能产业必然会促进科技水平的整体发展。因此，太阳能产业引起了世界各国的关注和研究。

国内外学者对太阳能的研究主要集中在太阳能产业发展政策、太阳能光伏产业的利用现状、中国太阳能产业发展存在的问题、太阳能产业核心技术水平的提高、太阳能光伏产业投资风险等方面。

田俊梅（2005）阐述了在光伏产业的发展中，鼓励性的产业政策起了很重要的作用，并从地方政府制定的光伏产业政策出发，阐述了新疆、甘肃、内蒙古等省区的税收、补贴和定价政策。赵玉文（2009）在《中国光伏产业发展新思考》中指出中国光伏产业发展曾经遇到了较好的机遇，但在发展过程中也存在一些问题，如政府部门在加大补贴政策与优惠政策力度的同时，应该加强对光伏市场的监管，使光伏市场的秩序维持稳定有序的状态，此外还要关注培养光伏产业后备人才，以促进中国光伏产业更好更快地发展。杨璞（2012）分析了中国太阳能光伏产业的财税政策，并借鉴其他国家的经验教训，提出适合中国光伏产业发展的政策建议。胡云岩等（2014）认为不断成熟的光伏发电技术、不断降低的光伏组件成本，以及国家政策的大力支持和全球潮流的推动，都会促进中国太阳能光伏发电的快速发展。

综观现有太阳能产业方面的研究文献可知，国内外学者从多个角度对太阳能产业进行研究，但目前尚没有学者运用三螺旋理论对太阳能产业的产学研合作关系进行定量研究。

第三节　数据来源与处理

一、研究范围界定

考虑到中国的太阳能资源储量非常丰富，是世界上最大的太阳能光热市场、世界第一大太阳能电池生产国、生产和安装的太阳能组件数量居全球之首。太阳能产业还具有技术发展速度快、产品更新速度快、发展潜力大等特点。因此，本章选取中国太阳能产业为研究对象。

专利是技术创新活动的主要产出成果，论文是科学研究的主要产出成果，而企业和科研院校分别是技术创新和科学研究活动的主体，且企业的研发产出形式多以专利为主，高校、研究所的科研产出形式多以论文为主（高霞，2013）。本章选取中国太阳能产业的源自德温特专利数据库（Derwent Innovations Index）的专利数据和 Web of Science 数据库的论文数据为数据源。

图 13-1 是中国太阳能产业 2000~2014 年 15 年间的授权专利总量趋势图。从图中可以看出，2000 年和 2001 年的专利总量接近于零，虽然 2002 年数量开始增加，但增长幅度很平缓，而从 2005 年开始，数量出现明显增长。2012~2014 年，授权专利数有所下降，这与 2012 年美国和欧盟对中国光伏产业的“双反”调查有关，这个事件对中国太阳能光伏产业造成不小的冲击。

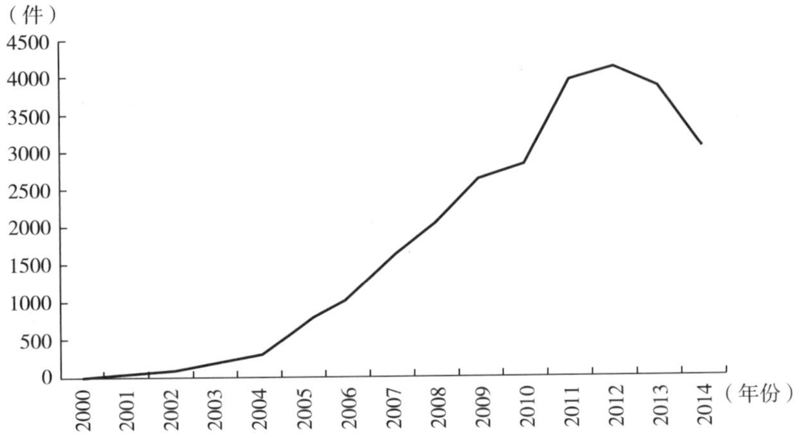

图 13-1　2000~2014 年中国太阳能产业专利授权总量趋势

图 13-2 是中国太阳能产业 2000~2014 年的论文发表总量趋势图，观察图可以发现，2000~2004 年总量增长很平缓，2000~2003 年的论文发表总量甚至接近于零，2000~2004 年五年的总量相加不及 2005 年一年的论文发表量，而从 2005 年开始，数量有了明显的增长，并一直保持高增长的趋势。

从太阳能产业在中国的发展历程来看，太阳能的开发和利用起步较晚，但发展迅速，中国在 1958 年开始对太阳能电池展开研究与开发，在 20 世纪 90 年代初取得一定的研究成果，并将其成果主要应用到通信与工业领域，2000 年中国太阳能光伏产业开始涉足光伏并网示范系统与光伏并网发电的建设。

2006 年之后，中国太阳能产业开始进入快速发展的阶段。快速发展的背后，离不开国家的支持，国家重视可再生能源的发展，制定了一系列支持可再生能源发展的法律法规和优惠政策。第十届全国人民代表大会常务委员会第十四次会议通过，并于 2006 年 1 月 1 日起施行的《中华人民共和国可再生能源法》，将可再生能源的开发利用列为国家能源发展的优先领域，提出对可再生能源开发利用的

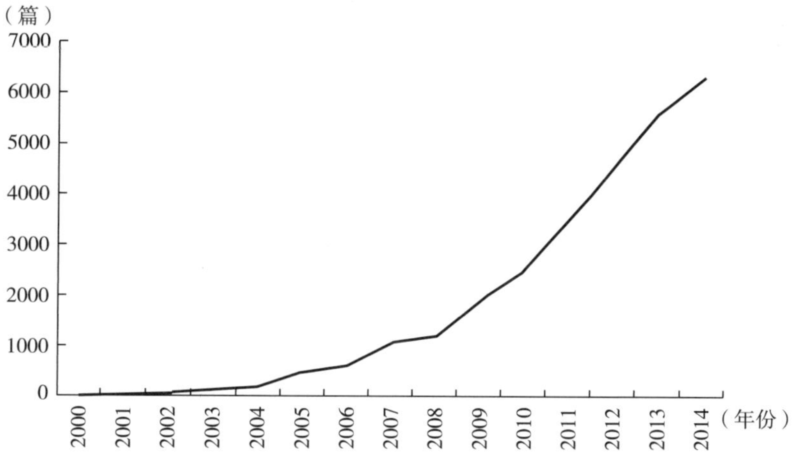

图 13-2　2000~2014 年中国太阳能产业论文发表总量趋势

产业指导和技术支持，以促进其开发利用，扩大能源供应的选择范围，改善能源结构，保障能源安全，保护环境，实现经济社会的可持续发展。2007 年，国家发改委制定了《可再生能源中长期发展规划》，提出了 2007~2020 年中国可再生能源发展的指导思想、主要任务、发展目标、重点领域和保障措施，以指导我国可再生能源发展和项目建设。据此制定的《可再生能源发展"十一五"规划》提出了"十一五"期间对可再生能源的发展规划和激励政策，指导"十一五"期间我国可再生能源产业的发展。同时，地方政府也制定了相应的太阳能产业发展政策以促进当地太阳能产业的发展。2009 年，《山东省太阳能产业发展规划》，将太阳能与建筑在集热、外观及智能化方面有效实行一体化；2010 年，《浙江省光伏等新能源推广应用与产业发展规划》，提出到 2012 年以光伏为代的新能源消费量要达到 1.5%以上；"十二五"期间，大连市启动太阳能光伏领域的"三年行动计划"，使太阳能光伏产业的应用得到全面推动，等等。这一系列产业政策都有效地推动了中国太阳能产业的发展，从而促进了产业界和学术界对太阳能产业的关注和研究。综上，本章的研究时间段为 2005~2014 年。

另外，西方三螺旋研究中，多数关注大学（U）、产业（I）、政府（G），即 U-I-G 之间的关系。国内已有三螺旋研究中，多数将中科院下属的研究所等划归到政府（G）来研究大学—产业—政府的协同创新关系。由于本研究关注的是产学研协同创新关系，故倾向于将三个创新主体单独划分，即分为大学（U）、产业（I）和研究所（R），研究所不再划归到政府中。

二、专利数据的来源与处理

专利数据来源于德温特专利数据库（Derwent Innovations Index），专利类型主要包括发明专利、实用新型专利、外观设计专利，相对于实用新型专利和外观设计专利，发明专利对技术含量的要求更高，尤其要求新颖性和创造性，因此本文研究的专利数据只包括发明专利。

依据世界知识产权组织（WIPO）对储电技术领域给出的相应 IPC 分类号，确定专利搜寻范式为：SIC =（F24J2/00 OR F24J2/02 OR F24J2/04 OR F24J2/05 OR F24J2/06 OR F24J2/07 OR F24J2/08 OR F24J2/10 OR F24J2/12 OR F24J2/13 OR F24J2/14 OR F24J2/15 OR F24J2/16 OR F24J2/18 OR F24J2/23 OR F24J2/24 OR F24J2/36 OR F24J2/38 OR F24J2/42 OR F24J2/46 OR F03G6/06 OR G02B5/10 OR H01L31/052 OR E04D13/18 OR H01L31/04 OR H01L31/042 OR H01L31/18 OR E04D1/30 OR G02F1/136 OR G05F1/67 OR H01L25/00 OR H01L31/00 OR H01L31/048 OR H01L33/00 OR H02J7/35 OR H02N6/00）。

检索德温特专利数据库（Derwent Innovations Index）中的太阳能领域授权的中国发明专利，将时间限定在 2005~2014 年，共得到符合条件的专利数据 28470 条。将这些原始数据先导入 Excel 中，将申请号、名称等信息删除，只保留日期和授权人，然后对授权人一列进行分列处理，分列后再将数据导入 Access 数据库，将“非中国”授权人的数据删除，再对余下“中国”授权人进行最终检索分类。将专利数据按照专利授权人的信息分类，授权人信息中包含“大学”“学院”的划归到“大学（U）”的范围，包含“公司”“厂”的划归到“产业（I）”的范围，包含“研究所”“研究院”的划归到“研究所（R）”的范围，同时含有上述两者分别划归到“大学—产业（UI）”“大学—研究所（UR）”“产业—研究所（IR）”三个类别中，同时含有上述三者的划归到“大学—产业—研究所（UIR）”的范围。其中有无法识别类别的信息，如部、局、小学等，将其删除。将这些专利按照年份分类，分别统计每个类别中出现的频数，即每年“大学（U）”“产业（I）”“研究所（R）”“大学—产业（UI）”“大学—研究所（UR）”“产业—研究所（IR）”和“大学—产业—研究所（UIR）”各自的发明专利数。

三、论文数据的来源与处理

论文数据来源于 Web of Science 数据库，Web of Science 数据库收录了世界范围内 8000 多种最具影响力的、经过同行专家评审的高质量期刊，是大型综合性、多学科、核心期刊引文索引数据库。

先将检索范围限定在“China”范围内，然后按照太阳能产业相关检索词搜索。本书参考 Zhang 等（2014）对太阳能研究领域关键词的确定，在高级检索模式下，选取“solar energy*”“solar radiation”“solar cell*”“solar photovoltaic*”“solar power”“solar heat*”“solar plant*”“solar concentrate*”“solar thermal”“solar collect*”“solar technolog*”作为检索词，进行主题检索，共检索到29142条数据。

将这些文本格式的原始数据导入到 Bibexcel 软件中，按照 C1（作者通信地址）和 PY（出版年）筛选信息，筛选出的信息只包含作者姓名、作者所属机构和发表日期的信息，再将筛选完成的数据导入 Excel 中，将作者姓名与其所属机构进行分列处理，分列完成后导入 Access 数据库中，对作者所属机构信息进行最终检索分类。将论文数据按照作者所属机构信息分类，信息中包含“University”“College”的划归到“大学（U）”的范围，包含“Corp”“Ltd”“Co Ltd”和“Inc”的划归到“产业（I）”的范围，包含“Chinese Acad Sci”“Chinese Acad Soc Sci”和“Research Institute”的划归到“研究所（R）”的范围，同时含有上述两者的分别划归到“大学—产业（UI）”“大学—研究所（UR）”“产业—研究所（IR）”三个类别中，同时含有上述三类的划归到“大学—产业—研究所（UIR）”的范围。同样，有无法识别类别的信息，如 Lab，则将其删除。同样，将这些论文按照年份分类，分别统计每个类别内出现的频数，即每年“大学（U）”“产业（I）”“研究所（R）”“大学—产业（UI）”“大学—研究所（UR）”“产业—研究所（IR）”和“大学—产业—研究所（UIR）”各自发表的论文数。

逐年统计上述分类整理好的每个类别的频数，所得到的这些数据就构成了下文进行产学研合作测度研究的数量基础，利用三螺旋算法（THA）可计算出信息熵、二维互信息和三维互信息，进而用来分析大学、产业和研究所三者之间的协同创新关系。

第四节　三螺旋算法

一、测度指标

在三螺旋的测度方面，Leydesdorff 提出了三螺旋算法（THA）来定量地测量大学、产业、政府三者的协同创新关系。该算法是以信息论为基础，利用互信息指标来衡量一个国家或地区的三螺旋关系。Leydesdorff（2014）认为系统的不确定性和自组织性可通过子系统之间的互信息表示，自组织即系统中的子系统不需要依靠外部指令，而是彼此间相互默契的按照某种规则，各尽其责而又协调自动地形成有序结构，一个系统的自组织功能愈强，其保持和产生新功能的能力也就愈强。

（一）信息熵

熵（Entropy）的概念来源于热力学，是用来测度系统混乱程度的指标，熵值越大，表示该系统越混乱；反之，熵值越小，表示该系统状态有序的程度越高。Shannon 在信息论中提出的信息熵是表示离散随机事件出现的概率，事件的不确定性越大，熵就越大。其公式如下：

$$H_i = -\sum iP_i \log_2(P_i) \tag{13-1}$$

其中，H 为信息熵，Pi 为第 i 个信息出现的概率。$Pi = fi/\sum fi$，fi 是第 i 个信息出现的频次。

相应地，一个二维分布数据集的信息熵 H_{ij} 的公式如下：

$$H_{ij} = -\sum i \sum jP_{ij} \log_2(P_{ij}) \tag{13-2}$$

其中，Pij 为第 i 个信息和第 j 个信息共同出现的概率。

（二）二维互信息

在信息论中，互信息用来表示信息之间的关系，测度两个随机变量之间的统计相关性（许侃、聂鸣，2013）。例如，大学（U）和企业（I）的二维互信息公式可以表示为：

$$T(UI) = H(U) + H(I) - H(UI) \tag{13-3}$$

二维互信息的值是非负的，当其值为 0 时，表示两个系统完全独立，之间没有产生相互作用，二维互信息的值越大，表示两个相互作用的系统之间的关系越紧密。

（三）三维互信息

类似地，大学（U）、产业（I）、研究所（R）三个维度的互信息可以定为：

$$T(UIR) = H(U) + H(I) + H(R) - H(UI) - H(UR) - H(IR) + H(UIR) \tag{13-4}$$

三维互信息度量的是系统的自组织性，且为负相关，T（UIR）值下降表明系统的自组织能力增强，在三螺旋模型下能够更好地自我更新、自我驱动（庄涛、吴洪，2013）。从三维互信息的公式中可以看出，大学（H_U）、产业（H_I）、研究所（H_R）及产学研三者联合（H_{UIR}）的信息熵会使三维互信息 T（UIR）的值增大，而大学—产业（H_{UI}）、大学—研究所（H_{UR}）、产业—研究所（H_{IR}）双边联合的信息熵会使三维互信息 T（UIR）的值减小，也就是说，在大学、产业和研究所三个子系统所组成的创新系统中，两个子系统的相互作用可以降低系统的不确定性，但三个子系统的共同作用会增加整个创新系统的不确定性。因此，当大学（H_U）、产业（H_I）、研究所（H_R）及产学研联合信息熵（H_{UIR}）较小，而大学—产业（H_{UI}）、大学—研究所（H_{UR}）、产业—研究所（H_{IR}）双边联合的信息熵较大时，三维互信息 T（UIR）的值可能为负，当 T（UIR）的值为负时，表明大学、产业、研究所三者共同协作的三维关系在其所组成的系统中发挥了自组织作用，T（UIR）的值越小，整个系统的自组织水平越高，表示大学、产业、研究所三者之间的合作关系越紧密（许侃、聂鸣，2013）。

二、基于专利数据和论文数据的三螺旋算法

以太阳能产业的专利数据为例，每条专利数据都包含专利授权人的信息，将这些专利数据按照专利授权人信息分类（见图 13-3）。

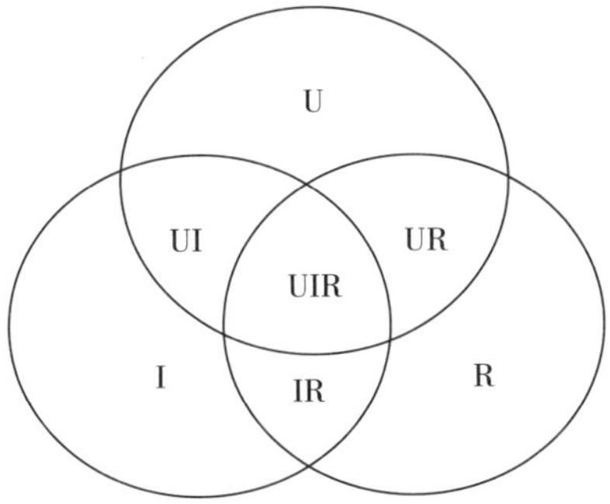

图 13-3　各类别在三螺旋模型中的划分

由图 13-3 可知，图中标有 U、I、R 的区域分别表示专利授权人信息中只包含大学、产业、研究所信息的专利，标有 UI、UR、IR 的区域分别表示专利授权人信息中同时包含大学和产业、大学和研究所、产业和研究所信息的专利，标有 UIR 的区域表示专利授权人信息中同时包含大学、产业和研究所三者信息的专利。

利用专利数据计量的三螺旋算法（THA）中，以大学（U）系统为例，U 包含两种情况：①专利授权人信息中包含大学信息，其概率为 P_1；②专利授权人信息中不包含大学信息，其概率为 P_2。

令 N = U+I+R+UI+UR+IR+UIR，U 表示专利授权人信息中只包含大学信息的

专利数，设 a 表示任意一项专利，则：

$$P_1=P(a\in 大学)=P(a\in U\ 或\ a\in UI\ 或\ a\in UR\ 或\ a\in UIR)=\frac{U+UI+UR+UIR}{N}$$

$$P_2=P(a\notin 大学)=P(a\in I\ 或\ a\in R\ 或\ a\in IR)=\frac{I+R+IR}{N}$$

那么：

$$\begin{aligned}H(U)&=-\sum_{i=1}^{2}Pi\times\log(Pi)\\&=-P_1\times\log(P_1)-P_2\times\log(P_2)\\&=-\frac{U+UI+UR+UIR}{N}\times\log\left(\frac{U+UI+UR+UIR}{N}\right)-\frac{I+R+IR}{N}\times\log\left(\frac{I+R+IR}{N}\right)\end{aligned}$$

同理可得：

$$H(I)=-\frac{I+UI+IR+UIR}{N}\times\log\left(\frac{I+UI+IR+UIR}{N}\right)-\frac{U+R+UR}{N}\times\log\left(\frac{U+R+UR}{N}\right)$$

$$H(R)=-\frac{R+UR+IR+UIR}{N}\times\log\left(\frac{R+UR+IR+UIR}{N}\right)-\frac{U+I+UI}{N}\times\log\left(\frac{U+I+UI}{N}\right)$$

对于系统 U-I 来说，包括四种情况：①专利授权人信息中只包含大学信息不包含产业信息，其概率为 P_1；②专利授权人信息中只包含产业信息不包含大学信息，其概率为 P_2；③专利授权人信息中同时包含大学信息和产业信息，其概率为 P_3；④专利授权人信息中既不包含大学信息，也不包含产业信息，其概率为 P_4。

则：$P_1=P(a\in 大学且\ a\notin 产业)=P(a\in U\ 或\ a\in UR)=\frac{U+UR}{N}$

$$P_2=P(a\in 产业且\ a\notin 大学)=P(a\in I\ 或\ a\in IR)=\frac{I+IR}{N}$$

$$P_3=P(a\in 大学且\ a\in 产业)=P(a\in UI\ 或\ a\in UIR)=\frac{UI+UIR}{N}$$

$$P_4=P(a\notin 大学且\ a\notin 产业)=P(a\in R)=\frac{R}{N}$$

那么：

$$\begin{aligned}H(UI)&=-\sum_{i=1}^{4}Pi\times\log(Pi)\\&=-P_1\times\log(P_1)-P_2\times\log(P_2)-P_3\times\log(P_3)-P_4\times\log(P_4)\\&=-\frac{U+UR}{N}\times\log\left(\frac{U+UR}{N}\right)-\frac{I+IR}{N}\times\log\left(\frac{I+IR}{N}\right)-\frac{UI+UIR}{N}\times\\&\quad\log\left(\frac{UI+UIR}{N}\right)-\frac{R}{N}\times\log\left(\frac{R}{N}\right)\end{aligned}$$

同理可得：

$$H(UR)=-\frac{U+UI}{N}\times\log\left(\frac{U+UI}{N}\right)-\frac{R+IR}{N}\times\log\left(\frac{R+IR}{N}\right)-\frac{UR+UIR}{N}\times\log\left(\frac{UR+UIR}{N}\right)-\frac{I}{N}\times\log\left(\frac{I}{N}\right)$$

$$H(IR)=-\frac{I+UI}{N}\times\log\left(\frac{I+UI}{N}\right)-\frac{R+UR}{N}\times\log\left(\frac{R+UR}{N}\right)-\frac{IR+UIR}{N}\times\log\left(\frac{IR+UIR}{N}\right)-\frac{U}{N}\times\log\left(\frac{U}{N}\right)$$

对于系统 U-I-R 来说，包括七种情况：①专利授权人信息中只包含大学信息，其概率为 P_1；②专利授权人信息中只包含产业信息，其概率为 P_2；③专利授权人信息中只包含研究所信息，其概率为 P_3；④专利授权人信息中只同时包含大学和产业信息，其概率为 P_4；⑤专利授权人信息中只同时包含大学和研究所信息，其概率为 P_5；⑥专利授权人信息中只同时包含产业和研究所信息，其概率为 P_6；⑦专利授权人信息中同时包含大学、产业、研究所信息，其概率为 P_7。

则：$P_1=P(a\in \text{大学且}\ a\notin \text{产业}\ a\notin \text{研究所})=P(a\in U)=\frac{U}{N}$

$$P_2=P(a\in \text{产业且}\ a\notin \text{大学}\ a\notin \text{研究所})=P(a\in I)=\frac{I}{N}$$

$$P_3=P(a\in \text{研究所且}\ a\notin \text{大学}\ a\notin \text{产业})=P(a\in R)=\frac{R}{N}$$

$$P_4=P(a\in \text{大学且}\ a\in \text{产业}\ a\notin \text{研究所})=P(a\in UI)=\frac{UI}{N}$$

$$P_5=P(a\in \text{大学且}\ a\in \text{研究所}\ a\notin \text{产业})=P(a\in UR)=\frac{UR}{N}$$

$$P_6=P(a\in \text{产业且}\ a\in \text{研究所}\ a\notin \text{大学})=P(a\in IR)=\frac{IR}{N}$$

$$P_7=P(a\in \text{大学且}\ a\in \text{产业}\ a\in \text{研究所})=P(a\in UIR)=\frac{UIR}{N}$$

那么：

$$\begin{aligned}H(UIR)&=-\sum_{i=1}^{7}Pi\times\log(Pi)\\&=-P_1\times\log(P_1)-P_2\times\log(P_2)-P_3\times\log(P_3)-P_4\times\log(P_4)-\\&\quad P_5\times\log(P_5)-P_6\times\log(P_6)-P_7\times\log(P_7)\\&=-\frac{U}{N}\times\log\left(\frac{U}{N}\right)-\frac{I}{N}\times\log\left(\frac{I}{N}\right)-\frac{R}{N}\times\log\left(\frac{R}{N}\right)-\frac{UI}{N}\times\log\left(\frac{UI}{N}\right)-\frac{UR}{N}\times\end{aligned}$$

$$\log\left(\frac{UR}{N}\right)-\frac{IR}{N}\times\log\left(\frac{IR}{N}\right)-\frac{UIR}{N}\times\log\left(\frac{UIR}{N}\right)$$

在此基础上，根据上面提到的公式计算二维互信息和三维互信息，即可度量大学、产业、研究所之间协同创新关系的紧密程度。

基于论文数据的计算方式与专利数据类似，此处不再赘述。

第五节　产学研协同创新关系测度研究

一、基于专利数据的产学研协同创新关系测度研究

逐年统计大学（U）、产业（I）、研究所（R）、大学—产业（UI）、大学—研究所（UR）、产业—研究所（IR）、大学—产业—研究所（UIR）七个类别的专利数量，整理得到。

从表 13-1 可以看出，单个机构授权的专利数量要远远大于机构间联合授权专利的数量，大学、产业、研究所三者联合授权的专利数更少，10 年的总数仅为 5。从单个机构来看，企业的专利数最多，比大学和研究所专利数的总和还要多，平均占比达到 78%以上，表明专利是企业技术创新的主要产出形式；其次是大学，专利数占比接近 15%，最少的是研究所，占比不到 7%。

表 13-1　2005~2014 年专利授权数量统计

年份	U	I	R	UI	UR	IR	UIR	N
2005	93	499	88	5	2	2	0	689
2006	150	776	113	3	2	2	0	1046
2007	197	1263	97	25	4	8	2	1596
2008	296	1574	122	40	1	10	0	2043
2009	357	2103	141	34	2	9	0	2646
2010	496	2111	162	22	1	8	2	2802
2011	492	3176	187	57	6	20	0	3938
2012	518	3314	189	55	15	25	0	4116
2013	661	2896	228	33	17	18	0	3853
2014	550	2312	151	27	5	11	1	3057

资料来源：德温特专利数据库（Derwent Innovations Index）。

从图 13-4 进一步看到，2005~2012 年企业的专利授权数量呈现逐渐上升的

趋势，且涨幅明显。这与中国政府对太阳能产业高度重视是密切相关的。《新能源和可再生能源发展纲要 1996—2010》《资源节约与资源综合利用“十五”规划》《中华人民共和国节约能源法》等政策法规的陆续颁布，对中国太阳能产业的发展起到了极大的促进作用。大学的专利数量也呈增长趋势，但涨幅远不及企业。研究所的专利数量基本保持稳定，增幅不明显。

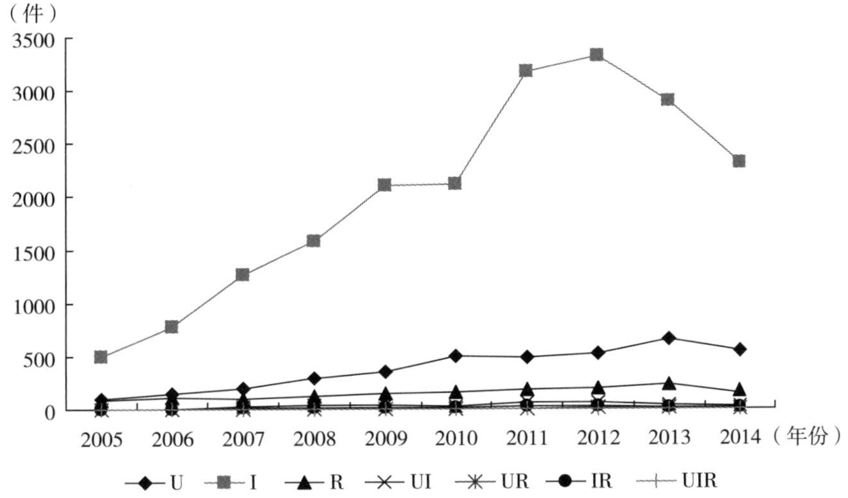

图 13-4　2005~2014 年各类专利授权数量变化趋势

但 2012 年之后，企业专利数量大幅下降，这与 2012 年美国和欧盟对中国光伏产业的“双反”调查有关（“双反”调查，即对来自某一个或几个国家或地区的同一种产品同时进行反倾销和反补贴调查，反倾销和反补贴是指进口国为限制此类商品的进口，维护本国生产该类商品的企业，对此类进口商品征收较高的税额，提高其价格，限制其进口）。此事件对我国太阳能光伏产业造成不小的冲击，同时也损害了行业内相关企业的经营，对整个行业的就业也带来一定的影响，而太阳能光伏产业是太阳能产业最核心的部分，光伏产业的变动足以影响太阳能产业整体的变动，导致企业整体专利数量的大幅减少。

从联合授权专利来看（见表 13-1 和图 13-4），U-I 联合授权的专利数量要比 U-R、I-R 联合授权专利都要多，占联合授权专利总数的 61%以上，2008 年更是达到 78%；其次是 I-R 联合授权专利数，平均占比在 23%以上；最少的是 U-I 联合授权专利数。

表 13-2 是根据表 13-1 计算出的测度 U-I-R 协同创新关系密切程度的信息熵、

二维互信息和三维互信息的值。二维互信息的值为非负数，值越大表示两个主体之间的协同创新关系越紧密。从表 13-2 中可以看出所有年份的 T（UI）>T(IR)>T(UR)，反映出大学和企业的协同创新关系最为紧密，其次紧密的是 I-R，而 U-R 的协同创新关系最不紧密。

表 13-2　2005~2014 年基于专利数据的三螺旋关系计量

年份	H (U)	H (I)	H (R)	H (UI)	H (UR)	H (IR)	H (UIR)	T (UI)	T (UR)	T (IR)	T (UIR)
2005	0.60	0.84	0.57	1.16	1.15	1.13	1.21	0.27	0.02	0.27	-0.23
2006	0.61	0.82	0.51	1.09	1.09	1.09	1.13	0.33	0.02	0.24	-0.22
2007	0.59	0.69	0.36	0.98	0.95	0.92	1.05	0.30	0.00	0.14	-0.15
2008	0.65	0.73	0.35	1.04	0.98	0.95	1.09	0.34	0.01	0.13	-0.16
2009	0.61	0.70	0.32	0.96	0.91	0.89	1.00	0.35	0.01	0.12	-0.15
2010	0.69	0.79	0.33	1.04	1.01	1.01	1.08	0.44	0.01	0.11	-0.17
2011	0.59	0.67	0.30	0.92	0.88	0.86	0.98	0.33	0.01	0.11	-0.13
2012	0.59	0.67	0.31	0.91	0.90	0.87	0.99	0.35	0.00	0.11	-0.12
2013	0.69	0.79	0.36	1.05	1.04	1.03	1.12	0.43	0.01	0.12	-0.16
2014	0.70	0.78	0.31	1.02	1.00	0.99	1.07	0.46	0.01	0.10	-0.15

结合图 13-5 二维互信息图可以更明显地看出，T（UI）>T(IR)>T(UR)，且十年间 T(UI) 呈现平缓上升的趋势，表示大学和企业之间的协同创新关系越来越紧密；T(IR) 呈现先下降，后平缓的趋势，2007~2014 年基本保持在一个水平线上，较为稳定，说明企业和研究所的协同创新关系紧密程度保持稳定；T(UR) 一直接近于横轴，说明大学和研究所的协同创新关系不紧密，且 10 年间变化不大。

结合表 13-2 和图 13-6，发现 2005~2014 年 10 年间 T(UIR) 的值均为负数。三维互信息的值为负时，表明大学、产业、研究所三者的相互作用和有效互动在其所组成的系统中发挥了自组织作用。T(UIR) 的值越小，整个系统的自组织水平越高，相应地，大学、产业、研究所三者之间的协同创新关系也就越紧密，所以表 13-2 和图 13-6 反映出中国太阳能产业领域初步形成了较为稳定的创新协同创新关系。这里要特别说明，T(UIR) 反映的不仅仅是大学—产业—研究所三者的协同创新关系，也包括两两之间的合作，这也是三者联合授权专利数很少，但

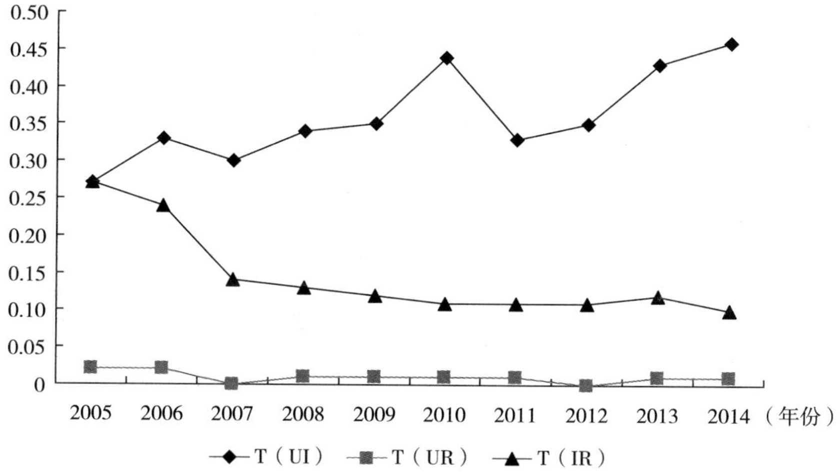

图 13-5　2005~2014 年基于专利数据的二维互信息

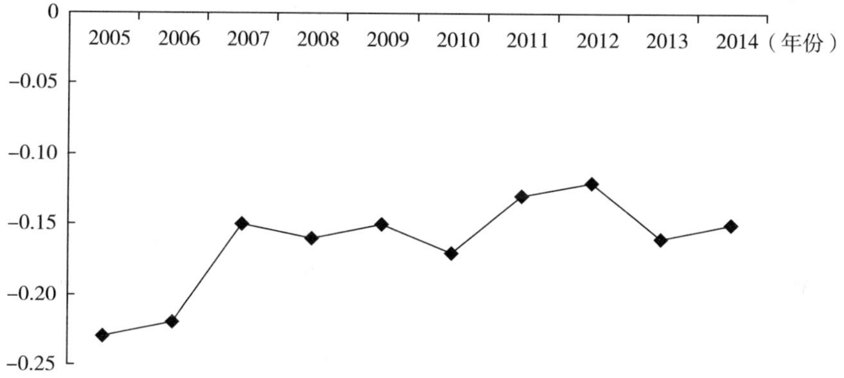

图 13-6　2005~2014 年基于专利数据的三维互信息

协同创新关系却较紧密的原因。进一步分析发现，2007~2009 年以及 2011~2012 年，T(UIR) 的值较其他年份趋于增大，说明在这些年份，大学—产业—研究所三个创新主体所组成系统的自组织性降低，三者关系趋于松散。从整体趋势来看，十年间三维互信息值的变化不大，说明在此期间产学研协同创新关系没有发生较大的变化。

二、基于论文数据的产学研协同创新关系测度研究

大学是知识生产机构，拥有大批的高素质人才，是新知识和新技术的源头，

在推进科学发展方面起到很大的作用，而企业是技术创新的主体，两者相结合才能实现知识向生产力的有效转化（庄涛、吴洪，2013）。

表 13-3 是 2005~2014 年，大学、企业、研究所单独及合作发表论文的数量。无论是总量还是分属七个类别的子数量，总体上都呈现出上升的趋势，总量从 2005 年的 487 上升到 2014 年的 6253，10 年间增长到接近原来的 13 倍。

表 13-3　2005~2014 年论文发表数量

年份	U	I	R	UI	UR	IR	UIR	N
2005	342	1	141	1	1	1	0	487
2006	476	4	142	1	1	1	0	625
2007	804	36	196	2	8	1	0	1047
2008	901	6	195	23	66	2	0	1193
2009	1436	8	257	54	116	4	0	1875
2010	1947	7	298	78	115	4	0	2449
2011	2762	16	371	96	186	4	0	3435
2012	3607	40	523	94	266	4	1	4535
2013	4478	66	550	132	329	11	7	5573
2014	5036	47	557	135	462	11	5	6253

资料来源：Web of Science 数据库。

从单个机构来看，大学是论文发表最重要的贡献者，大学发表的论文最多，比企业和研究所发表论文的总和还要多出几倍，平均占比达到 82%以上，个别年份接近 90%。其次是研究所，其发表论文的数量占单个机构发表论文数量的 16%。最少的是企业，其发表论文的数量占单个机构发表论文总数不到 1%。

从图 13-7 可以清晰地看到，大学（U）、产业（I）、研究所（R）、大学—产业（UI）、大学—研究所（UR）、产业—研究所（IR）、大学—产业—研究所（UIR）七个类别在 2005~2014 年发表论文数量的变化趋势。10 年间，无论是单个机构，还是合作发表论文的机构，其论文发表数量都在逐年增加，增幅最为明显的是大学，其增长趋势和论文总量的增长趋势几乎完全一致。其余六个类别虽然也呈现缓慢上升的趋势，但和大学相比，上升趋势则极为平缓。

从合作论文来看（见表 13-3 和图 13-7），U-R 合作发表的论文要多于 U-I、I-R 合作发表的论文。U-R 合作发表的论文，在合作论文总数中平均占比 61%以上，在 2014 年更是达到 75%，其次是 U-I，二者合作发表的论文数平均占比接

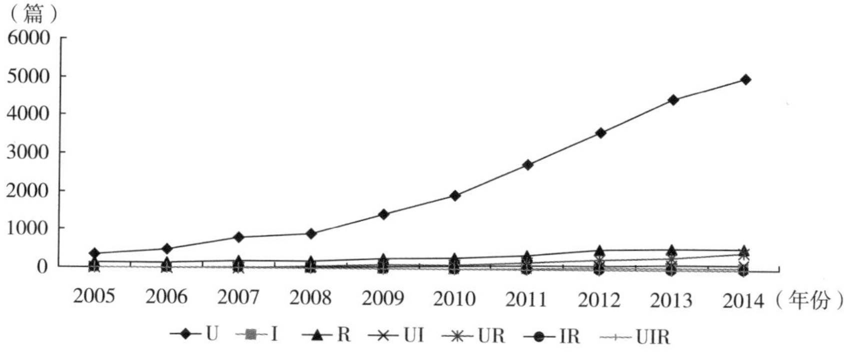

图 13-7　2005~2014 年各类论文数量变化趋势

近 29%，合作发表论文最少的是 I-R，在合作发表论文总数中占比不到 9%。

企业单独发表和合作发表的论文数量都较少，究其原因，一方面是因为企业与大学、研究所的合作成果通常表现为专利、创新技术等形式，而不是以论文的形式（许侃、聂鸣，2013）；另一方面是因为企业的根本目的是追求利润，科技创新是提高企业利润的重要途径，因此企业会积极主动地通过各种方式开展科技创新活动，但企业希望尽快将科技创新的成果以经济收益的形式表现出来，因此创新往往发生在技术应用、产品开发领域，对于基础领域的研究不够重视，企业的产出成果大部分表现为专利、新产品开发等，而论文大部分是基础领域的研究成果（庄涛、吴洪，2013）。

同样，根据表 13-3 计算出能够反映大学—企业—研究所协同创新关系密切程度的信息熵、二维互信息和三维互信息，从而整理得到表 13-4。上文已知，二维互信息的值越大表示两个主体之间的协同创新关系越紧密。从中可以明显看出，各年份 T(UR)>T(UI)>T(IR)，即 U-R 的协同创新关系最为紧密，其次紧密的是 U-I，而 I-R 的协同创新关系是最不紧密的，十年间 T（IR）的值绝大多数为 0。

表 13-4　2005~2014 年基于论文数据的三螺旋关系计量

年份	H (U)	H (I)	H (R)	H (UI)	H (UR)	H (IR)	H (UIR)	T (UI)	T (UR)	T (IR)	T (UIR)
2005	0.87	0.05	0.87	0.92	0.91	0.93	0.95	0.00	0.84	0.00	-0.01
2006	0.79	0.08	0.78	0.85	0.85	0.86	0.88	0.01	0.72	0.00	-0.04
2007	0.76	0.23	0.71	0.92	0.96	0.94	0.99	0.07	0.51	0.01	-0.12
2008	0.66	0.17	0.76	0.83	0.98	0.93	1.13	0.00	0.44	0.00	-0.03
2009	0.59	0.22	0.72	0.81	0.94	0.94	1.14	0.00	0.38	0.00	-0.02

续表

年份	H (U)	H (I)	H (R)	H (UI)	H (UR)	H (IR)	H (UIR)	T (UI)	T (UR)	T (IR)	T (UIR)
2010	0.55	0.23	0.66	0.77	0.83	0.88	1.04	0.00	0.37	0.00	-0.01
2011	0.51	0.21	0.64	0.72	0.83	0.85	1.02	0.00	0.32	0.00	-0.02
2012	0.54	0.20	0.67	0.74	0.90	0.86	1.05	0.01	0.31	0.00	-0.04
2013	0.51	0.24	0.64	0.73	0.88	0.87	1.06	0.01	0.26	0.00	-0.05
2014	0.46	0.20	0.65	0.66	0.87	0.85	1.04	0.01	0.24	0.00	-0.03

结合图 13-8 可以更清晰地看到，T（UR）明显大于 T（UI）和 T（IR），且 T（UR）呈现逐年下降的趋势，2005~2008 年下降幅度较大，2008~2014 年呈现缓慢下降的趋势，说明大学和研究所的协同创新关系越来越不紧密。其次是 T（UI），除了 2007 年有一次向上的大波动外，其余年份变化不大。T（IR）则 10 年间几乎没有变化。

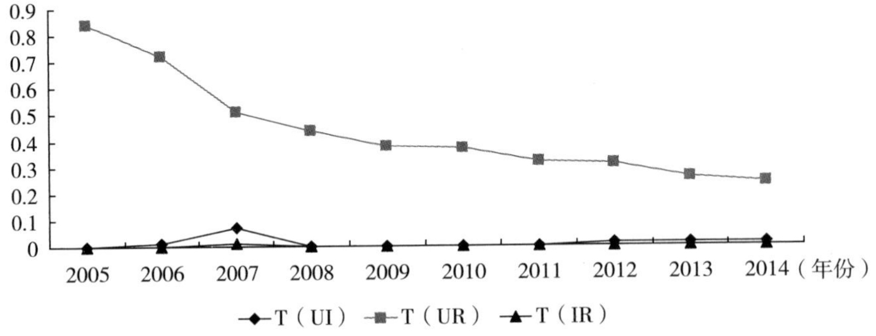

图 13-8　2005~2014 年基于论文数据的二维互信息

上文已知，三维互信息的值越小表示三个子系统之间的协同创新关系越紧密。由表 13-4 和图 13-9 可知，2005~2014 年 T(UIR）的值均为负，说明已初步形成了较为稳定的创新协同创新关系。但 T(UIR）的绝对值都较小，只有 2007 年 T(UIR）的绝对值为 0.12，其余年份的 T(UIR）绝对值均小于 0.05。

观察三维互信息图可以看出，2007 年出现了一次很大的波动，在这一年 T（UIR）值骤降，而其余年份则基本保持平稳，说明大学、企业和研究所三者的协同创新关系紧密程度在这一年要高于其他年份。对比图 13-8 和图 13-9，发现在 2007 年，T(UR）和 T(UIR）都出现了明显的下降趋势，由于 T(UR）的值越大表明协同创新关系越紧密，而 T(UIR）的值越小表明协同创新关系越紧密，所

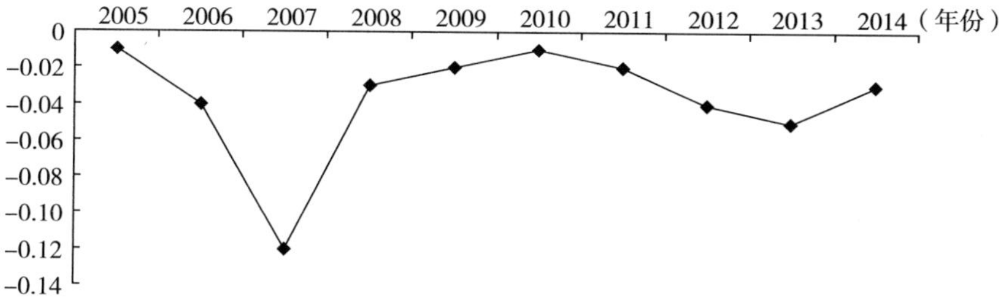

图 13-9　2005~2014 年基于论文数据的三维互信息

以 U-R 的合作趋势与 U-I-R 三者的合作趋势恰好相反，即大学和研究所的协同创新关系紧密程度下降，整体的协同创新关系紧密程度反而上升。之所以会这样，是因为大学与企业及研究所的双方合作与整体的三方合作之间有相互竞争和替代作用，大学在与企业和研究所进行三方合作的过程中会错过与其中一方进行双方合作的机会，这种替代效应会在特定时期的合作总量确定后出现（庄涛、吴洪，2013）。

三、产学研协同创新关系测度结果比较

科学研究是技术创新的基础和支撑，技术创新是将科学研究转化为生产力的工具，二者相互联系、相互作用，并共同推动经济的发展和社会的进步（高霞，2013）。论文和专利分别是基础研究和应用研究的产出成果，基础研究是应用研究的基础和支撑，研究成果本身的性质决定其可能既有基础研究的价值，也有应用的价值，而大多数专利的研究也能以论文的形式发表，这说明申请专利和发表论文之间不是相互替代，而是相互促进的关系（张敬，2013）。总体来看，2005~2012 年，我国太阳能产业的专利数量和论文数量都呈现出明显的增长趋势，二者可能具有一定的相互促进关系。

基于专利数据的产学研协同创新关系测度结果，发现企业无论是单独还是联合授权专利，其数量都是最高的，而研究所单独和联合授权的专利数都最低，从二维互信息可以看出，企业和大学的协同创新关系最紧密，其次是企业和研究所，大学和研究所的协同创新关系最不紧密。

基于论文数据的产学研协同创新关系测度结果，发现大学发表论文的数量是最多的，而企业单独和合作发表论文的数量都很少，从二维互信息可以看出，大学和研究所的协同创新关系最紧密，要远远超过大学和企业、企业和研究所的协同创新关系，而企业和研究所的协同创新关系最不紧密。

此外，基于专利数据和论文数据的产学研协同创新关系测度结果都显示，T（UIR）值10年间都为负，这表示大学、产业、研究所所组成的系统在技术创新领域和基础研究领域中都产生了自组织作用，已初步形成了较为稳定的创新协同创新关系。

第六节　研究结论及政策建议

一、研究结论

创新的过程就是将学术知识和经验知识糅合、整合的过程，大学和研究所是学术知识的生产者，企业则提供应用这些知识的具体情境（陈劲，2012）。因此，产学研合作是国家获得竞争优势、企业提升创新绩效的关键。本文以中国太阳能产业的发明专利数据和论文数据为研究对象，基于三螺旋理论，运用三螺旋算法（THA），研究了中国太阳能产业的产学研协同创新关系，得到以下主要结论：

第一，总体来看，2005~2012年，我国太阳能产业的专利数量和论文数量都呈现出明显的增长趋势，二者可能具有一定的相互促进关系。

第二，基于专利数据的产学研协同创新关系测度结果，得到T(UI)>T(IR)>T(UR)，即大学和企业的协同创新关系最紧密，其次是企业和研究所，大学和研究所的协同创新关系最不紧密。T(UI)值有缓慢上升的趋势，即大学和企业的协同创新关系越来越紧密，T(IR)则先下降后平缓，即企业和研究所协同创新关系的紧密程度先下降后保持稳定，而T(UR)值趋于0，且变化不大。

第三，基于论文数据产学研协同创新关系测度结果，得到T(UR)>T(UI)>T(IR)，即大学和研究所的协同创新关系最紧密，其次是大学和企业，而企业和研究所的协同创新关系最不紧密。T(UR)值呈现逐年下降的趋势，即大学和研究所协同创新关系的紧密程度在逐年下降，且企业和研究所的协同创新关系较不紧密。

第四，基于中国太阳能产业，大学、产业、研究所三者已初步形成较为稳定的产学研创新协同创新关系。专利数据和论文数据的分析结果都显示，2005~2014年10年间T（UIR）的值一直为负，说明较为稳定的产学研创新协同创新关系已初步形成。

二、政策建议

针对上文的研究结果，提出以下几点建议，旨在为制定有关促进中国太阳能产业更好更快发展的科技创新政策提供依据。具体来说：

第一，调动太阳能产业中相关企业的积极性。通常，对于一个产业来说，企业的参与度与整个产业的成熟度在一定程度上呈正相关关系（党蓓等，2014）。对于太阳能产业，太阳能相关企业是拥有该领域创新技术的主体，所以要调动企业的积极性，加强企业在产学研合作过程中的参与度。对于企业自身，应加强创新意识、建立创新理念、鼓励员工的创新行为，提倡敢于创新、勇于竞争和敢于冒险的精神，努力营造鼓励科技人员创新、支持科技人员实现创新的有利环境，同时，加强并鼓励与高校、研究所等相关创新机构的交流合作。

第二，加强政府在产学研合作中的影响。政府在推动自主研发核心技术方面起着至关重要的作用，特别是涉及国计民生、国家安全、高风险及投入巨大的科技合作时，需要政府发挥制度创新、平衡和政策保障功能（胡云岩等，2014）。同时，政府应加大对企业建设高水平研发中心的支持力度，加快完善以企业为研发主体、国家负责公益研究和战略储备技术开发、高校和研究所从事基础研究的技术创新体系。

第三，加强大学、产业、研究所三方的合作。虽然 T（UIR）值反映出的中国太阳能产业大学、产业、研究所三方的合作紧密程度较高，但从三者联合授权专利的数量和合作发表论文的数量来看，还处于非常低的水平。太阳能产业技术进步快、发展迅速，通过加强整合大学、产业、研究所三方的优势资源来推动创新非常必要，三者在科技创新方面的交集，能够极大推动创新和提高生产力（胡春等，2014）。因此，政府应充分发挥推动和引导作用，针对太阳能产业，建立有利于科研成果转化的转化体系，如建立产学研自主创新战略联盟，支持企业与高校、科研机构共同建设企业技术中心，健全科技成果的共享机制等。

第四，中国的国家创新体系是知识创新与技术创新并举的创新体系（张敬，2013），这就意味着在创新过程中，既要重视科学知识的基础研究，也要重视技术开发的应用研究，而产学研合作是国家创新体系的重要组成部分（杨东升、张永安，2007），因此，要加强产学研的深入合作，兼顾基础研究和应用研究，促进科技与经济的快速发展。

参考文献

[1] Abramo G, Ciriaco Andrea D' Angelo, Costa F. D, et al. The Role of Information Asymmetry in the Market for University-industry Research Collaboration [J]. Journal of Technology Transfer, 2011, 36 (1): 84-100.

[2] Abramo G, Ciriaco Andrea D' Angelo, Solazzi M . Assessing Public - private Research Collaboration: Is it Possible to Compare University Performance [J]. Scientometrics, 2010, 84 (1): 173-197.

[3] A. L Barabási, Jeong H, Néda Z, et al. Evolution of the Social Network of Scientific Collaborations [J]. Physica A - statistical Mechanics & Its Applications, 2002, 311 (3): 590-614.

[4] Arranz, N. , Fdez de Arroyabe, J. C. The Choice of Partners in R&D Cooperation: An Empirical Analysis of Spanish Firms [J]. Technovation, 2008, 28 (1): 88-100.

[5] Arundel A, Kabla I. What Percentages of Innovations Are Patented? Empirical Estimates for European Firms [J]. Research Policy, 1998, 27 (2): 127-141.

[6] Arvanitis S, Kubli U, Woerter M. University-industry Knowledge and Technology Transferin Switzerland: What University Scientists Think About Co-operation With Private Enterprises [J]. Research Policy, 2008 (37): 1865-1883.

[7] Balconi M. , Breschi S. , Lissoni F. Network of Inventors and the Role of Academia: An Exploration of Italian Data [J]. Research Policy, 2004 (33): 127-145.

[8] Barrat A, Barthélemy M, Vespignani A. Weighted Evolving Networks: Coupling to Pology and Weight Dynamics. [J]. Physical Review Letters, 2004, 92 (22).

[9] Barrat, A. , Barthélemy, M. , Pastor-Satorras, R. , and Vespignani, A. Thearchitecture of Complex Weighted Networks [J]. Proc. Natl. Acad. Sci, 2004 (101): 3747-3752.

[10] Beaudry C, Schiffauerova A . Impacts of Collaboration and Network Indicators on Patent Quality: The Case of Canadian Nanotechnology Innovation [J].

European Management Journal, 2011, 29 (5): 362–376.

[11] Brian Uzzi, Jarrett Spiro. Collaboration and Creativity: The Small World Problem1 [J]. American Journal of Sociology, 2005, 111 (2): 447–504.

[12] Burt R. S. Structural Holes: The Social Structure of Competition [M]. Cambridge: Harvard University Press, 1992.

[13] Burt, R. S. Structure Holes: The Social of Competition, Cambridge, Massachusetts, and London, England [M]. Cambridge: Harvard University Press, 1995.

[14] Cantner U., Graf H. The Network if Innovators in Jena: An Application of Social Network Analysis [J]. Research Policy, 2006 (35): 463–480.

[15] Carnabuci G, Bruggeman J. Knowledge Specialization, Knowledge Brokerage and the Uneven Growth of Technology Domains [J]. Social Forces, 2009, 88 (2): 607–641.

[16] Castaldi C, Frenken K, Los B. Related Variety, Unrelated Variety and Technological Breakthroughs: An Analysis of US State–Level Patenting [J]. Regional Studies the Journal of the Regional Studies Association, 2015, 49 (5): 767–781.

[17] Catherine Beaudry, Andrea Schiffauerova. Impact of Collaboration and Network Indicators on Patent Quality: The Case of Canadian Nanotechnology [J]. European Management Journal, 2011 (29): 362–376.

[18] Chen J, Chen Y, Vanhaverbeke W. The Influence of Scope, Depth, and Orientation of External Technology Sources on the Innovative Performance of Chinese Firms [J]. Technovation, 2011, 31 (8): 370–373.

[19] Chen Z, Guan J. The Impact of Small World on Innovation: An Empirical Study of 16 Countries [J]. Journal of Informetrics, 2010, 4 (1): 97–106.

[20] Chesbrough, H. Open Innovation: The New Imperative for Creating and Profiting from Technology [M]. Boston, MA: Harvard Business School Press, 2003.

[21] Chung C. J. An Analysis of the Status of the Triple Helix and University–industry – government Relationships in Asia [J]. Scientometrics, 2014, 99 (1): 139–149.

[22] Cohen, W. M., Nelson, R. R., Walsw J. P. Links and Impacts: The Influence of Public Research on Industrial R&D [J]. Managment Science, 2002, 48 (1): 1–23.

[23] Cowan R., Jonard N. Network Structure and the Diffusion of Knowledge [J]. Journal of Economic Dynamics and Control, 2004, 28 (8): 1557–1575.

[24] Daniel E O' Leary . Knowledge – management Systems: Converting and Connecting [J] . IEEE Intelligent Systems, 1998 (6): 30 –33.

[25] De Nooy, W. , Mrvar, A. , Batagelj, V. Exploratory Network Analysis with Pajek [M]. New York: Cambridge University Press, 2005.

[26] Dirk Fornahl, Tom Broekel, Ron Boschma. What Drives Patent Performance of German Biotech Firms? The Impact of R&D Subsidies, Knowledge Networks and Their Location [J]. Papers in Regional Science, 2011 (90): 395–418.

[27] Dyer J H, Singh H. The Relational View: Cooperative Strategy and Sources of Interorganizational Competitive Advantage [J]. Academy of Management Review, 1998, 23 (4): 660–679.

[28] Ejermo, O. , Karlsson, C. Interregional Inventor Networks as Studied by Patent Coinventorships [J]. Research Policy, 2006 (35): 412–430.

[29] Etzkowitz H, Leydesdorff L . The Triple Helix University–Industry–Government Relations: A Laboratory for Knowledge Based Economic Development [J]. Social Science Electronic Publishing, 2014, 14 (1): 14–19.

[30] Fleming L. , Charles King Ⅲ, Juda, A. I. Small Worlds and Regional Innovation [J]. Organization Science, 2007, 18 (6): 938–954.

[31] Fontana R, GeunaA, Matt M. Factors Affecting University–industry R&D Projects: The Importance of Searching, Screening and Signaling [J]. Research Policy, 2006 (35): 309–323.

[32] Fritsch . M. The Impact of Network Structure on Knowledge Transfer: An Application of Social Network Analysis in the Context of Regional Innovation Networks [J]. Ann Reg Sci, 2010 (44): 21–38.

[33] Furman, J. L. , Porter, M. E. , Stern, S. The Determinants of National Innovative Capacity [J]. Research Policy, 2002, 31 (6): 899–933.

[34] Gao, X. , Guan, J. C. Networks of Scientific Journals: An Exploration of Chinese Patent Data [J]. Scientometrics, 2009, 80 (1): 283–302.

[35] Ghoshal T S . Social Capital and Value Creation: The Role of Intrafirm Networks [J]. The Academy of Management Journal, 1998, 41 (4): 464–476.

[36] Gilsing V, Nooteboom B. Density and Strength of Ties In Innovation Networks: An Analysis of Multimedia and Biotechnology [J]. European Management Review, 2005 (2): 179–197.

[37] Giuliani E, Arza V . What Drives the Formation of "Valuable" University–

industry Linkages: Insights from the Wine Industry [J]. Research Policy, 2009, 38 (6).

[38] Goerzen A . Alliance Networks and Firm Performance: The Impact of Repeated Partnerships [J]. Strategic Management Journal, 2007, 28 (5): 487-509.

[39] Gonzalez - Brambila C N, Veloso F M, Krackhardt D. The Impact of Network Embeddedness on Research Output [J]. Research Policy, 2013, 42 (9): 1555-1567.

[40] Granovetter M. S. The Strength of Weak Ties [J]. American Journal of Sociology, 1973 (78): 1360-1380.

[41] Granovetter M. S. Economic Action and Social Structure: The Problem of Embeddedness. [J]. American Journal of Sociology, 1985, 91 (3): 481-510.

[42] Griliches, Z. Patent Statistics as Economic Indicators: A Survey [J]. Journal of Economic Literature, 1990, 28 (4): 1661-1707.

[43] Grimpe C, Hussinger K . Formal and Informal Knowledge and Technology Transfer from Academia to Industry: Complementarity Effects and Innovation Performance [J]. Industry & Innovation, 2013, 20 (8): 683-700.

[44] Guan J, Liu N. Exploitative and Exploratory Innovations in Knowledge Network and Collaboration Network: A Patent Analysis in the Technological Field of Nano-energy [J]. Research Policy, 2015, 45 (1): 97-112.

[45] Guan, J. C, Ma, N. A comparative Study of Research Performance in Computer Science [J]. Scientometrics, 2004, 61 (3): 339-359.

[46] Guan J. C, Mok C. K, Yam R. C. M. , et al. Technology Transfer and Innovation Performance: Evidence from Chinese Firms [J]. Technological Forecasting and Social Change, 2006, 73 (6): 666-678.

[47] Guan, J. C. , Chen, K. H. Measuring the Innovation Production Process: A Cross-region Empirical Study of China's High-tech Innovations [J]. Technovation, 2010, 30 (5-6): 348-358.

[48] Guimerà, R. , Uzzi, B. , Spiro J. , Nunes-Amaral L. A. Team Assembly Mechanisms Determine Collaboration Network Structure and Team Performance [J]. Science, 2005 (308): 697-702.

[49] Gulati R, Sytch M, Tatarynowicz A. The Rise and Fall of Small Worlds: Exploring the Dynamics of Social Structure [J]. Organization Science, 2012, 23 (2): 449-471.

[50] Gulati, Ranjay, Gargiulo, et al. Where Do Interorganizational Networks Come From? [J]. American Journal of Sociology, 1997, 104 (5): 1439-1438.

[51] Gupeng Zhang, Xiaofeng Lv & Hongbo Duan. How Do Prolific Inventors Impact Firm Innovation in ICT: Implication From Patent Co-inventing Network [J]. Technology Analysis & Strategic Management, 2014 (26): 1091 - 1110.

[52] H W, Leydesdorff L. Longitudinal Trends in Networks of University-industry-government Relations in South Korea: The Role of Programmatic Incentives [J]. Research Policy, 2010 (39): 640-649.

[53] Hagedoorn J. , Duystebs G. External Sources of Innovative Capabilities: The Preference for Strategic Alliances or Merges and Acquisitions [J]. Journal of Management Stiduies, 2002, 39 (2): 167-188.

[54] Hamel. Competition for Competence and Inter-partnerlearning within International Strategic Alliances [J] . Strategic Management Journal, 1991 (12): 83-103.

[55] Hanaki, N. , Nakajima R. , Ogura, Y. The Dynamics of R&D Network in the IT Industry [J]. Research Policy, 2010 (39): 386-399.

[56] Hanel, P. , St pierre, M. Industry-University Collaboration by Canadian Manufacturing Firms [J]. The Journal of Technology Transfer, 2006, 31 (4): 485-499.

[57] Hashimoto, A. , Haneda, S. Measuring the Change in R&D Efficiency of the Japanese Pharmaceutical Industry [J]. Research Policy, 2008, 37 (10): 1829-1836.

[58] Henry Etzkowitz, Chunyan Zhou. Singapore TripleHelix Conference VI [J]. Theme Paper, 2007 (5): 16-18.

[59] Hoekman J, Frenken K, Oort F V . The Geography of Collaborative Knowledge Production in Europe [J]. Annals of Regional Science, 2009, 43 (3): 721-738.

[60] Hong W . Decline of the Center: The Decentralizing Process of Knowledge Transfer of Chinese Universities from 1985 ~ 2004 [J]. Research Policy, 2008, 37 (4): 580-595.

[61] Hossain M. D, Moon J, Kang H. G, et al. Mapping the Dynamics of Knowledge Base of Innovations of R&D in Bangladesh: Triplehelix Perspective [J]. Scientometrics, 2012 (90): 57-83.

[62] Hu M. C, Mathews J. A . China's National Innovative Capacity [J]. Research Policy, 2008, 37 (9): 1465-1479.

[63] Hussler C., Rondé P. The Impact of Cognitive Communities on the Diffusion of Academic Knowledge: Evidence from the Networks of Inventor of a French University [J]. Research Policy, 2007 (36): 288-302.

[64] Jaccard J., Turrisi R. Interaction Effects in Multiple Regression [M]. Iowa: University of Iowa, 2003.

[65] Jaff A, Trajtenberg M, Henderson R. Ceographic Localization of Knowledge Spillovers as Evidence by Patent Citations [J]. Quarterly Journal of Economics, 1993, 10 (8): 577-598.

[66] Jensen, M. Johnson, B., Lorenz, E., and Lundvall, B. A. Forms of Knowledge and Modes of Innovation [J]. Research Policy, 2007 (36): 680-693.

[67] Jiancheng Guan, Qingjun zhao. The Impact of University-industry Collaboration Networks on Innovation in Nanobiopharmaceuticals [J]. Technological Forecasting & Social Change, 2013 (80): 1271-1286.

[68] Jiang H., Fallah, M. H. Is Inventor Network Structure a Predictor of Cluster Evolution? [J]. Technological Forecasting & Social Change, 2009 (76): 91-106.

[69] Kenney M, Patton D. Reconsidering the Bayh-Dole Act and the Current University Invention Ownership Model [J]. Research Policy, 2009 (38): 1407-1422.

[70] Khan G F, Park H W. Editorial: Triple Helix and Innovation in Asia Using Scientometrics, Webometrics, and Informetrics [J]. Scientometrics, 2011, 90 (1): 1-7.

[71] Kilduff M, Brass D J. Organizational Social Network Research: Core Ideas and Key Debates. [J]. Academy of Management Annals, 2010, 4 (1): 317-357.

[72] Koput K W. A Chaotic Model of Innovative Search: Some Answers, Many Questions [J]. Organization Science, 1997, 8 (5): 528-542.

[73] Koschatzky K. Networking and Knowledge Transfer between Research and Industry in Transition Countries: Empirical Evidence from the Slovenian Innovation System [J]. Journal of Technology Transfer, 2002, 27 (1): 27-38.

[74] Kreiner K., Schultz M. Informal Collaboration in R&D. The Formation of Networks Across Organizations [J]. Organization Studies, 1993 (14): 189-209.

[75] Kwon K. S, Park H. W, So M, et al. Has Globalization Strengthened South Korea's National Research System? National and International Dynamics of the Triple Helix of Scientific Co-authorship Relationships in South Korea [J]. Scientometrics, 2012 (90): 163-176.

[76] Lahiri N, Narayanan S. Vertical integration, Innovation and Alliance Port-

folio Size: Implications for Firm Performance [J]. Strategy Management, 2013, 34 (9): 1042-1064.

[77] Laursen, K., Salter, A. Open for Innovation: The Role of Openness in Explaining Innovation Performance Among U. K. Manufacturing Firms [J]. Strategic Management Journal, 2006, 27 (2): 131-150.

[78] Lee Fleming, Charles King, Adam. Small Worlds and Regional Innovation [J]. Organization Science, 2007, 18 (6): 938-953.

[79] Lee, H. Y., Park, Y. T. An International Comparison of R&D Efficiency: DEA Approach [J]. Asian Journal of Technology Innovation, 2005, 13 (2): 207-222.

[80] LEE J. J. Heterogeneity, Brokerage, and Innovative Performance: Endogenous Formation of Collaborative Inventor Networks [J]. Organization Science, 2010 (21): 804-822.

[81] Lei X. P, Zhao Z Y, Zhang X, et al. The Inventive Activities and Collaboration Pattern of University-industry-government in China Based on Patent Analysis [J]. Scientometrics, 2012, 90 (1): 231-251.

[82] Levy R, Roux P, Wolff S. An Analysis of Science-industry Collaborative Patterns in a Large European University [J]. Journal of Technology Transfer, 2009, 34 (1): 1-23.

[83] Leydesdorff L, Fritsch M. Measuring the Knowledge Base of Innovation Systems in Germany in terms of a Triple-Helix Dynamics [J]. Research Policy, 2006 (35): 1538-1553.

[84] Leydesdorff L, Meyer M. The Scientometrics of a Triple Helix of University-industry-government Relations [J]. Scientometrics, 2007, 70 (2): 207-222.

[85] Leydesdorff L, Sun Y. National and International Dimensions of the Triple Helix in Japan: University-industry-government Versus International Co-authorship Relations [J]. Journal of the American Society for Information Science and Technology, 2009 (60): 778-788.

[86] Leydesdorff L, Park H. W, Lengyel B. A Routine for Measuring Synergy in University-industry-government Relations: Mutual Information as a Triple-Helix and Quadruple-Helix indicator [J]. Scientometrics, 2014, 99 (1): 27-35.

[87] Leydesdorff L, Park H W. Can Synergy in Triple Helix Relations be Quantified? A Review of the Development of the Triple Helix Indicator [J]. Triple Helix, 2014, 1 (1): 1-18.

[88] Leydesdorff L, Dolfsma W, Van der Panne G. Measuring the Knowledge Base of an Economy in Thems of Triple-helix Relations among "Technology, Organization, and Territory" [J]. Research Policy, 2006 (35): 181-199.

[89] Leydesdorff L. The Mutual Information of University-industry-government Relations: An indicator of the Triple Helix Dynamics [J]. Scientometrics, 2003, 58 (2): 445-467.

[90] Li, X. B. China's Regional Innovation Capacity in Transition: An Empirical Approach [J]. Research Policy, 2009, 38 (2): 338-357.

[91] Lissoni F. Academic Inventors as Brokers [J]. Research Policy, 2010, 39 (7): 843-857.

[92] LylesM. A, Salk J. E. Knowledge Acquisition from Foreign Parents in International Joint Ventures [J] . Journal of International Business Studies, 1996, 27 (5): 877-904.

[93] Menghui Li, JinshanWu, DahuiWang, et al. Evolving Model of Weighted Networks Inspired by Scientific Collaboration networks [J]. Physica A, 2007 (375): 355-364.

[94] Menghui Li, Ying Fan, and Jiawei Chen. Weighted Networks of Scientific Communication: the Measurement and Topological Role Weight [J]. Physica A, 2005 (350): 643-656.

[95] Monjon, S, Waelbroeck, P. Assessing Spillovers from Universities to Firms: Evidence from French Firm -level Data [J]. International Journal of Industrial Organization, 2003, 21 (9): 1255-1270.

[96] Motohashi K. University-industry Collaborations in Japan: The Role of New Technology-based Firms in Transforming the National Innovation System [J]. Research Policy, 2005 (34): 583-594.

[97] Mueller P. Exploring the Knowledge Filter: How Entrepreneurship and University-industry Relationships Drive Economic Growth [J]. Research Policy, 2006 (35): 1499-1508.

[98] Murray, J. Y. , Chao, M. C. H. A Cross - Team Framework of International Knowledge Acquisition on New Product Development Capabilities and New Product Market Performance [J]. Journal of International Marketing, 2005, 13 (3): 54 -78.

[99] Newman, M. E. J . Scientific Collaboration Networks. Ⅱ. Shortest Paths, Weighted Networks, and Centrality [J]. Physical Review E, 2001, 64 (1): 016132.

[100] Newman M. E. J. The Structure and Function of Complex Networks [J]. Siam Review, 2003, 45 (2): 167-256.

[101] Newman M. E. J. Scientific Collaboration Networks. Ⅰ. Network Construction and Fundamental Results [J]. Physical Review E, 2001, 64 (1): 016131.

[102] Newman, M. E. J. The Structure of Scientific Collaboration Networks [J]. Proc. Natl. Acad. Sci, 2001 (98): 404-409.

[103] Newman, M. E. J. , S. Strogatz, et al. Random Graphs with Arbitrary Degree Distributions and Their Application [J]. Physical Review, 2001 (64): 1-17.

[104] Nonaka I. A Dynamic Theory of Organizational Knowledge Creation [J]. Organization Science, 1994 (5): 14-38.

[105] Nooteboom, B. Institutions and Forms of Co-ordination in Innovation Systems [J]. Organization Studies, 2000, 21 (5): 915-939.

[106] OECD. Compendium of Patent Statistics. Paris: OECD, 2008.

[107] OECD. Information Technology Outlook. Paris: OECD, 2010.

[108] Pakes, A. , Griliches, Z. Patents and R&D at the Firm Level: A First Report [J]. Economics Letters, 1980, 5 (4): 377-381.

[109] Park H W, Leydesdorff L . Longitudinal Trends in Networks of University-industry-government Relations in South Korea: The Role of Programmatic Incentives [J]. Research Policy, 2010, 39 (5): 640-649.

[110] Park H W, Hong H D, Leydesdorff L. A Comparison of the Knowledge-based Innovation Systems in the Economies of South Korea and the Netherlands using Triple Helix Indicators [J]. Scientometrics, 2005 (65): 3-27.

[111] Paunov C, Rollo V. Has the Internet Fostered Inclusive Innovation in the Developing World [J]. World Development, 2016 (78): 587-609.

[112] Phelps, C. C . A Longitudinal Study of the Influence of Alliance Network Structure and Composition on Firm Exploratory Innovation [J]. Academy of Management Journal, 2010, 53 (4): 890-913.

[113] Piergiuseppe Morone, Richard Taylor. Knowledge Diffusion Dynamics and Network Properties of Face-to-face Interactions [C]. 2001 Draft Version Nelson and Winter Conference Aalborg, 2001.

[114] Powell W. W. , Koput, K. W. , Smith-Doerr L. Interorganizational Collaboration and the Locus of Innovation in Biotechnology [J]. Administrative Science Quarterly, 1996, 41 (1): 116-145.

[115] Ritala, P., Hurmelinna-Laukkanen, P. What's in it for me? Creating and Appropriating Value in Innovation-related Coopetition [J]. Technovation, 2009, 29 (12): 819-828.

[116] Rojo, R., Gómez, I. Analysis of the Spanish scientific and Technological Output in the ICT Sector [J]. Scientometrics, 2006, 66 (1): 101-121.

[117] Rost K. The Strength of Strong ties in the Creation of Innovation [J]. Research Policy, 2011, 40 (4): 588-604.

[118] Rousseau, S., Rousseau, R. Data Envelopment Analysis as a Tool for Constructing Scientometric Indicators [J]. Scientometrics, 1997, 40 (1): 45-56.

[119] Ruef, M. Strong Ties, Weak Ties and Islands: Structural and Cultural Predictors of Organizational Innovation [J]. Industrial and Corporate Change, 2002, 11 (3): 427-449.

[120] S Yayavaram, G Ahuja. Decomposability in Knowledge Structures and Its Impact on the Usefulness of Inventions and Knowledge-base Malleability [J]. Administrative Science Quarterly, 2008, 53 (2): 333-362.

[121] Salman N, Saives A. L. Indirect Networks: An Intangible Resource for Biotechnology Innovation [J]. R & D Management, 2005, 35 (2): 203-215.

[122] Samuel Ankarah . Univerities-Industry Collaboration: A Systematic Review [J]. Scandinavian Journal of Management, 2015, 31 (3): 387-408.

[123] Schartinger, D., Schibany A. Gassler H. Interactive Relations between University and Firms: Empirical Evidence for Austria [J]. Journal of Technology Transfer, 2001, 26 (3): 255 -268.

[124] Schilling M., Phelps C. C. Interfirm Collaboration Networks: The Impact of Large-scale Network Structure on Firm Innovation [J]. Management Science, 2007, 53 (7): 1113-1126.

[125] Scholl W . Restrictive Control and Information Pathologies in Organizations [J]. Journal of Social Issues, 2010, 55 (1): 101-118.

[126] Soh P., Roberts E. B. Network of Innovators: A Longitudinal Perspective [J]. Research Policy, 2003 (32): 1569-1588.

[127] Spencer J. W. Firms. Knowledge -sharing Strategies in the Global Innovation System: Empirical Evidence from the Flat Panel Display Industry [J]. Strategic Management Journal, 2003 (24): 217-224.

[128] Rehm S. V, Goel L, Junglas I . Information Management for Innovation Net-

works—an Empirical Study on the "Who, What and How" in Networked Innovation [J]. International Journal of Information Management, 2016, 36 (3): 348-359.

[129] Tanimoto J. Coevulutionary, Coexiting Learning and Teaching Agents Model for Prisoner's Dilemma Games Enhancing Cooperation With Assortative Heterogeneous Networks [J]. Physica A: Statistical Mechanics and Its Applications, 2013, 392 (12): 2955-2964.

[130] Tiemessen I, Lane H. W, Crossan M. M, et al. Knowledge Management in International Joint Ventures [J]. Cooperative Strategies: North American Perspectives, 1997: 370-399.

[131] Travers J, Milgram S. An Experimental Study of the Small Word Problem [J]. Sociometry, 1969, 32 (4): 425-443.

[132] Uzzi B., Spirro J. Collaboration and Creativity: The Small World Problem [J]. American Journal of Sociology, 2005, 111 (2): 447-504.

[133] Van der Valk T, Chappin M. M. H, Govert W, Gijsbers G. W. Evaluating Innovation Networks in Emerging Technologies [J]. Technological Forecasting & Social Change, 2011 (78): 25-39.

[134] Von Hippel E. Cooperation between Rivals: Informal Know-how Trading [J]. Research Policy, 1987 (16): 291-302.

[135] Wagner C. S., Leydesdorff L. Network Structure, Self-organization, and the Growth of International Collaboration in Science [J]. Research Policy, 2005 (34): 1608-1618.

[136] Wal T, Anne L. J. Cluster Emergence and Network Evolution: A Longitudinal Analysis of the Inventor Network in Sophia-Antipolis [J]. Regional Studies, 2013, 47 (5): 651-668.

[137] Wang C, Rodan S, Fruin M, et al. Knowledge Networks, Collaboration Networks, and Exploratory Innovation [J]. Academy of Management Journal, 2014, 57 (2): 459-514.

[138] Wang, E. C. R&D Efficiency and Economic Performance: A Cross-country Analysis using the Stochastic Frontier Approach [J]. Journal of Policy Modeling, 2007, 29 (2): 345-360.

[139] Wang, E. C., Huang, W. C. Relative Efficiency of R&D Activities: A Cross-country Study Accounting for Environmental Factors in the DEA Approach [J]. Research Policy, 2007, 36 (2): 260-273.

[140] Wang G, Guan J . The Role of Patenting Activity for Scientific Research: A Study of Academic Inventors from China's Nanotechnology [J]. Journal of Informetrics, 2010, 4 (3): 338-350.

[141] Wang, Jian. Knowledge Creation in Collaboration Networks: Effects of Tie Configuration [J]. Research Policy, 2016, 45 (1): 68-80.

[142] Watts, D. Networks, Dynamics, and the Small-world Phenomenon [J]. American Journal of Sociology, 1999 (105): 493 -527.

[143] Watts D. J. , S. H. Strogatz. Collective Dynamics of "Small-World" Networks [J]. Nature, 1998, 393 (6684): 440-442.

[144] Welsh R, Leland Glenna L, Lacy W, et al. Close Enough but not Too Far: Assessing the Effects of University-industry Research Relationships and the Rise of Academic Capitalism [J]. Research Policy, 2008 (37): 1854-1864.

[145] Wen J, Kobayashi S. Impacts of Government High-tech Policy: A Case Study of CAD Technology in China [J]. Journal of Engineering and Technology Management, 2002 (19): 321-342.

[146] Wim Vanhaverbeke, Victor Gilsing, Bonnie Beerkens, et al. Exploration and Exploitation in Technology-Based Alliance Networks [J]. Academy of Management Annual Meeting Proceedings, 2007 (1): 1-6.

[147] Wright M, Clarysse B, Lockett A, et al. Mid-range Universities' Linkages with Industry: Knowledge Types and the Role of Intermediaries [J]. Research Policy, 2008, 37 (8): 1205-1223.

[148] Wu W P. Dimensions of Social Capital and Firm Competitiveness Improvement: The Mediating Role of Information Sharing [J]. Journal of Management Studies, 2008, 45 (1): 122-146.

[149] Xia G, Xi G, Guan JC. An Analysis of the Patenting Activities and Collaboration among Industry-university-research Institutes in the Chinese ICT Sector [J]. Scientometrics, 2014, 98 (1): 247-263.

[150] Xia Gao, Jiancheng Guan. Characteristics of the Network of Scientific Journals Pertaining to Chinese Patens [J]. Physica A, 2009 (388): 4267-4272.

[151] Xia Gao, Jiancheng, Guan. Mapping Collaborative Knowledge Production in China Using Patent Co-inventorships [J]. Scientometrics, 2011 (88): 343-362.

[152] Ye F Y, Yu S S, Leydesdorff L. The Triple Helix of University-industry-government Relations at the Country Level and its Dynamic Evolution under the Pressures

of Globalization [J]. Journal of the American Society for Information Science and Technology, 2013, 64 (11): 2317-2325.

[153] Zaheer A, Bell G G. Benefiting from Network Position: Firm Capabilities, Structural Holes, and Performance [J]. Strategic Management Journal, 2005, 26 (9): 809-825.

[154] Zaheer M E . Bridging Ties: A Source of Firm Heterogeneity in Competitive Capabilities [J]. Strategic Management Journal, 1999, 20 (12): 1133-1156.

[155] Zhang Y, Zhou X, Porter A L, et al. Triple Helix Innovation in China's Dye - sensitized Solar Cell Industry: Hybrid Methods with Semantic TRIZ and Technology Roadmapping [J]. Scientometrics, 2014, 99 (1): 55-75.

[156] Zhang J, Yan Y, Guan J. Scientific Relatedness in Solar Energy: A Comparative Study between the USA and China [J]. Scientometrics, 2015, 102 (2): 1595-1613.

[157] Zhang Y. , Guo, G. , Xu, D. Analysis on Patent Development Trend of Domestic and Foreign ICT Industry [J]. World Telecommunication, 2011 (9): 29-33.

[158] Zifeng Chen, Jiancheng Guan. The Impact of Small Word on Innovation: An Empirical Study of 16 Chountries [J]. Journal of Informetrics, 2010 (4): 97-106.

[159] 白俊红，江可申，李婧．应用随机前沿模型评测中国区域研发创新效率[J]. 管理世界，2009 (10).

[160] 白俊如，陈玉和，李婧．企业内部创新协同及其影响要素研究[J]. 科学学研究，2008，26 (2): 409-414.

[161] 卜琳华，安实，付强．基于高等院校主导的协同创新模式研究[J]. 科技进步与对策，2012，29 (22): 40-43.

[162] 蔡翔，刘晓正．SCI 视角的官产学创新合作关系测度研究[J]. 中国科技论坛，2012 (8): 16-22.

[163] 蔡翔，刘晓正．官产学创新模式测度——基于国家级科研基金的数据分析[J]. 科技进步与对策，2013，30 (5): 11-15.

[164] 蔡翔，刘晓正．国家标准视角的官产学创新合作关系测度[J]. 华东经济管理，2012，26 (9): 130-134.

[165] 蔡翔，王文平，李远远．三螺旋创新理论的主要贡献，待解决问题及对中国的启示[J]. 技术经济与管理研究，2010 (1): 26-29.

[166] 蔡跃洲．国家创新体系视角下的国家创新能力测度述评——理论方

法、数据基础及中国实践[J].求是学刊，2012，39（1）：42-50.

[167] 曹达华，朱桂龙，邓颖翔．吸收能力对校企合作绩效的影响[J].科技进步与对策，2013（3）：5-9.

[168] 曹霞，刘国巍．基于博弈论和多主体仿真的产学研合作创新网络演化[J].系统管理学报，2014，23（1）：21-29.

[169] 柴国荣，宗胜亮，王璟珮．创新网络中的企业知识共享机理及其对策研究[J].科学学研究，2010，28（2）：295-306.

[170] 车维汉，张琳．上海市产学研合作效率评价——基于分行业数据的DEA分析[J].科技进步与对策，2010，27（3）：20-25.

[171] 陈建斌，郭彦丽，顾志良．从社会网络视角看地方高校产学研合作[J].中国高校科技，2012（3）：26-28.

[172] 陈劲，阳银娟．协同创新的理论基础与内涵[J].科学学研究，2012（2）：161-164.

[173] 陈劲，协同创新[M].杭州：浙江大学出版社，2012.

[174] 陈凯华，官建成．重点学科建设效率的科学评估[J].学位与研究生教育，2008（5）：59-64.

[175] 陈凯华．创新过程绩效测度：模型构建、实证研究与政策选择[M].北京：中国科学技术出版社，2013.

[176] 陈立勇，刘梅，高静．研发网络成员多样性、网络关系强度对二元式创新的影响[J].软科学，2016，30（8）：25-28.

[177] 陈强，刘笑．城市三螺旋创新体系测度——基于上海和东京的对比研究[J].中国科技论坛，2015（9）：17-23.

[178] 陈伟，张永超，田世海．区域装备制造业产学研合作创新网络的实证研究——基于网络结构和网络聚类的视角[J].中国软科学，2012（2）：96-107.

[179] 陈伟，周文，郎益夫等．产学研合作创新网络结构和风险研究——以海洋能产业为例[J].科学学与科学技术管理，2014（9）：59-66.

[180] 陈维军．文献计量法与内容分析法的比较研究[J].情报科学，2001，19（8）：884-886.

[181] 陈钰芬，陈劲．开放度对企业技术创新绩效的影响[J].科学学研究，2008，26（2）：419-426.

[182] 陈云．产学研合作相关概念辨析及范式构建[J].科学学研究，2012，30（8）：1206-1210.

[183] 陈子凤，官建成．合作网络的小世界性对创新绩效的影响[J].中国

管理科学，2009，17（3）：115–120.

［184］池仁勇，唐根年．基于投入与绩效评价的区域技术创新效率研究［J］.科研管理，2004，25（4）：23–27.

［185］党蓓，赵蕴华，赵志耘等．基于专利的官产学合作关系测度研究——以中韩石墨烯领域为例［J］.情报杂志，2014，33（5）：66–70.

［186］邓富民，张金光，梁学栋．基于协同度——管理熵的区域协同创新能力测度［J］.科技进步与对策，2014（31）：113–117.

［187］邓路，高连水．研发投入、行业内 R&D 溢出与自主创新效率——基于中国高技术产业的面板数据（1999–2007）［J］.财贸研究，2009（5）：9–14.

［188］刁丽琳，朱桂龙，许治．国外产学研合作研究述评、展望与启示［J］.外国经济与管理，2011（2）：48–57.

［189］丁堃．产学研合作的动力机制分析［J］.科学管理研究，2000（6）：42–43.

［190］杜兰英，陈鑫．政产学研用协同创新机理与模式研究［J］.科技进步与对策，2012，29（22）：103–107.

［191］段晶晶．基于企业合作绩效的产学研合作研究［D］.天津大学博士学位论文，2011.

［192］范金艺，佘广文，徐慧．产学研合作中的大学科技园模式研究——基于知识创造的视角［J］.南京工业大学学报（社会科学版），2010，9（2）：32–35.

［193］方刚，胡保亮．网络资源的分类与作用机制——基于知识转移视角的研究［J］.科学学研究，2010，28（10）：1511–1520.

［194］方卫华．创新研究的三螺旋模型：概念、结构和公共政策含义［J］.自然辩证法研究，2003，19（11）：69–72.

［195］冯峰，王亮．产学研合作创新网络培育机制分析——基于小世界网络模型［J］.中国软科学，2008（11）：82–95.

［196］冯锋，李徐伟，司尚奇．基于无标度网络的产学研合作网络功能及培育机制研究［J］.科学学与科学技术管理，2009，30（9）：27–30.

［197］冯郁．科研合作网络的描述与分析［J］.南京信息工程大学学报，2009，1（4）：360–364.

［198］傅利平，周小明，罗月丰．知识溢出与产学研合作创新网络的耦合机制研究［J］.科学学研究，2013（10）：1541–1547.

［199］高霞，陈凯华．基于 SIPO 专利的产学研合作模式及其合作网络结构

演化研究——以 ICT 产业为例[J]. 科学学与科学技术管理，2016，37（11）：34-43.

［200］高霞，陈凯华．合作创新网络结构演化特征的复杂网络分析[J]. 科研管理，2015，36（6）：28-36.

［201］高霞，科技创新绩效与机理：理论、方法及应用[M]. 呼和浩特：内蒙古大学出版社，2013.

［202］苟德轩，沙勇忠．产学研合作创新网络结构测度与分析[J]. 情报杂志，2013，32（6）：1-7.

［203］官建成，王军霞．产学研合作对区域创新绩效影响的测度研究[J]. 中外科技信息，2000（11）：30-34.

［204］和金生，代瑞红．跨国公司技术控制背景下我国 ICT 产业的专利战略探讨[J]. 2007，24（5）：6-9.

［205］何郁冰．产学研协同创新的理论模式[J]. 科学学研究，2012，30（2）：165-174.

［206］胡春，高玉琨，吴洪．基于 SCI—E 的通信信息业官产学创新合作关系研究[J]. 北京邮电大学学报：社会科学版，2014（1）：65-72.

［207］胡云岩，张瑞英，王军．中国太阳能光伏发电的发展现状及前景[J]. 河北科技大学学报，2014，35（1）：69-72.

［208］惠青，邹艳．产学研合作创新网络、知识整合技术创新的关系研究[J]. 软科学，2010（24）：4-9.

［209］稽忆红，倪锋，王宏．产学研合作中利益分配方式探析[J]. 大连理工大学学报，1998，38（1）：113-116.

［210］贾生华，邬爱其，疏礼兵．基于协同创新思想的浙江民营企业发展模式[J]. 浙江社会科学，2005（2）：213-218.

［211］江剑，官建成．我国高校上市公司与大学“产学”合作关系的实证分析[J]. 科学学研究，2010，28（3）：381-387.

［212］寇宗来．中国科技体制改革三十年[J]. 世界经济文汇，2008（1）：77-92.

［213］蓝英，董颖，石磊．产学研合作影响因素、模式及其绩效研究[J]. 商业研究，2013（5）：26-30.

［214］雷滔，陈向东．ICT 领域跨学科关联度的块段模型分析——基于我国校企合作申请的专利[J]. 中国软科学，2011（1）：76-74.

［215］雷滔，陈向东．区域校企合作申请专利的网络图谱分析[J]. 科研管

理，2011，32（2）：67-73.

［216］李滨，刘凤朝．半导体领域跨国公司专利分布与中国企业的应对策略［J］. 华东经济管理，2010，24（10）：69-73.

［217］李柏洲，罗小芳，张赟．产学研合作型企业原始创新中知识生产机制——基于高新技术行业企业的实证研究［J］. 管理评论，2014，26（7）：82-91.

［218］黎常，徐建伟．关系资本构建、学习机制与国际合资企业组织学习研究［J］. 科学学与科学技术管理，2009（6）：110-114.

［219］李成龙，叶磊．互动视角的产学研合作模式与合作过程研究［J］. 科技进步与对策，2011（24）：30-33.

［220］李海波，周春彦，李星洲等．区域创新测度的新探索——三螺旋理论视角［J］. 科学与管理，2011（6）：47-52.

［221］李海东，马威，王善勇．高技术产业内协同创新程度研究［J］. 中国高校科技，2013（12）：66-69.

［222］李健．产学研协同创新是产学研合作的新发展［J］. 中国科技产业，2014（1）：42-44.

［223］李金华，孙东川．复杂网络上的知识传播模型［J］. 华南理工大学学报，2006，34（6）：99-103.

［224］李晶钰，沈灏．不同竞合情景下企业知识获取和绩效关系的研究［J］. 科研管理，2009，30（5）：139-146.

［225］李梅芳，刘国新，刘璐．企业与高校对产学研合作模式选择的比较研究［J］. 科研管理，2012，33（9）：154-160.

［226］李明，钱燕云．技术创新合作网的演化机理与特征研究［J］. 上海理工大学学报，2005，27（5）：401-405.

［227］李霞，宋素玲，穆喜产．协同创新的利益分摊与分配问题研究［J］. 科技进步与对策，2008，35（2）：309-323.

［228］李新荣．从科研视角看地方本科高校产学研合作模式的选择［J］. 科技管理研究，2011（21）：96-100.

［229］李亚军．产学研合作创新网络对知识溢出的影响研究——基于山西省专利数据［D］．中北大学硕士学位论文，2016.

［230］李焱焱，叶冰，杜鹃等．产学研合作模式分类及其选择思路［J］. 科技进步与对策，2004（10）：98-99.

［231］李勇，屠梅曾，史占中．企业集群创新网络动态演化模型［J］. 系统工程理论方法应用，2006，15（2）：180-184.

[232] 廖娟，付丙海，崔有祥等. 基于三螺旋理论的区域协同创新效率评价研究[J]. 科技与经济，2015，28（3）：31-35.

[233] 林筠，张敏. 转制科研院所双元创新路径探析——以西北有色金属研究院为例[J]. 科学学研究，2017，35（4）：600-610.

[234] 林学军. 基于三重螺旋创新理论模型的创新体系研究［D］. 暨南大学博士学位论文，2010.

[235] 林岩. 汽车生产供应链上下游企业间的合作知识创造[J]. 科研管理，2010，31（3）：52-59.

[236] 刘凤朝，马荣康，姜楠. 基于“985高校”的产学研专利合作网络演化路径研究[J]. 中国软科学，2011（7）：178-192.

[237] 刘凤朝，李滨，孙玉涛. 我国ICT产业专利申请趋势—关联分析[J]. 研究与发展管理，2010，22（2）：40-47.

[238] 刘凤朝等. 国家创新能力测度方法及其应用[M]. 北京：科学出版社，2009.

[239] 刘国巍. 产学研合作创新网络时空演化模型及实证研究——基于广西2000—2013年的专利数据分析[J]. 科学学与科学技术管理，2015，36（4）：64-74.

[240] 刘建华，苏敬勤，姜照华等. 基于网络结构要素行为创新绩效视角的国家创新体系国际化水平评价[J]. 管理学报，2015，12（3）：410-416.

[241] 刘纳新，伍中信，林剑锋. 科技型小微企业融资风险传导过程研究——基于小世界网络视角［J］. 会计研究，2015（1）：56-60.

[242] 柳卸林，方新. 18年中国科技体制改革回顾与展望［R］. 调研报告，2003.

[243] 刘璇华. 产学研合作中组织间学习效果的影响因素及对策分析[J]. 研究与发展管理，2007，19（4）：112-118.

[244] 刘岩，蔡虹. 企业知识基础网络结构与技术创新绩效的关系——基于中国电子信息行业的实证分析[J]. 系统管理学报，2012，21（5）：655-661.

[245] 刘英娟. “三螺旋”理论视角下地方高校创业人才培养模式研究[J]. 教育与职业，2013（33）.

[246] 鲁若愚，张鹏，张红琪. 产学研合作创新模式研究——基于广东省部合作创新实践的研究[J]. 科学学研究，2012，30（2）：186-193.

[247] 栾春娟，刘则渊，侯海燕. 发明者合作网络中心性对科研绩效的影响[J]. 科学学研究，2008，26（5）：938-941.

［248］栾春娟，王续琨，侯海燕．发明者合作网络的演变及其对技术发明生产率的影响［J］．科学学与科学技术管理，2008（3）：28-30.

［249］马艳艳，刘凤朝，姜滨滨等．企业跨组织研发合作广度和深度对创新绩效的影响——基于中国工业企业数据的实证［J］．科研管理，2014，35（6）：33-40.

［250］马艳艳，刘凤朝，孙玉涛．中国大学企业专利申请合作网络结构及对企业创新效应［J］．研究与发展管理，2011，23（6）：1-7.

［251］马艳艳，刘凤朝，孙玉涛．中国大学企业专利申请合作网络研究［J］．科学学研究，2011，29（3）：390-395.

［252］马艳艳，孙玉涛，徐茜．国家创新系统运行协调度测度模型及实证［J］．科学学与科学技术管理，2013，34（9）：46-54.

［253］马艳艳，刘凤朝，孙玉涛．中国大学专利被企业引用网络分析——以清华大学为例［J］．科研管理，2012，33（6）：92-99.

［254］马艳艳等．企业跨组织研发合作广度和深度对创新绩效的影响——基于中国工业企业数据的实证［J］．科研管理，2014（6）：33-40.

［255］牛盼强，谢富纪．创新三重螺旋模型研究新进展［J］．研究与发展管理，2009（10）：94-100.

［256］潘杰义，李燕，詹美求．企业—大学知识联盟中知识转移影响因素分析［J］．科技管理研究，2006（7）：206-210.

［257］裴云龙，郭菊娥，向希尧．企业研发人员合作网络、科学研究与技术创新［J］．科学学研究，2016，34（7）：1054-1064.

［258］彭锐，杨芳．产学研合作创新网络的演进阶段及演进过程中科研管理部门的作用［J］．科研管理，2008（10）：38-41.

［259］彭月芹．产学研合作政策、企业协同创新能力与经济绩效的关系研究——以合作治理方式为调节［D］．浙江理工大学硕士学位论文，2016.

［260］齐善鸿，吴思．中国创新战略演进及其趋势分析——基于三螺旋创新模型的架构［J］．辽宁科技参考，2007（8）：9-12.

［261］钱锡红，徐万里，杨永福．企业网络位置、间接联系与创新绩效［J］．中国工业经济，2010（2）：78-88.

［262］钱燕云，李静，刘娟等．企业技术创新合作的网络特征实证研究［J］．科技管理研究，2008（8）：3-5.

［263］秦岩，杜德斌，代志鹏．从科学园到科学城：瑞典西斯塔 ICT 产业集群的演进及其功能提升［J］．2008，25（5）：72-74.

［264］ 邱均平，段宇锋，陈敬全等．我国文献计量学发展的回顾与展望［J］. 科学学研究，2003，21（2）：143-148.

［265］ 任慧，和金生．知识网络：技术创新模式演化与发展趋势［J］. 情报杂志，2011，30（5）：104-107.

［266］ 沈慧．有关数据显示我国科技成果转化率不足 30%［EB/OL］. http：//www. ce. cn，2016-01-25.

［267］ 苏敬勤．产学研合作创新的交易成本及内外部化条件［J］. 科研管理，1999，20（5）：68-72.

［268］ 孙耀吾，卫英平．高技术企业联盟知识扩散研究——基于小世界网络的视角［J］. 管理科学学报，2011（12）：17-26.

［269］ 孙耀吾，卫英平．基于复杂网络的高技术企业联盟知识扩散 AIDA 模型与实证研究［J］. 中国软科学，2011（6）：130-139.

［270］ 孙妍．中国太阳能产业发展政策现状、问题与对策［D］．华北电力大学（北京）硕士学位论文，2011.

［271］ 唐承林，顾新．产学研合作创新网络知识优势来源与形成研究［J］. 科技管理研究，2010（11）：113-116.

［272］ 唐方成，仝允桓．经济全球化背景下的开放式创新与企业的知识产权保护［J］. 中国软科学，2007（6）：58-62.

［273］ 田林丰，李豫新．我国西北地区产学研合作效率的 DEA 分析［J］. 华北水利水电学院学报（社科版），2010，26（1）：59-62.

［274］ 涂俊，吴贵生．三重螺旋模型及其在我国的应用初探［J］. 科研管理，2006，27（3）：75-80.

［275］ 万元，李永周．基于关系嵌入的创新网络知识共享及协调机制研究［J］. 科技管理研究，2014（20）：160-164.

［276］ 王成军．中外三重螺旋计量比较研究［J］. 科研管理，2006，27（6）：19-27.

［277］ 王成军．大学—产业—政府三重螺旋研究［J］. 中国科技论坛，2005（1）：89-93.

［278］ 王娟茹，潘杰义．产学研合作中的知识扩散研究［J］. 中国科技论坛，2003（4）：74-76.

［279］ 王锟．开放式创新中合作伙伴组织异质性对创新绩效的影响［D］．浙江大学硕士学位论文，2015.

［280］ 徐晶钰，柳卸林，邱姝敏．中美 ICT 企业知识来源的二元性对创新绩

效的影响研究[J]. 管理学报，2016（9）：1357-1366.

[281] 王利敏，袁庆宏．产学研合作中双元性学习的平衡机制研究[J]. 研究与发展管理，2014，26（2）：17-24.

[282] 汪良兵，洪进，赵定涛，徐中涛．中国高技术产业创新系统协同度[J]. 系统工程，2014（32）：1-7.

[283] 王朋，张旭，赵蕴华等．校企科研合作复杂网络及其分析[J]. 情报理论与实践，2010（6）：89-93.

[284] 王鹏，张淑贤．基于社会网络分析的产学研合作网络知识溢出效应研究[J]. 科技管理研究，2016，36（3）：129-135.

[285] 王鹏．推动地方企业技术创新的产学研合作模式研究［D］．太原科技大学硕士学位论文，2007.

[286] 王文岩，孙福全，申强．产学研合作模式的分类、特征及选择[J]. 中国科技论坛，2008（5）：37-40.

[287] 王秀丽，王利剑．产学研合作创新效率的 DEA 评价[J]. 统计与决策，2009（3）：54-56.

[288] 王毅，吴贵生．产学研合作中粘滞知识的成因与转移机制研究[J]. 科研管理，2001（6）：114-121.

[289] 汪云林，李丁，付允．主要经济体间国际贸易的社会网络分析[J]. 电子科技大学学报，2007，9（3）：9-12.

[290] 魏诗洋．产学研合作中知识管理对企业创新绩效的影响分析［D］．浙江大学硕士学位论文，2007.

[291] 魏守华，王英茹，汤丹宁．产学研合作对中国高技术产业创新绩效的影响[J]. 经济管理，2013，35（5）：19-30.

[292] 魏巍．河北省产学研合作模式及绩效评价研究［D］．河北工业大学硕士学位论文，2012.

[293] 吴思静，赵顺龙．知识逻辑下的产学研合作模式分析[J]. 情报杂志，2010（9）：204-207.

[294] 吴潍，陈莉平．产学研合作创新网络的结点分析及其构建[J]. 价值工程，2007（1）：32-35.

[295] 吴延兵．用 DEA 方法评测知识生产中的技术效率与技术进步[J]. 数量经济技术经济研究，2008（7）：67-79.

[296] 向希尧，蔡虹，裴云龙．跨国专利合作网络中 3 种接近性的作用[J]. 管理科学，2010，23（5）：43-52.

［297］肖丁丁，朱桂龙．产学研合作创新效率及其影响因素的实证研究［J］．科研管理，2013，34（1）：11-17.

［298］肖渡，沈群红．合作网络形成的理论探讨及其意义［J］．管理工程学报，2000，14（4）：69-73.

［299］颉茂华，焦守滨，果婕欣．工商管理案例研究作者成熟度的文献计量分析［J］．管理案例研究与评论，2014，7（2）：96-105.

［300］辛晴，杨蕙馨．知识网络如何影响企业创新——动态能力视角的实证研究［J］．研究与发展管理，2012，24（6）：12-22.

［301］许斌等．网络结构对组织间知识转移的影响机制研究．图书情报工作，2010（12）：108-112.

［302］徐国东，叶金福，邹艳．企业—大学合作中的知识转移影响因素分析［J］．情报杂志，2008（2）：87-89.

［303］许侃，聂鸣．互信息视角下的大学—产业—政府三螺旋关系：中韩比较研究［J］．情报杂志，2013，32（4）：187-193.

［304］徐露允，曾德明，李健．知识网络中心势、知识多元化对企业二元式创新绩效的影响［J］．管理学报，2017，14（2）：221-228.

［305］徐明华，史瑶瑶．技术标准形成的影响因素分析及其对我国 ICT 产业标准战略的启示［J］．科学学与科学技术管理，2007（9）：5-9.

［306］OECD. OECD 中国创新政策研究报告［M］．薛澜、柳卸林、穆荣平等译．北京：科学出版社，2011.

［307］严贝妮，胡雪环．基于文献计量的国内情报分析研究综述［J］．现代情报，2013，33（10）：166-171.

［308］闫青，张超豪．产学研合作创新的模糊综合绩效评价研究［J］．科技与经济，2013（1）：75-79.

［309］严雄．产学研协同创新五大问题待破解［N］．中国高新技术产业导报，2007-03-19（B06）.

［310］杨东升，张永安．冲突分析理论在产学研合作中的应用［J］．研究与发展管理，2007，19（6）：134-137.

［311］叶春霞等．中国企业间专利合作网络的演化及小世界性分析——基于开放式创新视角［J］．情报科学，2015（2）：85-104.

［312］叶静怡，宋芳．中国专利制度变革引致的创新效果研究［J］．经济科学，2006（6）：86-96.

［313］叶鹰，鲁特，武夷山．三螺旋模型及其量化分析方法研讨［J］．中国

软科学，2014（11）：131-139.

［314］尹丽春．科学学引文网络的结构研究［D］．大连理工大学博士学位论文，2006.

［315］喻科．产学研合作创新网络特性及动态创新能力培养研究［J］．科研管理，2011，32（2）：82-87.

［316］喻科．产学研合作创新网络演进过程及其主体知识传递模式探究［J］．科技进步与对策，2010（14）：141-144.

［317］于明超，申俊喜．区域异质性与创新效率［J］．中国软科学，2010（11）：182-192.

［318］于培友，郭继朋．企业战略联盟中的知识转移［J］．情报科学，2006（5）：758-760.

［319］原长弘．国内产学研合作学术研究的主要脉络：一个文献述评［J］．研究与发展管理，2005，17（4）：98-109.

［320］袁剑锋，许治，翟铖．中国产学研合作网络权重结构特征及演化研究［J］．科学学与科学技术管理，2017，38（2）：115-126.

［321］袁剑锋，许治．中国产学研合作网络结构特性及演化研究［J］．管理学报，2017，14（7）：1024-1032.

［322］韵江，马文甲，陈丽．开放度与网络能力对创新绩效的交互影响研究［J］．科研管理，2012（7）：8-15.

［323］曾德明，文金艳．协作研发网络中心度、知识距离对企业二元式创新的影响［J］．管理学报，2015，12（10）：1479-1486.

［324］曾国屏，苟尤钊，刘磊．从“创新系统”到“创新生态系统”［J］．科学学研究，2013，31（1）：4-12.

［325］曾萍，李熙．产学研合作研究综述：理论视角、合作模式与合作机制［J］．科技管理研究，2014（22）：28-32.

［326］（挪威）詹·法格博格，戴维·莫利，理查德·纳尔逊．牛津创新手册［M］．柳卸林等译．北京：知识产权出版社，2008.

［327］张朝宾，吴洁，黄伟等．网络结构与组织间知识转移绩效关系的实证研究［J］．科技进步与对策，2011（10）：112-116.

［328］张大群，杨国梁，李晓轩．国立科研机构的战略地图与其绩效评估体系研究［J］．科学学研究，2011（12）：1835-1844.

［329］张钢，陈劲，许庆瑞．技术、组织与文化的协同创新模式研究［J］．科学学研究，1997，15（2）：56-61.

［330］张古鹏．小世界创新网络动态演化及其效应研究［J］．管理科学学报，2015（6）：15-29.

［331］张浩．基于小世界网络的高校知识转移机理及扩散模型研究［J］．情报科学，2011（9）：1294-1297.

［332］张敬．我国科研人员论文发表和专利申请之间的关系研究——以中国科学院为例［D］．中国科学院大学硕士学位论文，2013.

［333］张雷勇，冯锋，肖相泽等．产学研共生网络效率测度模型的构建和分析：来自我国省域数据的实证［J］．西北工业大学学报，2012，32（3）：43-49.

［334］张雷勇，冯锋，肖相泽等．产学研共生网络：概念、体系与方法论指向［J］．研究与发展管理，2013，25（2）：37-44.

［335］张力．产学研协同创新的战略意义和政策走向［J］．教育研究，2011（7）：18-21.

［336］张丽娟，李常洪．企业合作复杂网络研究—以汽车制造业为实证的分析［J］．科技与管理，2007（44）：32-34.

［337］张米尔，武春友．技术人股型产学研合作创新的道德风险分析［J］．研究与发展管理，2001，13（4）：29-32.

［338］张米尔．武春友．产学研合作创新的交易费用［J］．科学学研究，2001（3）：89-92.

［339］张首魁，党兴华．关系结构、关系质量对合作创新企业间知识转移的影响研究［J］．研究与发展管理，2009，21（3）：1-7.

［340］张炜，杨选留．国家创新体系中高校与研发机构的作用与定位研究［J］．研究与发展管理，2006（4）：97-103.

［341］张煊，孙跃．产学研合作网络的创新效率研究——来自中国省域产学研合作的数据证明［J］．山西财经大学学报，2014，36（6）：59-66.

［342］张研，郭刚，徐丹．国内外 ICT 产业专利发展态势分析［J］．世界电信，2011（9）：29-33.

［343］张瑜，菅利荣等．基于加权无标度网络的产学研合作网络演化［J］．系统工程，2015（1）：68-73.

［344］张瑜等．基于无标度网络的产学研合作网络模式［J］．系统工程，2013（31）：54-59.

［345］赵东霞，郭书男，周维．国外大学科技园“官产学”协同创新模式比较研究——三螺旋理论的视角［J］．中国高教研究，2016（11）：89-94.

［346］赵炎，王琦．联盟网络的小世界性对企业创新影响的实证研究——基

于中国通信设备产业的分析[J]. 中国软科学，2013（4）：108-116.

[347] 郑向杰. 合作网络“小世界性”对企业创新能力的影响——基于中国汽车行业企业间联盟网络的实证分析[J]. 科技进步与对策，2014（13）：40-44.

[348] 中国科学院 IT 战略研究组. 中国至 2050 年信息科技发展战略图[M]. 北京：科学出版社，2009.

[349] 仲伟俊，梅姝娥，谢园园. 产学研合作技术创新模式分析[J]. 中国软科学，2009（8）：174-181.

[350] 周长辉，曹英慧. 组织的学习空间：紧密度、知识面与创新单元的创新绩效[J]. 管理世界，2011（4）：84-97.

[351] 周城雄. 隐性知识与显性知识的概念辨析[J]. 情报理论与实践，2004（2）：127-129.

[352] 周春彦，李海波，李星洲等. 国内外三螺旋研究的理论前沿与实践探索[J]. 科学与管理，2011（4）：21-27.

[353] 周春彦. 大学—产业—政府三螺旋创新模式——亨利·埃茨科维兹《三螺旋》评介[J]. 自然辩证法研究，2006，22（4）：75-77.

[354] 周蓉. 产学研合作模式对知识转移绩效的影响研究[J]. 产业与科技论坛，2010（1）：143-144.

[355] 朱朝晖，陈劲. 探索性学习和挖掘性学习的协同与动态：实证研究[J]. 科研管理，2008，29（6）：1-9.

[356] 朱桂龙，彭有福. 产学研合作创新网络组织模式及其运作机制研究[J]. 软科学，2003（17）：49-52.

[357] 朱有为，徐康宁. 中国高技术产业研发效率的实证研究[J]. 中国工业经济，2006（11）：38-45.

[358] 庄涛，吴洪. 基于专利数据的我国官产学研三螺旋测度研究——兼论政府在产学研合作中的作用[J]. 管理世界，2013（8）：175-176.

[359] 庄涛，吴洪. 基于互信息的官产学研三螺旋国际合作测度研究[J]. 情报杂志，2013，32（12）：145-150.

[360] 邹波，于渤. 试论三螺旋创新模式[J]. 黑龙江社会科学，2010（5）：35-38.